# 退休城镇居民消费变动研究

TUIXIU CHENGZHEN JUMIN XIAOFEI BIANDONG YANJIU

张　鹏◎著

中国政法大学出版社

2024·北京

**图书在版编目（CIP）数据**

退休城镇居民消费变动研究 / 张鹏著. -- 北京 ：中国政法大学出版社，2024. 8.
ISBN 978-7-5764-1735-7

Ⅰ. F126.1

中国国家版本馆 CIP 数据核字第 2024R1Q869 号

--------------------------------------------------------------------------------

| | |
|---|---|
| 出 版 者 | 中国政法大学出版社 |
| 地　　址 | 北京市海淀区西土城路 25 号 |
| 邮寄地址 | 北京 100088 信箱 8034 分箱　邮编 100088 |
| 网　　址 | http://www.cuplpress.com (网络实名：中国政法大学出版社) |
| 电　　话 | 010-58908285(总编室) 58908433（编辑部）58908334(邮购部) |
| 承　　印 | 固安华明印业有限公司 |
| 开　　本 | 720mm×960mm　1/16 |
| 印　　张 | 17.25 |
| 字　　数 | 280 千字 |
| 版　　次 | 2024 年 8 月第 1 版 |
| 印　　次 | 2024 年 8 月第 1 次印刷 |
| 定　　价 | 79.00 元 |

# 上海政法学院学术著作编审委员会

# 总　序

　　四秩芳华，似锦繁花。幸蒙改革开放的春风，上海政法学院与时代同进步，与法治同发展。如今，这所佘山北麓的高等政法学府正以稳健铿锵的步伐在新时代新征程上砥砺奋进。建校 40 年来，学校始终坚持"立足政法、服务上海、面向全国、放眼世界"的办学理念，秉承"刻苦求实、开拓创新"的校训精神，走"以需育特、以特促强"的创新发展之路，努力培养德法兼修、全面发展，具有宽厚基础、实践能力、创新思维和全球视野的高素质复合型应用型人才。四十载初心如磐，奋楫笃行，上海政法学院在中国特色社会主义法治建设的征程中书写了浓墨重彩的一笔。

　　上政之四十载，是蓬勃发展之四十载。全体上政人同心同德，上下协力，实现了办学规模、办学层次和办学水平的飞跃。步入新时代，实现新突破，上政始终以敢于争先的勇气奋力向前，学校不仅是全国为数不多获批教育部、司法部法律硕士（涉外律师）培养项目和法律硕士（国际仲裁）培养项目的高校之一；法学学科亦在"2022 软科中国最好学科排名"中跻身全国前列（前 9%）；监狱学、社区矫正专业更是在"2023 软科中国大学专业排名"中获评 A+，位居全国第一。

　　上政之四十载，是立德树人之四十载。四十年春风化雨、桃李芬芳。莘莘学子在上政校园勤学苦读，修身博识，尽显青春风采。走出上政校门，他们用出色的表现展示上政形象，和千千万万普通劳动者一起，绘就了社会主义现代化国家建设新征程上的绚丽风景。须臾之间，日积月累，学校的办学成效赢得了上政学子的认同。根据 2023 软科中国大学生满意度调查结果，在本科生关注前 20 的项目上，上政 9 次上榜，位居全国同类高校首位。

　　上政之四十载，是胸怀家国之四十载。学校始终坚持以服务国家和社会需要为己任，锐意进取，勇担使命。我们不会忘记，2013 年 9 月 13 日，习近平主席在上海合作组织比什凯克峰会上宣布，"中方将在上海政法学院设立中国–上海合作组织国际司法交流合作培训基地，愿意利用这一平台为其他成员国培训司法人才。"十余年间，学校依托中国–上合基地，推动上合组织国家司法、执法和人文交流，为服务国家安全和外交战略、维护地区和平稳定作出上政贡献，为推进国家治理体系和治理能力现代化提供上政智慧。

历经四十载开拓奋进，学校学科门类从单一性向多元化发展，形成了以法学为主干，多学科协调发展之学科体系，学科布局日益完善，学科交叉日趋合理。历史坚定信仰，岁月见证初心。建校四十周年系列丛书的出版，不仅是上政教师展现其学术风采、阐述其学术思想的集体亮相，更是彰显上政四十年发展历程的学术标识。

著名教育家梅贻琦先生曾言，"所谓大学者，有大师之谓也，非谓有大楼之谓也。"在过去的四十年里，一代代上政人勤学不辍、笃行不息，传递教书育人、著书立说的接力棒。讲台上，他们是传道授业解惑的师者；书桌前，他们是理论研究创新的学者。《礼记·大学》曰："古之欲明明德于天下者，先治其国"。本系列丛书充分体现了上政学人想国家之所想的高度责任心与使命感，体现了上政学人把自己植根于国家、把事业做到人民心中、把论文写在祖国大地上的学术品格。激扬文字间，不同的观点和理论如繁星、似皓月，各自独立，又相互辉映，形成了一幅波澜壮阔的学术画卷。

吾辈之源，无悠长之水；校园之草，亦仅绿数十载。然四十载青葱岁月光阴荏苒。其间，上政人品尝过成功的甘甜，也品味过挫折的苦涩。展望未来，如何把握历史机遇，实现新的跨越，将上海政法学院建成具有鲜明政法特色的一流应用型大学，为国家的法治建设和繁荣富强作出新的贡献，是所有上政人努力的目标和方向。

四十年，上政人竖起了一方里程碑。未来的事业，依然任重道远。今天，借建校四十周年之际，将著书立说作为上政一个阶段之学术结晶，是为了激励上政学人在学术追求上续写新的篇章，亦是为了激励全体上政人为学校的发展事业共创新的辉煌。

党委书记蒉卫华教授

校长刘晓红教授

2024 年 1 月 16 日

# 前 言

　　我国面临人口老龄化问题。截至 2022 年底，我国 60 岁及以上老年人口已经达到 2.8 亿，占到总人口约 19.8%，人口老龄化程度已接近中度。与此同时，居民消费需求不足一直困扰着我国经济社会发展。受到国际国内多重因素叠加影响，我国面临的经济形势更为复杂多变，以国内大循环为主体，国内国际双循环相互促进的新发展格局正在逐渐构建起来。退休是我国城镇居民迈入老年生活的标志性事件，伴随着人口老龄化程度的不断加深，退休居民消费已然是我国居民消费的重要组成部分，对经济社会发展起到了越来越重要的作用。研究退休对我国城镇居民消费的影响，把握退休居民消费特征，激发退休居民消费活力，进一步促进经济社会发展，意义重大。

　　生命周期假说理论认为，理性经济人将在一生之中平滑其消费，退休这一事件不会导致消费骤降。但是学界发现截然相反的现象，并将此称之为"退休消费之谜"。根据消费经济学和人口经济学等理论，本书着力研究退休是否对我国城镇居民消费产生严重影响，构建退休对居民消费影响的作用机制，基于微观视角和宏观视角实证检验影响效应，从提振退休居民消费角度提出更具针对性的政策建议。

　　探究退休对我国城镇居民消费的影响因素与作用机理，是本书着重要解决的核心问题。总体而言，本书主要围绕以下几个方面开展：首先，构建退休影响我国城镇居民消费的整体研究框架：文献梳理——基础分析——作用机理——实证检验——政策建议。其次，构建退休对我国城镇居民消费影响机制框架。一方面从个人和家庭的微观角度分析消费需求、消费水平、消费结构等影响因素；另一方面从国家和社会的宏观角度分析产业结构、就业与劳动力供给、收入与财富等带来的影响。最后，基于实证分析验证结果并结合我国国情实际，提出扩大退休居民消费、大力发展银发经济、积极应对人口老龄化的政策建议。

具体而言，本书共分为七个章节。

第一章，是绪论。主要是介绍研究背景和意义以及研究目标和内容，阐述了全文的研究技术路线以及创新之处，为进一步研究指明了研究方向。

第二章，是文献综述。主要是对消费理论、退休消费之谜研究以及人口因素与居民消费研究等方面的文献进行系统梳理，为后文研究提供基础和支撑。

第三章，是现状分析。详细阐述我国退休制度、居民宏观消费和微观消费、老年居民消费的发展演变与特征，探究基于时间分布的交互变化规律，刻画退休与消费的影响关系。

第四章，是理论分析。深入剖析退休对城镇居民消费的影响机理，收入变动、消费供给、消费偏好、财富积累等是影响退休居民消费的重要影响因素。微观影响层面，退休导致城镇居民的生活方式、健康状况、家庭状况等发生改变，消费需求、消费水平、消费结构也随之发生变动。宏观影响层面，退休导致劳动力供给发生变动从而带动收入与财富的变动，产业结构也随之发生变动，继而推动消费产生变动。

第五章，是微观实证检验。基于中国家庭金融微观调查 2017 年数据（CHFS），采用模糊断点回归计量分析方法，实证分析得出以下主要结论：退休对城镇居民家庭总消费引起轻微变动，总消费支出略微增加，食品、医疗、旅游等家庭日常消费以及健康消费显著增加，与工作相关的消费、家政服务、娱乐等消费显著下降，消费结构发生调整。影响机制研究发现，退休对城镇居民家庭的收入保障、房产、消费需求产生影响，从而引起居民家庭消费的变动。

第六章，是宏观实证检验。基于 2005 年至 2018 年的宏观省际面板数据开展实证分析，得出以下主要结论：第一，退休对于城镇居民消费率影响方面，静态面板和动态面板数据分析结果表明，退休之后城镇居民消费率出现下降现象，退休对消费产生负向抑制作用；第二，退休对于城镇居民消费结构方面，静态面板数据分析方法与动态面板数据分析方法的结果均显示，退休产生抑制作用，导致与基本生活保障的消费支出降低；第三，收入对退休消费起到了部分中介效应作用，退休导致收入变动，继而影响消费。

第七章，是国外退休养老保障制度对我国的启示与借鉴。分别介绍美国、德国、英国退休养老保障体系的具体内容以及对居民退休消费的影响，探讨其对我国退休制度以及退休消费的启示与借鉴。

第八章，是政策建议。结合目前国内大循环为主体、国内国际双循环相互促进的新发展格局，提出扩大退休居民消费、提振经济发展的政策建议。

# 目 录 CONTENTS

# 绪　论

## 1.1 研究背景

近些年来，我国经济发展面临着需求收紧、供给冲击以及经济预期转弱等多重压力，同时面临着国际形势不稳定、新冠肺炎疫情后影响等情况。在这一背景之下，我国政府提出"加快形成国内大循环为主体、国内国际双循环相互促进的新发展格局"，以期依托我国国内大市场和内需巨大潜力，通过高质量地发展我国国内内循环经济，不断畅通国内市场各个环节的循环梗阻，在打通国内大循环的基础之上，推动以更高水平、更高质量、更高层次的对外开放程度，更好地参与到国际循环大市场之中，以国内循环带动国际大循环，实现国内国际双循环相互促进的经济发展局面，从而推动经济高质量发展。站在中央新的逻辑起点、共同努力打造双循环经济发展新格局的历史起点上，必须准确把握新发展阶段的消费特征，结合我国人口老龄化愈发严峻的客观事实，充分研究与发掘老年居民消费特征与潜力，促进银发经济市场的繁荣发展。

随着我国经济由高速增长转向高质量发展转变，以投资和出口为主导的发展模式逐渐转向以消费为主导，消费对经济增长的贡献率显著提升。与此同时，外部环境不断冲击改变着消费状况。2020年5月14日，习近平总书记在全面分析研判当前经济形势的基础上，提出要构建"国内大循环为主体、国内国际双循环相互促进"的新发展格局要求。随后的5月22日，时任总理李克强在做政府工作报告中也强调指出，要进一步扩大内需，提升居民消费意愿和能力。

目前对于居民消费低迷的原因解释，较为经典的消费函数理论，包括凯恩斯的绝对收入假说、杜森贝里的相对收入假说、莫迪利安尼的生命周期假说、弗里德曼的持久收入假说等均认为，居民收入是影响居民消费的最重要因素。除了居民收入这一重要因素，国内外学者在研究居民消费问题时，还找到了很多其他因素，比如人口老龄化、住房价格波动、社会保障制度、城镇化、消费信贷以及传统消费习惯等。人口既是决定消费总量的最终因素，也是影响消费结构升级的关键要素。其中原因之一是家庭不同成员（少儿、成年人和老年人）的消费类型、消费习惯和消费方式等存在显著差异。在研究消费时，需要考虑人口因素，尤其是不同人口类型对于消费产生的影响。

随着经济发展与社会进步，人口问题也会伴之而来。人口发展与经济发展之间存在着内在的发展规律，人口问题对于经济增长、提振消费、增加民生福祉等问题起到了重要作用。国家历来高度重视人口问题，我国幅员辽阔，人口问题是基础性和全局性问题。2020 年 10 月 29 日十九届五中全会审议通过了《中共中央关于制定国民经济和社会发展第十四个五年规划和二〇三五年远景目标的建议》（简称"十四五规划"）。在"十四五规划"中将人口问题以及人口老龄化问题上升为国家战略，该规划建议制定人口长期发展战略，实施积极应对人口老龄化国家战略。

近年来，伴随着全球人口老龄化问题的不断变化，我国的人口老龄化问题尤其是人口老龄化增速已列居全世界第一。在人口老龄化不断加剧变化的当下，老年人消费事业的健康有序发展尤为重要，关系着民生福祉、影响着经济健康持续发展。人口老龄化带来老年消费需求的增加。中国发展研究基金会研究发布，在 2035 年至 2050 年期间，我国将达到人口老龄化的高峰，2050 年前后我国 65 岁及以上人口可能达到 3.80 亿人，将会占到全国人口总数的近三分之一。更进一步的研究显示，届时我国 60 岁及以上的人口可能达到约 5 亿人，我国人口老龄化的增速也将达到同期世界水平的约 2 倍。在这一趋势变化下，人口老龄化将成为影响经济的重要因素。传统的消费模式将受到巨大冲击，老年消费环境将发生显著变化，老年消费需求将进一步扩大。因此，针对老年群体，研究老年消费特征势在必行、十分必要。

目前我国人口问题存在鲜明的特征。一方面，人口总和生育率跌破警戒线，出生人口不断降低。人口学界普遍认为，人口总和生育率低于 1.5，属于低生育、警戒线生育率。若低于该数值，人口很难大幅回升，将严重影响经济社会发展。2020 年底，时任民政部部长李纪恒在解读"十四五规划"时称，我国人口总和生育率已跌破警戒线，人口生育意愿处于较低水平。另一方面，劳动年龄人口持续减少。2013 年，我国劳动年龄人口达到峰值，15 岁至 64 岁劳动年龄人口达到近 10 亿。随后劳动力人口逐年下降，2019 年 15 岁至 64 岁劳动年龄人口降为 9.89 亿。[1]另外，我国人口老龄化趋势也较为严峻，未富先老问题突出。2019 年我国 65 岁及以上的老年人口数量达到 1.76 亿，占比达 12.6%，人均 GDP 约 1 万美元。相较于美国、日本等发达国家的老龄化程度，其在老年人口达到相似的 12.6% 比重时，人均 GDP 高达 2.4 万美元。[2]可以说，我国面临着人口结构危机等较为严重的人口问题。

人口老龄化是人类社会文明与进步的表现，也是世界上许多国家不得不面对的难题，可以说是全世界共同面临的严峻考验。我国是世界上人口规模最大的国家，我国的人口老龄化程度高、进展快、规模大，目前已造成劳动力短缺和劳动力老龄化等严重后果，更为深远地将对养老和医疗等社会保障制度、社会资源的有效配置、经济的高质量发展、家庭社会的和谐等方面带来严峻挑战。造成这一现象的原因，既是改革开放以来经济社会快速发展的自然过程，也有着特殊的政策背景。经济的高速发展也在推动着养老消费能力提升。伴随着近年来我国经济社会的快速发展，老年群体积累了一定的财富，拥有了一定的物质消费基础，养老消费能力有所提高。因此，深入研究老年群体消费特征、消费需求、消费变动，有的放矢地调整与完善养老产业与服务，大力发展银发经济，十分必要。

2000 年，我国总人口数量为 12.67 亿，其中 65 岁及以上的老年居民数量为 0.88 亿，老年居民占总人口数量的比重约为 7%；而到 2019 年，我国总人口数量为 14 亿，其中 65 岁及以上的老年居民数量为 1.76 亿，老年居民占总人口数量的比重约为 12.6%。[3]老龄化程度不断加重，并且预计未来我国人口老龄化程度将不断持续加深。

面对如此严重的人口老龄化问题，国家高度重视，将人口老龄化提升为

---

[1] 数据来源：中国统计年鉴—2020。

[2] 数据来源：任泽平、熊柴：《中国人口问题的基本认识与建议》，载 https://www.sohu.com/a/433492884_ 467568，最后访问日期：2020 年 11 月 22 日。

[3] 数据来源：中国统计年鉴—2020。

国家战略,不断做出部署规划。2019 年 11 月,中共中央和国务院颁布印发了《国家积极应对人口老龄化中长期规划》(简称《规划》)。该《规划》作为战略性、综合性、指导性文件,全面阐述了我国近期到 2022 年、中期到 2035年、远期到 21 世纪中叶的人口老龄化应对策略,对我国经济社会的高质量发展起到了积极而深远的作用。随着经济社会发展水平的不断提高,老年群体对适老产品的需求和消费更加多样化多层次。《规划》专门在发展银发经济方面作出部署安排,提出要着力推动增加为老服务和产品有效供给、推动老年产品市场提质扩容、推动养老服务业融合发展。

退休是迈入老年群体的关键时点,退休前后居民消费问题关系到国家宏观经济和微观居民福利,与退休政策、社会保障政策等息息相关。退休消费问题引起了国内外学者的广泛关注。Hammermesh(1984)最早研究发现,退休后居民消费并不是平滑的,这与生命周期假说理论相违背,由此引发了"退休消费之谜"的争论。关于退休前后居民消费变动情况的研究不断涌现,但是结论不一。因此,本书基于生命周期假说理论,从宏观和微观层面研究城镇居民消费变动趋势情况,并对具体实践提出政策建议,积极促进老龄化健康发展。

## 1.2 研究意义

### 1.2.1 理论意义

本书从理论上扩宽了退休对城镇居民消费影响的研究视角。生命周期理论认为居民将平滑其一生的消费。退休是居民可预期的重要节点,因此,退休前后的消费变动应该是平滑的、非显著下降的。但是国内外的学者研究表明,退休后居民消费显著下降,这与生命周期假说相违背,被称为"退休消费之谜"。国内外学者一直关注"退休消费之谜"问题,探讨利用生命周期假说理论或其他相关消费理论,解释退休后消费下降现象。但针对"退休消费之谜"的研究,大多是针对微观视角或是仅仅从生命周期理论视角出发,片面研究退休对消费带来的影响程度,研究视角单一、研究内容片面、研究方法固化。因此,有必要从更全面的角度开展理论分析,深入研究我国城镇居民退休消费问题。

首先，本书构建退休对于居民消费作用的传导机制和分析框架。围绕影响退休消费的主要影响因素，如收入变动情况、消费供给、消费偏好、财富积累等内容开展研究，分析退休前后居民消费情况产生变动的情况与趋势。具体来讲，通过宏观和微观两个层面的作用机制产生综合性的影响。从微观层面而言，退休导致个人或家庭的生活方式、健康状况、家庭状况等发生重大改变，随之引起消费需求、消费水平、消费结构等一系列的变动，进而影响了消费变动支出。从宏观层面而言，宏观并不是简单地将微观进行加总求和。退休会导致国家和社会情形变动，退休后收入降低，就业人口减少、劳动力供给减少，产业结构发生调整变动，收入和财富积累降低，进而影响消费变动。退休通过一系列的微观或宏观因素影响居民总体消费支出、消费结构变动等，产生综合性的影响。

其次，本书从微观以及宏观角度实证检验了退休对居民消费的影响变动。因我国退休政策的强制性与特殊性，本书将实证检验的研究对象限定在城镇退休居民。从微观角度而言，本书基于生命周期假说理论，采用微观数据库即西南财经大学的中国家庭金融调查数据库（CHFS），实证检验退休对城镇居民总体消费支出以及各消费结构细项的影响。并从收入保障、财富积累、消费需求等角度，实证检验退休对于消费的传导作用。从宏观角度而言，本书基于"几乎理想需求系统 AIDS 模型"，采用宏观经济数据，运用静态面板及动态面板计量分析方法，实证检验退休对于城镇居民总体消费支出和消费结构细项产生的影响，并对消费变动情况进行解释说明。基于上述微观和宏观的实证分析检验，研究内容更加细化，研究视角更加全面，有助于验证本书提出的退休对于居民消费的作用传导机制，以及深刻了解我国城镇退休居民退休消费的变动情况。

最后，在计量实证方法选择上，本书结合数据特征，有效解决内生性等问题。在微观实证研究中，本书采用模糊断点回归方法有效解决退休消费的内生性问题。退休前后消费的变动可能是由于样本选择性误差、遗漏变量等原因造成的。本书在采用霍尔三维结构分析我国退休制度的基础之上，认为我国退休制度强制性地要求男性在六十岁退休，提前退休或延迟退休也存在。这就在六十岁形成明显的断点，适用于模糊断点计量分析方法，从而解决退休消费的内生性问题。在宏观实证研究中，本书采用动态面板计量分析方法有效研究解决跨期消费问题。本书结合退休消费研究对象特点，尤其考虑消费棘轮效应影响，即前一期消费对于后一期消费产生的影响。

### 1.2.2 现实意义

消费是推动经济发展的重要动力，同时也是保障社会再生产顺利实现的重要保障。退休居民消费是居民消费的重要内容，退休居民消费总量与结构情况直接反映经济社会发展情况以及公众能否充分享受改革开放成果，不断提升退休居民消费对促进经济社会长期稳定发展以及确保社会公平具有重要作用。

首先，在目前国内大循环背景之下，研究退休居民消费问题有利于挖掘经济增长潜力。退休居民群体是我国居民群体的重要组成部分，随着我国老龄化程度的不断加深，退休居民群体的数量越来越大，对于经济社会的影响也越来越大。研究退休消费问题，有助于了解退休居民消费的真实情况，在了解现状的基础上，激发退休居民消费潜力，通过产业转型、发展银发经济等途径，大力发展消费升级战略，鼓励创造新的消费热点。进一步引导老年消费需求、内容和结构的完善，激发养老经济发展，促进形成强大的国内市场。

其次，在人口老龄化背景下，研究退休居民消费问题有助于促进实现积极老龄化。面对日趋严峻的人口老龄化现象，国家提出的积极老龄化政策，大力促进养老产业，力争实现"老有所养、老有所医、老有所教、老有所学、老有所乐、老有所为"的养老目标。研究退休消费问题，了解掌握退休居民消费作用机理，有针对性地研究制定社会保障服务政策，促进养老产业、养老服务发展，促进实现积极老龄化目标。

最后，在我国国情特征背景下，开展我国退休居民消费的本土研究，有助于打破固有的思维惯式，重视我国退休居民消费问题。国外学界针对"退休消费之谜"问题的研究由来已久，研究形式和结果也呈多样形式，为本国的退休消费政策制定提供了决策依据。但是我国对于"退休消费之谜"的研究处在初级阶段，对于退休居民消费问题的认知，仍处在退休居民经济状况差、消费需求低、消费支出少等传统思维里。伴随着社会保障制度完善、互联网消费兴起等，退休居民消费已然发生改变。本书从作用机理角度出发，结合我国国情实际，研究退休对我国城镇居民消费的影响，重新认识与理解退休消费问题。

# 1.3 研究目标和研究内容

## 1.3.1 研究目标

首先，基于我国本土国情，研究退休对我国城镇居民消费的影响途径与作用机理。国外关于"退休消费之谜"研究由来已久，但都是基于国外的退休与消费的现状，而国外退休制度和消费习惯、消费行为等均与我国本土的国情不同。因此，有必要基于我国退休制度和消费行为特征，深入研究退休如何影响我国城镇居民消费行为。

其次，从宏观和微观视角，实证检验退休对城镇居民消费的影响。基于生命周期理论而提出的退休消费之谜，主要适用于微观经济数据。但是，微观是宏观的基础，从宏观角度，也需要深入进行探讨研究。

最后，综合理论与实证分析结果，进一步提出完善退休消费的对策与建议。随着人口老龄化程度的加剧，我国退休居民人口数量逐渐增大，影响力逐渐增大。与此同时，国内消费需求不足、亟需提振。结合理论与实证分析结果，在目前国内大循环发展格局之下，提出进一步拉动退休居民消费、促进经济增长的政策建议。

## 1.3.2 研究内容

一是以生命周期假说、人口转变理论等消费经济学和人口经济学理论为指导，就退休对居民消费的影响机理进行理论分析，进一步探究影响退休消费因素，研究退休对城镇居民消费的经济效应分析，从理论层面与定性分析层面厘清退休与居民消费的关系和作用机理。

二是开展退休与城镇居民消费的现状分析。按照时间顺序梳理我国退休制度的发展演变，在此基础上，分析我国退休制度的特点。从消费结构和消费率、退休消费、人口老龄化等角度开展城镇居民消费的现状分析，为后续的实证分析进行铺垫。

三是基于生命周期理论模型，从微观经济角度，就退休对城镇居民消费产生的影响进行实证分析。运用模糊断点回归分析方法，实证检验退休对城镇居民总体消费以及消费结构产生的影响，并从收入、财富、消费需求等角度阐述相关作用机理和影响途径。

四是基于 AIDS 模型理论，从宏观经济角度，运用静态面板和动态面板计量分析方法，实证检验退休对城镇居民消费的影响。

五是以美国、德国、英国等典型国家为例，分析探讨国外退休制度及其对居民退休消费的影响，并探讨国外对我国的借鉴与启示作用。

六是提出人口老龄化背景下改进我国退休消费的对策与建议。提出基于国内大循环背景下，以退休消费引领产业升级，结合退休居民特点，合理开发设计消费产品，加大退休消费相关领域的基础设施建设，扶持发展服务产业，积极应对人口老龄化。

# 1.4 研究方法

本书以人口经济学、消费经济学等学科理论为指导，综合采用各种研究方法。在一般研究方法上，实证研究与规范研究相结合、定性研究与定量研究相结合，在具体研究方法上，结合特定的研究内容有针对性地采用不同的研究方法。

## 一、文献研究与调研研究相结合

本书通过对国内外已有的退休消费文献进行较为系统的梳理，并根据本书的需求将这些文献分为几个方面来归纳，然后根据已有的文献研究，得出相关的结论。同时，根据已有文献的研究结论进行相关调研研究，进一步为本书的研究内容提供支撑。

## 二、定性分析与定量分析相结合

本书将退休对居民消费的影响机制和作用机理进行定性分析。本书的一大特点是在微观计量定量分析中，采用最新研究发展的计量分析方法模糊断点回归分析方法，更好地解决退休对消费的内生性问题。在宏观计量定量分析中，采用动态面板数据模型，考虑后期消费对前期消费的影响。包括在后面的实证分析部分也采用了相当篇幅的定性分析，力图通过定性分析和定量分析的结合而得出更为准确的结论。

### 三、理论研究和实证研究相结合

以人口理论和消费经济学理论为支撑，研究退休对居民消费的影响机理，在此基础上对退休前后的城镇居民消费变动进行实证分析，从理论和实证层面相结合，就退休对居民消费的影响进行充分研究。

### 四、演绎归纳和比较分析相结合

本书在根据时间段梳理我国退休制度的过程中，在归纳一般规律的过程中，也对各个阶段特征进行了充分演绎与比较。在居民消费和老年居民消费现状分析中，同样采用演绎归纳和比较分析的方法，按照时间顺序对我国基本现状进行梳理总结，并得出相关的结论与启示。

# 1.5 技术路线

本书研究结构拟按照"理论分析——基础分析——实证分析——对策建议"的逻辑，在大量文献和资料搜集整理的基础上，以生命周期理论、人口转变理论等为理论基础，构建退休对城镇居民消费的影响机理，并以影响机理为基础进行基础分析和实证分析，并在最后提出人口老龄化背景下退休消费的对策建议。具体实施方案如下图 1-1 所示。

首先，开展文献梳理。对生命周期假说理论、持久收入假说理论等消费理论，以及退休消费之谜、老年消费等文献进行梳理，总结目前发展现状以及研究不足，为后续的研究进行理论铺垫。其次，在文献梳理的基础之上，进行基础分析。主要围绕我国退休制度的发展演变、我国退休制度的特点，从宏观和微观角度分析我国城镇居民消费现状、我国老龄化现状等内容展开。再次，开展作用机理分析。理清退休对城镇居民消费的影响因素，从宏观和微观视角阐述退休对消费的影响路径与作用机理。然后，提出本书的问题假设：退休是否影响城镇居民消费？如何产生影响？影响的情况是怎样的？接下来，开展实证检验。依照作用机理分析的思路，同样采用微观和宏观视角，实证验证退休对城镇居民消费的影响。最后，提出政策建议。依据理论分析和实证分析结果，结合我国人口老龄化以及国内大循环的经济背景，提出大力发展银发经济、促进退休消费的政策建议。

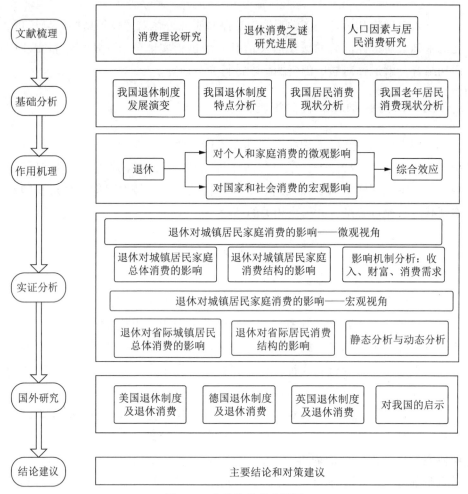

图1-1　本书的技术路线图

# 1.6 关键问题和可能的创新点

## 1.6.1 关键问题

一是构建退休作用于城镇居民消费的传导机制和分析框架，该框架同时是本书的逻辑基础。在此框架下，探究退休冲击对消费影响的主要因素、经济效应分析、消费变动情况等内容。

二是从微观角度和宏观角度，实证分析退休对城镇居民消费的影响，并检验影响退休消费的主要因素与传导机制。实证检验退休对城镇居民总体消费支出和具体消费结构细项的影响。

三是政策建议。本书研究的最终目的是研究哪些因素影响退休居民消费，如何促进这些因素提振退休居民消费，既增加退休居民福祉又促进国内大循环、经济的发展。

## 1.6.2 可能的创新点

国外研究退休对消费影响的研究很多，国内相关研究较少，且不成体系、不够深入。而当前我国老龄化程度逐渐加深，国内消费需求严重不足，退休居民消费潜力亟待挖掘。研究我国城镇居民退休消费问题意义重大。本书从以下几个方面进行了创新与改进。

一是基于我国本土国情，构建了较为全面的理论分析框架。详细阐述了退休对于城镇居民消费的影响因素，及其相关作用机理和传导机制。并基于宏观经济数据和微观家庭数据，开展实证检验分析。在宏观和微观分析的基础上，结合退休消费的影响因素和经济效应，构建较为新颖而完善的分析框架，这也是本书的研究基础和逻辑架构。

二是实证检验视角更全面。现有实证研究大多基于微观视角，本书从微观和宏观两个视角进行实证检验，不但分析退休对个人和家庭的微观影响，还进一步拓展研究对象视角，分析退休对国家和社会的宏观影响。另外，微观实证方面也有一定程度的创新，不但基于微观数据进行了基础性分析，还结合研究对象特征从收入保障、房产财富、消费需求等角度进行机制影响分析，进一步阐明了退休对城镇居民消费的影响原因和作用机制。

# 文献综述

消费理论是经济学领域的重要组成部分。消费主要是指把生产出来的货物与服务消耗掉和使用掉的社会过程，可以说是人类社会客观存在的经济现象。一方面，从微观层面而言，消费问题是理性消费者在其一生之中追求效用最大化的重要变量，是微观经济个体的考量对象。而另一方面，从宏观层面来讲，消费问题是总需求的重要组成部分，是宏观经济调控的重点对象。因此，可以说，消费理论在经济学研究中占据极其重要的地位，也由此引申了许多重要的研究成果。退休消费研究就是在生命周期假说理论的基础上发展演变而来的。

## 2.1 消费理论研究进展

消费作为经济学研究中的重要内容，一直是理论界研究的重要对象。关于消费方面的研究内容大体包括：能否有效妥善处理生产与消费的关系，以及能否充分发挥消费拉动经济增长的作用，消费对经济能否实现稳定增长作用等几个方面。通过消费函数测算消费水平是经济学的重要内容之一，自凯恩斯提出消费函数之后，莫迪里亚尼等人（1954）的生命周期假说和弗里德曼（1957）的永久收入假说等是有关消费的最基本的理论分析基础。此后，消费函数不断向前发展，从不同程度上揭示了消费的影响因素与变动趋势，具体包括 Hall（1978）随机游走假说、Kimball 和 Mankiw（1989）预防性储蓄假说以及 Shea（1995）损失厌恶假说等。

### 2.1.1 确定性条件下的消费理论

研究消费问题的最有力工具之一是消费函数。凯恩斯首先提出了绝对收入消费函数之后，消费函数不断发展壮大起来。早期的消费函数围绕确定性条件而展开，其中最具代表性的消费理论是：凯恩斯的绝对收入消费假说理论和杜森贝里的相对收入假说理论。

#### 一、绝对收入假说

凯恩斯开创了宏观消费理论，并且该理论是确定性条件下的代表性理论，研究的是静态的当期消费。以凯恩斯为代表的消费经济学理论在 20 世纪 30 年代发展而起，其核心观点是绝对收入假说。凯恩斯在《就业、利息和货币通论》一书中主要阐述了消费理论和投资理论两大核心观点，在经济学理论中占据重要地位。其中消费理论即为绝对收入假说。

凯恩斯在消费心理的基础上，首次创新性地将收入引入消费函数，并认为边际消费倾向递减，改变了消费者所面临的条件约束以及决策行为。绝对收入假说理论的核心观点是，随着收入的增加，消费者也会增加消费支出，但是边际消费倾向递减，即消费的增长速度低于收入的增长速度。具体消费函数表达式为：

$$c = \alpha + \beta y$$

其中，$c$ 表示消费支出，$y$ 表示收入，$\beta$ 表示边际消费倾向，其随收入变化而发生变动。$0 < \beta < 1$，代表边际消费倾向递减，消费伴随收入的提高而增加，但是消费的增长速度低于收入的增速。$\alpha$ 代表自发性消费开支情况。

凯恩斯的贡献在于，其在不存在流动性约束和不确定性，消费者只追求一种预算约束下的效用最大化的假定基础上提出了绝对收入假说。这种假说可以概括为，消费者根据自己的现期实际收入决定消费支出。这类消费者与消费行为被认为是原始的、短视的，因为在绝对收入假说下，消费者行为的外部环境设定和内在设定比较窄。而相对收入假说则被认为是，消费者的消费行为具有了后瞻性和攀附性，因为杜森贝里在凯恩斯的理论分析框架内进一步假定消费者的行为具有"示范效应"和"消费的不可逆性"。

绝对收入假说的政策意义在于其有力地解释了 20 世纪 30 年代的经济危机。绝对收入假说的提出，有力地解释了当时经济大萧条的主要原因是消费不足。凯恩斯利用总量分析方法解释需求不足和产品过剩现象，开创了宏观经济学领域，用宏观分析而非微观分析解释经济危机现象，并提出了有效的解决方案。边际消费倾向递减会造成消费不足，从而导致消费者悲观消费情绪、商业不景气，消费者倾向于流动性更强的消费选择，减少投资，降低投资的乘数效应，最终可能导致失业、生产产能过剩等一系列危机。针对此现象，凯恩斯大力推崇进行宏观经济干预，扩大需求、拉动生产、畅通流动、提振边际消费倾向。在相当长的一段时间内，政府干预成为重要的经济手段。

但是后来，绝对收入假说受到质疑与打击。该假说主要针对当期消费和当期收入，后来在检验"库兹涅茨悖论"（在长期而言，边际消费倾向不会随着收入的提升而出现降低的现象）时，受到严重质疑。西蒙库兹涅茨在利用美国 1869 年至 1938 年的经济数据进行分析时发现，虽然收入增长了约七倍，但是消费占比稳定维持在 0.8-0.9 之间，与绝对收入假说理论的平均消费倾向递减结论相违背。

而后，许多经济学者研究消费时发现，长期消费具有稳定的平均消费倾向，短期数据得到的消费函数符合绝对收入假说中的消费函数形式。部分学者认为，长期消费与短期消费之所以有差别，是因为受到某些影响因素的影响。比如：人口迁移。随着经济的发展，大量农村人口向城市迁移，农村人口的边际消费倾向低于城市人口，随着人口迁移的发生，社会的边际消费倾向就会提高。再比如：人口老龄化。老年人口消费下降的速度要低于收入，随着老龄化的加剧，短期消费函数会上移。

凯恩斯的绝对收入假说理论缺点是其以消费心理为基础，缺乏经验研究论证以及微观研究基础。凯恩斯的绝对收入假说理论是在确定性条件下考察消费与当期收入的关系，解释了某一时期特殊的经济状况。但随着经济形势的不断变化，该理论需要不断完善调整。学者在这一基础上，不断改进与向前发展，研究提出了其他消费理论。

## 二、相对收入假说

杜森贝里（1949）批判了凯恩斯绝对收入假说，质疑绝对收入假说理论的两个假设，即消费的独立性以及可逆性，其认为消费取决于消费者的相对收入水平，而非绝对收入水平。杜森贝里在《收入、储蓄和消费者行为理论》一书中正式提出了相对收入假说理论，在消费函数中引入前期消费，当期消费由当期收入以及前期消费共同决定。从微观角度而言，相对收入指消费者本身相对于身边周围人的收入，指消费者个人的单独行为。从宏观角度而言，相对收入指当前某一时段相对于前期收入高峰时的收入水平情况，指社会总体消费水平情况。

为了更进一步解释长期消费函数与短期消费函数的矛盾，杜森贝里提出消费的棘轮效应与示范效应。杜森贝里基于消费行为的示范效应与棘轮效应两个层面，科学地解释了长期消费函数与短期消费函数之间的矛盾。从短期而言，消费与收入受到经济周期波动影响，二者不存在固定比例关系；而从长期而言，因为棘轮效应与示范效应的存在，消费与收入体现出稳定的比例关系。在短期内，消费与收入偏离长期固定比例的原因，可能在于短期内的消费函数受经济周期波动的广泛影响。在长期内，消费与收入却能够保持相对稳定的比例关系，这可能是消费行为受到了示范效应和棘轮效应的影响。

棘轮效应是指消费习惯不可逆，也就是说当期消费不但受到当期收入影响，还受到前期高峰时的收入影响。消费习惯养成之后，消费者可能随着收入的增加而提高其消费开支，但是当收入下降时，消费者仍具有保持前期消费水平的习惯，很难降低消费开支。从消费倾向角度解释，当收入的增长趋势发生变动时，长期边际消费倾向大于短期边际消费倾向。

示范效应是指消费者的消费行为具有攀比性，消费者的消费开支不但受到自身收入水平的影响，还受到周围其他人消费行为的影响。即使消费者出现收入突然下降的情况，其消费行为也会保持与周围人相当的水平程度，不会出现下降的情况。从消费倾向角度来讲，边际消费倾向因消费示范效应的存在不一定会递减。

杜森贝里采用实证计量的方式，进一步验证了相对收入假说。杜森贝里研究发现，1935年至1936年期间美国大萧条时期的消费者购买行为的数据，此数据为截面数据，美国家庭消费超出了当年度的家庭收入。而在1941年的数据，即对照组的数据显示，仅有个别少量的家庭消费支出大于家庭收入。杜森贝里对此的解释为，消费支出的变动受到经济周期的影响，消费伴随经济周期而产生变动。这一现象体现在函数模型中即为相对收入效应。

杜森贝里的这一检验也说明了相对收入假说的具有以下特点。一是消费行为受到人们的相互影响。消费者将收入的多少用于消费行为，取决于他相对于其他人相比的相对收入水平，而非绝对收入水平，消费行为存在攀比现象。二是消费者的消费行为取决于消费者的习惯性。消费行为不但受到消费者当期收入的影响，还受到过去年间消费者的最高收入影响。消费者即使当年收入降低了，可能也会动用储蓄，维持之前的消费习惯和消费水平。

相对收入假说理论的消费函数形式为：

$$C_t = \alpha + \beta \times C_{t-1} + \gamma \times y_t + \varepsilon$$

其中，$c_t$ 表示第 $t$ 期消费，$c_{t-1}$ 表示第 $t-1$ 期消费，$y_t$ 表示第 $t$ 期收入。

基于杜森贝里提出的相对收入假说理论，可以得出如下推论：一是从相对收入假说的示范效应角度，消费者一般而言在其所属组别的收入分配中所占的份额比例越低，该消费者的平均消费倾向可能越高。二是从相对收入假说的棘轮效应视角而言，消费者现期收入相对于往期最高收入时，具有棘轮效应，因此，在消费者收入降低时，消费者会通过消费现期收入中更大的比例即减少储蓄来达到维持消费水平的目的，抵消现期收入降低带来的损失，平均消费倾向依赖于现期收入相对于往期最高收入的比例大小。这一研究结论对于研究退休消费十分必要。居民退休时，退休收入一般要低于工作时的收入水平，但是退休居民的消费水平、消费行为可能不会受到这一因素影响。

总体而言，相对收入假说理论比绝对收入假说理论有了进步。绝对收入假说理论从消费心理入手，仅仅关注当期收入与当期消费情况。而相对收入假说理论从消费者行为入手，引入前期消费和前期收入概念，追求消费者终生效用最大化，进一步扩展了消费研究思路。但是，由于该假说消费者行为的非理性假设，偏离了主流经济学理性经济人假设，同时实证数据也较难取得，针对该假说的实证检验较少。

### 2.1.2 跨期消费理论

持久收入假说理论和生命周期假说理论是较为典型的跨期消费理论。二者有相似之处，但又有区别。持久收入假说和生命周期假说将消费理论推到了新的发展高度。但这两个理论依旧是在确定性研究框架之中，同时也是消费理论中重要的里程碑。基于生命周期理论，学者提出了"退休消费之谜"。

### 一、持久收入假说理论

莫迪里亚尼和弗里德曼更进一步地解决了上述问题，提出在新古典分析框架之下，将不确定性和跨期选择纳入消费理论之中，研究消费者在跨期选择中最优消费与预期收入的关系。两个人分别提出了生命周期假说和持久收入假说。

与生命周期假说相呼应，Friedman（1957）在《消费函数理论》一书中提出的持久收入假说（Permanent Income Hypothesis）。其核心观点是，消费者以长期的持久收入来决定自己的消费，而根据非短期收入水平。其把收入分为持久收入和暂时收入两部分，分别对应于持久消费和暂时消费，并认为消费与收入存在长期稳定的比例关系。该种比例关系为正比关系，并受到财富与收入比率、财富偏好、利率等的影响。只有当短期收入水平影响长期收入时，短期收入才会影响消费行为。也就是说，只有持久收入才影响消费，即消费是关于持久收入的函数。

弗里德曼提出总量消费函数概念，认为总量消费函数不只是将个体消费函数的简单加总汇合，而是在总量消费函数中应考虑个体差异如年龄、消费偏好、家庭结构等因素，个体以及个体之间的差异、差异之间的分布等共同作用影响着总量消费函数。总量消费函数和个体消费函数二者具有相同的函数形式，均为以下形式：

$$c = c_1 + c_2$$
$$y = y_1 + y_2$$
$$c = k \times y$$

上述三个式子共同组成消费函数。其中，$c$ 和 $y$ 分别表示消费和收入，$c_1$ 和 $y_1$ 分别表示暂时性消费和暂时性收入，$c_2$ 和 $y_2$ 分别表示持久性消费和持久性收入。$k$ 表示消费系数，表示消费与收入之间的关系。

持久收入假说指出消费者在某一长期内考虑消费支出，暂时性收入的边际消费倾向很小或是趋近于零。采用这一假说理论，可以更好地解释或理解某些经济学现象，如杜森贝里的棘轮效应。消费的滞后于收入，消费者预计到自身可以在未来某段时期内获得稳定收益，当期的消费就可能超过当期的收入，即所谓的超前消费、信用消费。

在持久收入假说中，弗里德曼根据持久收入与暂时收入相对应的消费进行了分类划分，将消费划分为持久性消费和暂时性消费。这两类消费共同形成消费者个人和家庭的实际消费支出。持久收入假说认为，消费者家庭本质是由持久消费情况确定的，而暂时性消费的表现类似于暂时性收入，暂时性消费可能也同样呈现出上下正负波动的情景。基于此种特征，弗里德曼总结出，在某一时期消费者家庭的实际消费情况可能受到暂时性消费的影响，这种暂时性消费可能是正向影响也可能是负向影响，可能大于持久消费也可能小于持久消费，这种影响是一种短期的波动表现。

在持久收入假说中，弗里德曼认为持久性收入与持久性消费是该理论的根基，二者存在长期的稳定关系。从短期来看，暂时性收入与暂时性消费呈现出的稳定性关系受到短期影响；从长期来看，暂时性收入与暂时性消费的影响可能正负抵消，也就是说，持久性收入与持久性消费之间的关系呈现稳定性表现，并不受到其他因素影响。对这一现象的解释是，消费者的现行收入与消费者的持久性收入并不是同一概念。消费者的持久性收入是其预期寿命里的全部可得收入的平均值，这一数值具有稳定性，消费者的消费行为与消费水平、消费支出主要受到持久性收入的影响，而非现行收入。

理性的消费者可能从全部生命周期的角度来计划并安排自己的当期消费行为与消费支出。即使消费者当期收入可能并不高，但如果其预期到未来收入可能比较稳定并逐渐提高，该消费者可能增加当期消费支出。消费者即使现行收入下降了，由于消费惯性以及消费习惯的保持，消费者可能不会降低当期消费。从相对收入假说角度去解释这一现象是，该名消费者可能动用以往的储蓄，维持原有的消费水平和消费支出程度。从持久收入假说去解释这一现象是，消费者会预判其未来可支配收入和预期收入情况，如果未来预期较为乐观，预期收入可能增加，则该名消费者可能保持持久性收入与持久性消费维持到一个相对固定的比例水平，在收入降低的情境之下，保持消费水平和消费支出不变，使用未来的预期收入。

持久收入假说理论中，影响预期收入的因素有很多。其中包含人口因素，比如年龄、个人能力、职业等。另外，暂时性、多变的因素也会影响预期收入，如天气变化、生活方式改变、健康状态等。

在持久收入假说里，预期因素起到了非常关键的作用。该假说认为，影响消费者对于未来预期收入的影响因素很多，具体包括：消费者的年龄、消费者的职业、消费者的个人能力以及消费者的人力财富。持久收入假说同时认为，暂时性收入是由于暂时性的因素影响而导致收入偏离消费者预期的消费支出，因此，这类暂时性的收入具有瞬间的非连续性和偶然性等特征表现。同时，该假说更进一步地探讨了这些暂时性因素，认为应包含消费者健康状态、消费者生活方式、消费者居住地的气候条件等因素。这些暂时性的因素在每一年中可能会发生变动，由此导致消费者在任何一个年份里可得到的收入与预期的持久收入不同，或大于或小于预期的持久收入。

持久收入假说还要求探讨消费者的持久收入与现行收入的内涵差异。消费者在其一生之中的预期年收入可能存在较大幅度的变动，但预期的持久收入却表现出稳定的状态，预期持久收入在模型公式中可以表达为一个稳定的常数状态。举例而言，在利息率保持在零的状态下，消费者的年平均持久收入应该等于今后全部的可预期的收入之和除以预期的寿命。在这种情况之下，消费者的年平均收入将呈现围绕该数值上下波动的现象。

持久收入假说理论的政策意义在于，有力地解释了收入、储蓄、投资、消费的影响。储蓄率与收入水平不相关，二者是独立的。在这一基础之上，收入分配是造成不平等的主要原因，而与储蓄无关。发达国家历来存在着阶级与收入差别，经济的发展降低了阶级差异的程度，收入不均的现象得到缓解，或者是暂时性因素缓解了持久收入的不均衡。而这其中，投资在经济发展中起到了重要作用，而非储蓄。在这一逻辑之下，经济增长受到投资、消费的影响。对于20世纪30年代的美国经济，要解决经济停滞问题，就要提高就业水平、税收水平以及平均消费倾向。

**二、生命周期假说理论**

生命周期假说是由美国经济学家莫迪利安尼提出的。生命周期假说理论以传统的消费者选择理论为出发点，构造了在消费者的整个生命周期内考察收入与消费的关系函数。其在进一步修正凯恩斯消费函数理论之上，进一步深入分析了消费概念、消费函数及其基础等重要内容。

与凯恩斯消费函数理论不同，生命周期假说理论重新定义了消费概念，其认为消费主要为若干变量的现值与折旧之和，这些变量涵盖非耐用消费品以及劳务在当期的支出以及前期所购买的耐用消费品在当期使用之后的折旧值。通过这一定义，有效区分了两个概念，即消费与支出。并且通过这一概念可知，消费并非全非，而仅仅包含消费品支出的某一部分比重。

生命周期假说认为，一个具体时期的消费取决于对一生收入的预期，而不取决于当前时期的收入。代表性消费者在其拥有的总资源约束下追求一生消费的平滑，根据其一生的全部预期收入来安排他们的消费和储蓄，以达到整个生命周期内的消费跨时最优配置。对于某一个特定年龄层的人，消费是与他们一生的收入成比例的，这被莫迪利安尼称作"生命周期假说"。

生命周期假说的提出，解释了短期消费函数与长期消费函数之间的矛盾。莫迪利安尼认为，库兹涅茨对凯恩斯提出的绝对收入假说质疑与反论之后，引起了经济学界对于消费函数的研究热情与兴趣，在实证经济研究方面出现了巨大的兴趣，但是经济学界尚未找到一个普遍性的理论分析框架，去合理解释实证研究中发现的横截面数据与时间序列的矛盾之处。莫迪利安尼则致力于使用边际效用分析工具，来提出一个相对合理的理论分析框架，调和并解释短期消费函数与长期消费函数之间的不一致的地方。

莫迪利安尼的核心观点是，消费者具有理性特征，追求消费效用最大化，依据终生收入来安排终生消费，使得终生消费等于终生收入。在这一基础上，消费者的当期消费不仅与当期收入有关，还与初始资产、各期收入等相关。

生命周期假说理论中消费函数简单形式为：

$$c = \alpha_1 \times y + \alpha_2 \times asset + \varepsilon$$

其中，c 代表消费，y 代表收入，asset 代表资产。

莫迪利安尼的早期模型主要关注截面数据，之后使用了时间序列数据，莫迪利安尼逐渐加入一些动态因素，如人口的改变率、保持人口不变时的生产率变化、国家债务及国际因素等。生命周期假说提高了收入、财富和年龄分布在影响消费的因素中的重要性，解释了长期消费稳定及短期消费波动的原因，还可以应用于分析不同阶层家庭消费的差别、货币政策与财政政策对经济活动和消费的影响和消费的季节性波动等问题。

### 三、生命周期假说理论与持久收入假说理论的比较

生命周期假说理论与持久收入假说理论均是在跨期消费理论中产生重要作用的理论，二者具有很多相同之处。首先，二者均认为消费者不仅仅考虑当期，还会考虑未来的消费与收入、储蓄等情况。其次，持久的收入变动会影响当期消费，暂时的收入变动不会影响收入变动。再次，二者均要求消费者在其生命周期内进行平滑地消费。最后，因二者有很大的相似之处，学者将二者结合并合并起来，称之为生命周期——持久收入假说理论，即 Permanent Income Life Cycle Hypothesis。

生命周期假说理论与持久收入假说理论的不同之处：

第一，二者的研究假设不同。生命周期假说中假设生命有限，将生命分

为不同阶段，将消费者的一生分为几个阶段；持久收入假说理论中假设生命是无限的，存在不同代际的消费者，不会局限在一个人的不同消费阶段，而是考虑父母、子女等不同代人的消费情况。

第二，二者的研究重点不同。生命周期假说理论中融入了消费者生命特征，并研究由于消费者生命特征发生变化而导致的消费变动。持久收入假说理论仅仅关注长期动态的消费关系，不会将人口学特征纳入研究视角，较少研究人口生命特征引起的消费变动情况。

### 2.1.3 其他相关消费理论

退休消费研究主要应用到绝对收入假说理论、相对收入假说理论、生命周期理论、持久收入假说理论等消费理论。但是其他的相关消费理论也对退休消费研究产生影响。

### 一、早期的消费理论

马克思（1867）认为在资本主义生产方式下，防止生产过剩与出现经济危机的必然前提是，要妥善处理好消费与生产的关系，并要确保第一部类与第二部类的平衡发展。马克思将消费融入制度中统筹进行分析考量，其结合唯物主义历史观和哲学观思想，辩证地分析了生产与消费的关系，以及消费在社会再生产之中所发挥的重要作用。马克思认为产品在消费中才得到最后完成，消费是使产品成为产品的最后行为，而且也是使生产者成为生产者的最后行为。[1]消费可以分为生产消费与个人消费两种类别。生产消费主要指生产资料和劳动力在物质资料生产过程中的消耗，马克思认为生产行为本身就是消费行为；[2]个人消费主要指在生产过程以外的、可以执行生活职能的消耗，是将生产的物质资料和服务用于满足个人生活需求的过程与行为。广义而言，个人消费是将个人作为社会角色参与到社会再生产过程中的产物，个人消费不再是单纯的个人私事，而是具有社会属性的。

马克思认为影响消费的因素很多，其中包含分配制度、生产结构、收入水平和商品价格、储蓄水平。其中分配制度是最为关键的影响因素，分配制度影响着收入分配，从而进一步影响消费能力和消费结构变动。收入水平与

---

〔1〕　参见《马克思恩格斯选集》（第二卷），人民出版社 1975 年版，第 691 页。
〔2〕　参见《马克思恩格斯选集》（第二卷），人民出版社 1975 年版，第 693 页。

商品价格是影响消费的直接因素。收入水平与消费水平呈正向关系，收入越高，消费水平越高，并且收入水平受到分配制度的制约。商品价格与消费水平呈反向关系，商品价格越高，消费水平越低。

在新古典经济研究中，菲尔普斯 Phelps（1961）认为家庭长期消费效用最大化是判断宏观经济增长是否最优的有效标准，提出了黄金律标准 Golden Rule，即要求某个国家在各时期中的家庭消费效用的总和最大化。更进一步而言，如果市场经济条件下，均衡消费水平在长期平衡增长路径上是帕累托最优的，也就是说没有更好的平衡增长路径能够促使家庭长期消费水平得以改善，那么该条经济平衡增长路径就符合黄金律标准。在经济增长理论框架下，市场经济效率在动态条件下的衡量标准是黄金律标准，即要求家庭长期消费效用最大化。

## 二、随机游走假说理论

霍尔（1996）在理性预期理论基础上，提出随机游走假说理论。该理论的提出主要基于消费不确定性和理性预期理论。对于居民消费而言，不确定性体现在以下方面：一是未来收入的不确定性。退休的到来、劳动力的供给、养老金或工资收入的波动等均会带来收入的不确定。二是消费习惯、消费偏好、消费需求等会随环境等发生变动，带来不确定性影响。以上不确定的表现将影响跨期消费选择。理性预期假说是由卢卡斯（1976）提出的，其认为消费者会根据经济政策、市场条件等因素而进行理性预测，从而调整自身消费行为。

霍尔创新性地采用欧拉方程对生命周期假说以及持久收入假说进行改进。消费效用最大化所满足的一阶条件即为欧拉方程。其含义是消费者在综合实际利率和时间偏好的影响下，为了追求消费效用最大化，消费者的当期消费和预期下一期消费的边际效用相等。欧拉方程具体函数形式为：

$$\text{Max}E, \ U- = E\left[\sum\left(c_t - \gamma c_t\right)\right]$$

$$E\left[U\left(c_{t+1}\right)\right] = \frac{1+\delta}{1+\gamma}U\left(c_t\right)$$

$$C_t = C_{t-1} + \varepsilon$$

其中，MaxE，U-表示效用最大化，$\delta$ 表示时间偏好，$\gamma$ 表示实际利率，c 表示消费。

随机游走假说理论的核心公式是 $C_t = C_{t-1} + \varepsilon$，居民消费是 AR（1）过程，服从随机游走。该理论表示消费是可预测的。当收入突然变动时，消费的变动应该相当于持久性收入的变动，收入的可预测变化可能会造成消费的可预测变化。

随机游走假说理论的意义在于：一是变革性地改进了消费函数，将理性预期加入函数模型之中。消费是预期可变的情况下，理性消费者可以采取行动平滑消费。政府在制定政策时，需要取得民众信任、稳定民众心理预期，从而才能促进消费与经济发展。二是研究消费问题时，无须再构建复杂的消费联立方程组或是推导出显式的消费函数，仅需验证形式与条件较为简单的消费欧拉方程。自此，欧拉方程成为研究消费函数的重要方式之一。

### 2.1.4 我国消费理论研究进展

近年来，我国学者围绕生命周期假说理论等消费理论，以我国居民为研究对象，结合我国国情实际，开展了一系列研究，并提出了富有建设性意义的政策建议，推动我国消费研究不断发展。学者大体从两个方面开展研究：消费结构、消费决策与行为。

一是生命周期理论对消费结构产生的影响方面。都阳和王美艳（2020）基于生命周期理论以及2010年、2016年城市劳动力调查数据，研究人口年龄结构对中国城市居民家庭消费的影响。其认为年龄结构既能影响消费数量，也能影响消费结构。其以老年居民家庭为例，研究发现年纪越大的家庭，消费数量越少，而医疗消费所占的比例越高。罗永明和陈秋红（2020）基于家庭生命周期，采用中国家庭金融调查2015年数据（CHFS），实证检验发现家庭生命周期对农村家庭消费结构的影响，并认为收入质量起到了中介作用。晁钢令和万广圣（2016）创新性地构建了以我国农民工家庭为研究对象的家庭生命周期模型，农民工家庭以分居为特征，体现了家庭生命周期的变异性，由此也给消费结构带来影响。

二是生命周期理论对消费决策与行为产生的影响方面。王彦伟（2020）基于中国家庭追踪调查2016年数据（CFPS）以及宏观经济数据和分层线性模型方法，实证检验家庭资产选择和家庭居民消费之间的动态决策机制。苗文龙和周潮（2020）认为人口老龄化通过改变金融结构，从而导致消费降低、劳动力减少、产出降低。赵庆明和郭孟旸（2020）采用2003年至2018年宏观经济数据实证检验认为，收入影响我国居民家庭全口径消费和乘用车消费，股市存在显著的财富效应。徐妍和安磊（2019）基于生命周期模型研究房价变动对我国居民家庭消费影响时发现，当房价上升时，对居民家庭消费产生财富效应与成本效应。基于生命周期假说影响，张朝华（2017）认为社会保障政策对消费行为产生深远影响，刘彦文和樊雲（2016）认为投资决策影响家庭消费决策。

我国学者采用生命周期理论等消费理论研究城镇居民消费的同时，农村居民消费也是学者研究重点。邓涛涛等（2020）认为我国农村家庭旅游消费存在心理账户效应，不同类别的农村家庭会出现差异性的边际旅游消费倾向。唐琦和夏庆杰（2019）基于中国家庭收入农村入户调查1995年至2013年的数据以及QUAIDS结构方程模型研究发现，我国农村居民消费总量不断增加，地域间的消费差异不断增加。农村居民消费结构也发生较大改变，食品消费占比不断下降，而医疗、居住、交通通信等消费占比不断上升。同时，研究表明市场价格会严重影响农村居民消费结构，而可支配收入带来的影响较小，农村居民消费的稳定依赖商品价格的稳定。

## 2.2 退休消费之谜研究

根据生命周期假说，理性消费者能够在预测终生收入的基础上，合理安排消费，使其生命周期各个阶段的消费保持平滑，即退休冲击对消费不会造成重大影响。但是，Hammermesh早在1984年对美国消费的研究中发现，退休后居民消费显著下降，生命周期假说无法合理解释这一现象。这被称为"退休消费之谜"（Retirement Consumption Puzzle）。

### 2.2.1 部分学者认为不存在退休消费之谜

"退休消费之谜"引起了学者的极大兴趣，但他们的结论并未达成一致，目前退休消费之谜仍未解开。部分学者认为，退休冲击不会引起消费显著下降，或是引起消费微小的变化，即不存在退休消费之谜现象。

**一、国外相关研究**

国外研究方面，Blau（2008）将退休的不确定性加入到生命周期假说模型中，使用美国 Health and Retirement Study 数据研究显示，退休前后消费是平滑的。Smith（2006）采用英国 British Household Panel Survey 数据研究显示，正常意愿退休的人消费是平滑的，而非自愿退休导致消费下降。Hurd（2008）使用美国的 Consumption and Activities Mail Survey 面板数据研究显示，退休后消费存在 1% 至 6% 的微小下降，该下降可以用经济学因素进行解释，故认为不存在退休消费之谜。Aguila（2011）采用美国的 Consumption Expenditure Survey 数据研究显示，非耐用品消费支出在退休前后是平滑的，食品支出在退休后下降 6%，不存在明显下降。

近年来，国外研究的数据较为先进。Agarwal 等（2015）首次采用交易数据研究退休消费问题。其采用两套数据研究新加坡退休消费变动问题，一套数据为 2010 年 4 月至 2012 年 3 月新加坡某银行 18 万客户的财务交易数据，含支票账户余额、借记卡余额、贷记卡余额等信息；另一套数据为 2008 年至 2010 年 371 名新加坡食品支出数据，含购物场所、采购价格与数量等信息，此数据作为前一套数据的补充，专门用来分析退休居民的食品消费状况。这是学者首次使用详细的交易数据研究退休消费变动问题。其研究结果显示，退休冲击使得居民消费下降 12%。

**二、国内相关研究**

对于中国退休消费变动的研究方面，学者大多认为中国不存在退休消费之谜问题，但是退休后消费存在下降趋势。

学者从饮食与健康的角度开展研究。雷晓燕、谭力和赵耀辉（2010）从健康视角研究退休对居民的影响。其基于 2005 年 1% 全国人口抽样调查数据，采用断点回归方法，实证验证了正常退休对男性健康产生负面影响较大，对女性影响较小，提前退休对男性和女性的健康没有产生影响。邹红等（2018）使用中国城镇住户调查（UHS）2002 年至 2009 年的烟酒消费数据，采用断点回归框架下的工具变量法、Probit 局部多项式回归、非参数回归等三种方法，研究退休对老年人健康行为的影响，对我国健康老龄化政策提出建议。其研究认为，退休使老年人降低烟草消费 32.1%—40.7%，降低酒类消费 15.1%—19.8%，并对烟酒消费下降原因进行解释。

学者针对文化娱乐消费开展研究。任明丽和孙琦（2020）主要研究退休对旅游消费的影响。其基于中国健康与养老追踪调查（CHARLS）2011 年、

2013 年和 2015 年等三年的混合横截面数据，采用断点回归分析，从房产等经济状况以及闲暇时间角度入手，研究退休对旅游消费的影响路径。其认为退休虽然降低了老年居民的旅游消费支出，但是房产等经济状况可以正向影响旅游消费。学者针对不同类别的退休对象开展研究。王新军和郑超（2020）以中国健康与养老追踪数据（CHARLS）为例，除了研究发现退休导致消费支出发生小幅降低，还发现退休对男性户主主观福利产生负向影响，男性户主中认为生活不满意的比例显著提升了 22.4%。

学者针对不同收入特征的退休群体入手开展研究。王增文和何冬梅（2016）从养老金双轨制角度出发，利用 1998 年至 2014 年 30 个省的宏观面板数据，采用混合 OLS、固定效应、随机效应等方法，研究企业和机关事业单位人员退休前后的消费支出水平和消费结构变化。其研究显示，企业退休冲击对消费支出水平产生负向效应，而机关事业单位的结论相反；消费结构变化在两类企业退休人员中的表现情况复杂；滞后一期的居民消费支出对当期消费产生正向影响。刘利（2017）基于 AIDS 模型，将全国分为高中低收入三个区域，采用广义矩估计方法和 2003 年至 2014 年 26 个省的宏观经济数据，研究习惯偏好和退休冲击对居民消费结构的影响。研究结果表明，各地区消费支出显示了习惯形成特征，退休冲击对高收入和中等收入地区产生显著影响，对低收入地区的影响不显著。

学者针对不同类别特征的退休居民群体开展研究。范叙春（2015）从男性和女性不同性别角度，研究退休消费问题。其使用中国家庭收入调查（CHIP）1995 年、2002 年和 2007 年数据，采用断点回归方法，实证检验了男性退休使家庭消费下降了 17.5%，女性退休使家庭消费下降了 10.5%，同时男性和女性退休在消费结构上也存在差异。黄娅娜和王天宇（2016）认为 20世纪 90 年代转型期间，我国不存在退休消费之谜问题。其基于 1992 年至2003 年 31 个省的城镇居民收支调查（UHIES）数据，采用断点回归方法，分析出退休冲击使耐用品消费轻微下降 1.5%。在解释原因时，其认为 20 世纪90 年代养老金制度由社会统筹和个人账户相结合，养老金替代率在 70% 以上，家庭人均可支配收入略微下降 7.5%，未受到明显的收入冲击，因此退休后消费下降并不明显。石贝贝（2017）从城乡二元结构角度出发，基于中国健康与养老追踪调查（CHARLS）2011 年和 2013 年数据，采用 OLS 和单因素方差分析方法，研究老年居民消费问题。其认为城乡二元结构下不存在退休消费之谜，退休冲击对农村居民产生影响微小而且是重要的正向效应。

大部分学者从总体消费支出与具体消费结构角度开展研究。杨赞、赵丽清和陈杰（2013）认为不存在退休消费之谜问题。其基于中国城镇住户调查（UHS）2002 年至 2009 年数据，采用 OLS 方法，实证验证了年龄效应和退休效应，即随着年龄增加老年居民消费增加，退休后居民消费增加 2.5 个百分点，健康状况对消费有挤压效应。对东中西区域分别回归显示，老年消费具有较高的收入弹性，东部和中部地区的退休效应明显，西部地区的退休效应不显著。

Li 等（2015）使用 2002 年至 2009 年中国 9 个省份的国家统计局城镇住户调查数据（Urban Household Survey），采用断点回归方法，研究中国城镇居民退休消费问题。其认为中国不存在退休消费之谜问题。研究结果显示，退休后，城镇居民的非耐用品消费下降 20%，主要表现为工作相关消费和食品消费的下降，而文化娱乐支出没有显示明显下降现象。

邹红和喻开志（2015）使用中国城镇住户调查（UHS）2000 年至 2009 年广东省数据，基于我国强制退休制度，采用断点回归框架下的工具变量法和非参数估计法，研究城镇男性户主退休消费问题。研究结果显示，退休导致城镇家庭非耐用消费支出、与工作相关支出、文化娱乐支出和在家食物支出的轻微下降。

赵昕东和王昊（2018）基于中国健康与养老追踪调查（CHARLS）2013 年数据，利用断点回归研究中国城镇家庭退休消费问题。其认为，从消费总量角度，不存在退休消费之谜；从消费细项角度，消费支出有升有降。

学者对于不同退休消费类型开展研究。贾男（2020）基于中国家庭金融调查数据库（CHFS）和模糊断点回归计量分析方法，研究发现退休导致家庭风险资产的结构发生变动，所购买的现金、股票、基金等的比重下降，所购买的银行存款、理财产品、借出款等金融资产的比重有所上升，但是退休并未造成家庭风险金融资产的配置比例产生变动。

### 2.2.2 部分学者认为存在退休消费之谜

与此同时，部分学者的研究表明，退休冲击引起消费显著下降，即存在退休消费之谜问题。

## 一、国外相关研究

国外研究方面，Banks，Blundell 和 Tanner（1998）采用英国家庭调查数据发现退休后居民消费下降现象。Bernheim（2001）使用美国 Panel Study of Income Dynamics 的面板数据，按照财富水平将家庭进行分组，研究显示处于最低财富水平的家庭退休后消费下降最多，处于最高财富水平的家庭退休后消费下降最少，即存在退休消费之谜。Olafsson and Pagel（2018）认为退休后居民增加储蓄、减少消费和负债，存在退休消费之谜问题。尤其是退休后增加储蓄，与理性常识相违背。其使用 Meniga 财务管理软件公司的交易数据和固定效应回归方法，研究冰岛居民退休消费问题。同时使用美国和德国的数据得到同样的研究结论。

Alaudin 等（2019）使用 2009 年至 2010 年马来西亚居民消费调查面板数据（Household Expenditure Survey），采用贝叶斯分位数回归方法分析三类消费（即总消费、工作相关消费和非工作相关消费）。研究结果显示，退休后居民消费骤降。工作相关消费下降最多。相较于低收入者，高收入者退休后消费下降较小，可能是由于高收入者有更高的储蓄。在十分位，总消费、工作相关消费、非工作相关消费显示最大降幅，分别下降 22%、60%、11%；总消费在 75 分位显示最小降幅 12%，工作相关消费在 90 分位显示最小降幅 16%，非工作相关消费在中位数显示最小降幅 5%。

## 二、国内相关研究

国内研究中，认为存在退休消费之谜的研究不多。张克中和江求川（2013）根据生命周期理论进行模型推导，基于中国家庭营养与健康调查（CHNS）1989 年至 2009 年数据，采用 OLS 和工具变量法，实证研究显示退休后居民食物消费下降，存在退休消费之谜问题。邓婷鹤等（2016）将 Becker 家庭生产理论引入消费理论，研究家庭生产行为变化对退休后食物消费的影响。其使用中国家庭营养与健康调查（CHNS）和中国城市居民饮食消费与健康调查 2011 年数据，采用断点回归方法，实证验证了退休后食物消费支出下降 18%，认为中国存在退休后食物消费下降现象，即存在退休消费之谜现象。宋泽（2018）基于中国家庭营养与健康调查（CHNS）2000 年、2004 年、2006 年、2009 年、2011 年数据，以实际不工作为退休识别标准，采用双向固定效应模型方法，从夫妻二人家庭视角研究退休对家庭的消费福利水平变化。研究结果显示，丈夫退休显著使得家庭人均总收入下降，从而使得家庭总消费下降，耐用品消费下降了 43.2%，存在退休消费之谜问题。代明慧等（2020）从家庭食品消费数量和质量角度，采用中国健康与养老追踪调查（CHARLS）等数据，基于模糊断点回归计量分析方法，研究发现退休导致食品消费支出降低了 21%，但是食品实际消费数量和质量、退休居民的消费福利水平并未降低，究其原因，退休后时间成本降低，可以替代寻找价廉的食物、增加在家制作食物。

### 2.2.3 对退休后消费下降现象的解释

虽然"退休消费之谜"问题存在争议、没有定论，但是绝大多数的研究结果显示，退休后消费会有不同程度的下降。基于这一现状事实，学者从不同角度进行解释：

#### 一、与工作相关消费的变动

与工作相关的消费支出包括交通、衣物、通信等方面，退休后此部分消费支出不再必要，因此退休后消费出现下降现象。这一说法与生命周期假说框架相吻合，在家庭预算约束条件下，可以预期与工作支出互补的消费因素，在退休时将会出现下降。李宏彬等（2014）验证了退休后中国城镇居民消费支出下降了 21%，但其中工作相关消费支出下降 33%，在家食品消费支出下降 13%，娱乐消费支出没有显著下降。张彬斌和陆万军（2014）实证检验了退休后中国家庭非耐用品消费上升 40%，工作相关消费下降 38.8%。退休冲击对家庭消费的影响主要是调整了消费结构，而家庭消费规模并未显著下降。Agarwal 等（2015）研究结果显示退休后新加坡居民消费下降 12%，主要是交通等工作相关消费支出的下降所导致。Alaudin 等（2019）研究结果显示退休后马来西亚居民消费骤降，其中工作相关消费下降幅度最大。

#### 二、退休前后收入和储蓄的变动

生命周期假说认为，居民可以预期退休的发生，退休后收入将会出现变化，因此，居民可以提前进行预防性储蓄，以应对退休冲击对消费带来的影响。Hamermesh（1984）在研究美国退休消费问题时，认为预期寿命的不确定性导致人们增加现期消费，储蓄不足成为退休后消费下降的主要原因。Banks 等（1998）在研究英国的退休消费问题时认为，居民高估了养老金收入，这导致了未预期的流动性约束，退休前的储蓄不足造成了退休后消费的下降。Carvalho 等（2016）和 Olafsson and Pagel（2018）研究结果均表明，居民在退休后减少消费、增加储蓄。

### 三、家庭异质性

学者从不同的家庭特征角度出发，探讨家庭异质性对于退休消费的影响。Lundberg（2003）从不同的婚姻特征研究退休消费变动问题，研究结果显示结婚的家庭在退休后食物消费支出下降，而单身家庭没有显著变化。在解释这一现象时，作者认为退休冲击使得家庭决策权由丈夫逐渐移交至妻子，而妻子偏好于减少消费、增加储蓄以应对未来养老。Thornqvist 和 Vardardottir、Addoum（2017）在研究家庭财富分配时，同样发现退休后妻子的家庭决策地位有所提高，而妻子在退休后偏好于增加储蓄、减少消费。国内研究方面，范叙春（2015）从不同性别角度研究退休消费变动时发现，女性退休后消费下降的幅度低于男性退休后消费下降的幅度。

### 四、退休的不可预期性

健康或突然失去工作等不可预期的因素迫使居民突然退休，可能使得居民没有为退休做好充足的准备，导致退休后消费降低。正向的财富冲击发生的可能性较小，大多数是负向的不可预期因素使得退休提前发生。Smith（2006）将退休居民分为自愿退休和非自愿退休，其研究结果表明，非自愿退休居民的食物消费显著下降，而自愿退休居民食物消费下降不显著。Haider（2007）以"预期退休日期"和"年龄"作为工具变量发现退休后消费出现下降现象。更具体地，采用"预期退休日期"工具变量的下降幅度，比"年龄"为工具变量的下降幅度少了三分之一。

同时研究发现，非预期退休冲击比预期退休冲击，带来了更大幅度的消费下降。Blau（2008）研究表明，大多数家庭受到退休冲击时消费是平滑的，但是将退休作为非预期冲击的家庭，会出现退休后消费下降的现象。Moreau 和 Stancanelli（2015）在研究法国退休消费问题时，发生疾病等健康因素导致居民提前退休，而这类提前退休的居民会降低消费、增加预防性储蓄。Laitner 等（2018）将健康因素纳入生命周期假说模型，研究显示退休冲击同样使健康的中产阶级家庭降低消费，同时增加储蓄以应对未来风险。

### 五、食物消费的变动

食物是居民生存必需品，是保障老年居民福利的重要方面，因此有学者专门研究退休对食物消费的影响。同时，食物消费收入弹性较低，如果在生命周期假说框架下，退休冲击对食物消费的影响较小，即可证明退休消费之谜不存在。已有研究显示，退休后食物消费支出存在下降趋势，这也导致了总消费的下降。

Aguiar 等（2005）利用食品商店的微观数据和家庭生产函数研究发现，居民退休后花费更多的时间寻找物美价廉的食物，并进行家庭食物生产。退休居民的食物消费支出下降，但是实际的食物消费数量并没有减少。Hurst（2008）将消费代入家庭生产函数，用家庭生产解释退休后食物消费的下降。邓婷鹤等（2016）研究表明退休后食物消费存在下降趋势。其认为食物消费下降的原因在于，食物消费可看作是投入时间与货币两种要素的家庭生产行为，退休后家庭生产时间增加，居民投入更多时间进行家庭生产，从而导致食物消费支出下降，但是食物消费的数量和质量没有下降。

### 六、其它理论对退休消费变动的解释

现有文献多是在生命周期假说框架下进行，部分学者也探索从其他理论角度进行阐述和研究。Dilnot 等（1994）认为动态不一致行为导致退休后消费下降。Lundberg（2003）同样从动态不一致性角度进行解释，退休冲击使得妻子谈判能力增强，这种家庭消费行为动态不一致性导致退休后消费下降。Olafsson and Pagel（2018）利用拟双曲贴现偏好理论，解释退休冲击导致的消费下降、储蓄增加现象。

## 2.3 人口因素与居民消费的研究

影响居民消费的因素很多，例如市场化变革、收入分配机制、消费市场等，但是不容忽视的一个事实是人口因素的变化。具体表现为，人口年龄结构迅速变换，少子化程度加深、老龄化程度加重。退休消费研究就是在人口因素与居民消费研究方面的延伸。因此，此部分围绕人口因素，梳理人口年龄结构、人口老龄化与居民消费方面以及老年消费的研究文献，总结现有文献的研究成果，查找研究不足，为后续研究进行理论铺垫。

### 2.3.1 人口年龄结构与居民消费

#### 一、国外研究方面

学者在生命周期假说理论的基础上，研究人口结构对居民消费的影响。国外研究方面主要集中在分析人口结构对储蓄率的影响。例如，Jeff（1971）利用 47 个欠发达国家、20 个西方发达国家和 7 个东欧社会主义国家的截面数据进行估计，分析出人均收入水平、经济增长速度、少儿抚养比、老年抚养比和总抚养比对国民储蓄具有显著影响，其中各抚养比与储蓄率均呈负相关关系。然而 Ram（1982）利用 1977 年 128 个国家的截面数据进一步进行分析，发现这并不能证实抚养系数对储蓄率有显著影响。Modigliani（2004）运用 1953 至 2000 年中国的时间序列数据计量分析发现，我国居民的储蓄率与人均收入增长率、抚养系数存在明显的协整关系，中国的高储蓄率现象应该主要归因于经济的高速增长与人口结构的改变。但是由于改革开放前，中国实行的是计划经济体制，居民的储蓄具有一定的强制性，因而他的结论受到许多学者的质疑。

国外的研究大多局限在间接反映人口结构对储蓄与消费的关系。Schmidt 和 Kelley（1996）利用 20 世纪 60 年代、70 年代和 80 年代 88 个国家 3 组横截面数据，对 Jeff（1969）与 Mason（1981）的理论模型分别进行了对比和验证，发现储蓄率在人均 GDP 较高的国家比较高，在人均 GDP 增长率较高的国家也比较高；在 20 世纪 80 年代，少儿抚养比、老年抚养比与储蓄率具有较显著的负相关关系，但是在 20 世纪 60、70 年代，少儿抚养比与老年人抚养比对储蓄率的影响并不显著。Demery（2006）利用英国 1969 年至 1998 年的家庭支出调查数据，研究了年龄结构与储蓄率之间的关系，分析认为没有证据显示居民的储蓄率呈现先增后降的"驼峰状"，并且也不支持居民在退休以后储蓄率为负的说法。Lee 等（2014）构建了包含年龄结构的国民转移账户（National Transfer Accounts，NTA），基于 40 个国家的数据分析表明，尽管低生育率尚未构成严重的经济挑战，人口老龄化会通过抚养比的变动造成公共财政压力，影响一国的劳动力成本与居民消费。

#### 二、国内研究方面

与国外研究类似，国内有关人口结构变动的影响依然主要集中在分析居民储蓄率方面。李文星等（2008）利用1989年至2004年省际面板数据，考察了中国人口年龄结构变化对居民消费的影响，结果表明，少儿抚养系数的下降提高了居民消费率，而老年抚养系数变化对居民消费的影响并不显著，因而他们认为人口年龄结构变化不是我国目前居民消费过低的原因。李响等（2010）基于1993年至2007年中国人口年龄变动对农村居民消费的影响进行了实证分析，结果显示农村少儿抚养比的下降与老人抚养比的上升都不利于农村居民消费的提升。李春琦、张杰平（2009）针对中国人口老龄化和农村居民消费不足问题，利用1978年至2007年中国宏观年度数据考察了人口结构变化对农村居民消费的影响，认为农村居民的消费习惯非常稳定，少儿抚养系数和老年抚养系数对居民消费均有显著的负向影响。王聪和杜奕璇（2019）基于中国家庭动态跟踪调查2016年数据，研究人口年龄结构对于消费率、消费结构以及消费水平的异质性影响。实证结果发现，人口老龄化程度加深，会导致居民家庭消费率和消费水平的减少，恩格尔系数上升。从消费结构方面来看，老年人口比重增加，会导致医疗消费占比提高，服装、日用品、交通通信和文教娱乐支出占比会相应地降低。

国内也有部分学者对居民消费率的影响进行了探讨。倪红福等（2014）利用投入产出分析方法，基于家庭收入调查和人口预测数据，研究了中国人口年龄结构与家庭消费结构的变化关系及其对生产和就业的影响。朱勤和魏涛远（2016）认为中国居民消费模式总体上呈现出比较显著的年龄特征，且各年龄段不同消费类别的城乡差异明显。人口老龄化对中国居民消费在总量层面上影响不大，在消费结构层面对不同消费类别的影响差异明显，其中对医疗保健类消费的促进作用最大。鞠方等（2020）采用省际面板数据以及中介效应模型和系统GMM模型进行实证检验发现，房价对人口年龄结构和居民消费之间产生中介效应，老年抚养比和少儿抚养比以及房价均对居民消费产生促进效应。

国内学者也对某类具体消费结构内容进行研究。曹佳斌和王珺（2019）专门针对人口年龄结构对文娱消费产生的影响进行研究。基于中国家庭追踪调查2016年数据（CFPS），其实证检验发现，城镇居民家庭少儿人口比对文娱消费产生需求效应，老年人口比产生挤压效应。更进一步研究表明，随着少儿年龄的增加，对文娱消费需求也相应增加，随着老年人口年龄的增加，对文娱需求愈发不敏感，而家庭收入和受教育程度对老龄化文娱消费起到正向促进作用。

部分学者按照区域特征，如省份、城乡二元结构等，研究异质性差异。张乐和雷良海（2011）利用 1989 年至 2008 年间各省市的面板数据，分析了中国各区域居民消费率与人口年龄结构之间的关系，研究表明：中国少儿抚养比与消费率呈同向变动关系；老年抚养比与消费率呈反向变动关系，拒绝了生命周期假说。少儿抚养比降低对西部地区消费的影响高于中东部地区；老龄化对东部地区消费的抑制作用高于中西部地区。徐雪和宋海涵（2019）基于消费者跨期最优消费理论以及省际面板数据，分别研究人口年龄结构对我国城镇和农村消费的影响。实证结果分析显示，人口年龄结构对城镇和农村居民消费产生显著影响。城镇少儿抚养比对城镇居民消费产生正向促进作用，农村少儿抚养比对农村居民消费产生负向抑制作用。城镇老年抚养比对城镇居民消费的影响不显著，农村老年抚养比对农村居民消费产生正向促进作用。

### 2.3.2 人口老龄化与消费

#### 一、老龄化与老年居民的经济状况

收入是影响消费的重要因素，在研究老龄化与消费之前，有必要了解老年居民的经济状况处于怎样的水平。老年居民经济状况是处于社会阶层中的强势群体还是弱势群体呢？

国外研究方面，Smeeding（1986）对美国 65 岁以上老年居民的整体平均经济状况做出了判断，其认为 65 岁以上老年居民的经济状况要比年轻人好。这一结论看似与常识相违背，但究其原因：一是因为老年居民不再承担抚养子女的经济负担，也在年轻时期积累了一定的财富，包括已拥有自己的房屋住所，不再需要负担买房等抵押贷款的还款压力，因而老年居民与年轻人和中年人相比，经济压力相对较轻，因而经济状况相对较好。二是因为经济发展周期的作用，即 Smeeding 所研究的这一批在 1986 年时已经进入老年阶段的人口，他们的工作阶段（财富积累阶段）正好处于美国经济发展势头上昂的时期，因此这一批老年居民实际上享受了美国国家经济发展周期中的峰谷时期红利。换言之，不同时代的老年人经历不同的经济发展周期，因此在整个生命周期中所累积的财富值有高有低。这两点原因可让我们重新认识与思考

老年居民的经济状况。

Hurd 和 Shoven（1982）对 20 世纪 70 年代时期美国的老年居民的真实收入与财富状况进行了分析，结果显示，这些老年居民的真实收入的增长速度比其他任何年龄人口的真实收入都要快，老年居民与其他年龄人口相比更不容易受到通货膨胀的影响，尽管老年居民中确有部分人受到通货膨胀的损失，但这些人的经济状况是能够承受通货膨胀损失的，进而认为，在公共政策的制定上，应当把重点集中在老年居民的财富分配方面，而不是将政策重点置于老年居民应对通货膨胀的脆弱性上。Guttmacher Institute（1984）认为尽管老年居民的整体经济状况比其他年龄人口要好，但是，这并不代表所有老年居民都具有经济状况方面的优势，不同阶层、不同年龄、不同种族、不同性别的老年人口的经济状况差异甚大。以 20 世纪 80 年代美国 65 岁以上的老年居民为例，男性与女性、白人与黑人、有老伴和无老伴等，不同老年人口的收入状况差异巨大。

国内关于老龄人口经济状况的研究不多。乐昕和彭希哲（2016）指出传统的观点认为，老年人口在人们的观念中是经济收入低下、思想观念陈旧、健康状况衰退、疾病逐渐堆积、需要社会照顾的人群，老年消费也往往由此而被贴上"消费需求低下、支付能力有限、消费行为节俭、消费观念保守"等标签。这些传统观点缺乏对老年人口特征的动态认识，缺乏对老年消费问题的系统性认识，不利于理解我国老年人口群体特征，不利于预测当下乃至未来老年消费的特征。

**二、老龄化与具体消费结构**

学者在广泛研究人口老龄化对居民消费行为和总体消费开支的影响同时，更加关注人口老龄化对消费结构的影响。人口老龄化的到来，会导致某些消费结构占比上升，某些消费结构占比下降。在了解消费结构变动的基础上，才能更加有针对性地开展消费刺激政策，促进老年居民消费的增加。学者对此展开了不同角度的分析研究。

曹静和冉净斐（2020）采用灰色关联理论和上海市人口与消费数据，研究发现老龄化对食品消费支出、服装服饰消费支出以及生活日用品和服务消费支出影响较大。刘利（2020）采用中国家庭追踪调查 2016 年数据（CFPS）以及 OLS 和分位数回归计量分析方法，实证研究发现，农村老龄化比城镇老龄化对消费结构的影响更深远，主要是对食品消费、居住消费、家庭设备消费等消费比重的影响。田志奇（2020）从消费升级角度，采用1998年至2017年省级面板数据以及固定效应模型计量分析方法，实证检验发现，从总体而言，人口老龄化对消费结构具有降级效应；从异质性角度而言，人口老龄化对健康型和享受型消费结构产生升级效应，对发展型消费结构具有降级效应；从地域角度而言，中部和西部对发展型消费结构产生降级效应。

部分学者研究老龄化与某类具体的消费结构内容，房产消费是其中的典型。近年来，我国房价呈现上升趋势，对居民生产、生活、消费产生深远影响，老龄化与房产消费进入学者研究视野。我国人口老龄化程度不断加深，已影响住房消费以及房地产市场的持续发展。学者综合考察老龄化、房产、消费等因素，基于生命周期理论及其他消费理论，探究老龄化与房产消费之间的关系与作用。

黄燕芬和陈金科（2016）基于生命周期假说理论、绝对收入假说理论以及收入代际转移利他主义理论，推导形成家庭住房消费函数，实证检验少儿抚养比对住房消费的瓶颈作用，以及老年抚养比对住房消费的拐点作用。李通屏等（2017）研究老龄化与房价时发现，老龄化助推了住房消费，而老龄化预期则对房价起到了抑制作用。房价上涨的惯性可以解释房价持续上涨的大部分原因，老龄化只是其中一小部分因素作用。顾和军等（2017）采用动态面板广义矩估计计量分析方法以及第六次全国人口普查以及宏观经济数据，研究发现人口老龄化可以部分解释住房面积水平的改变，但不能有效解释房价上涨。

周建军等（2019）利用我国省级面板数据以及固定效应模型研究发现，人口老龄化拉动了我国住房消费，地区经济生产总值和住宅供应面积同样对住房消费产生拉动作用。与此同时，老龄化对住房消费的影响存在地区区域差异，东部地区反映为正向拉动作用，西部地区反映为负向抑制作用，中部地区则无显著影响。黄燕芬等（2019）构建了包含人口年龄结构、家庭消费以及住房价格的综合分析框架，基于系统GMM模型计量分析方法，实证研究发现老年抚养比和少儿抚养比对居民消费总体水平以及消费结构产生正向促进作用，房价上涨因素通过调节作用产生负向抑制作用。

### 2.3.3 老年消费

伴随老龄化程度的加深，老年群体逐渐成为消费主力军。老年群体具有鲜明的特征，如身体机能逐渐衰退、勤俭节约等，由此导致其消费行为、消费需求等也存在差异。这引起了国内外学者的极大兴趣，纷纷开展老年消费方面的研究。

国外研究方面，学者结合年龄、性别等因素，更为细致地研究老年居民消费的特征。Natarajan（2018）等分别对年轻居民以及老年居民消费研究时发现，二者均有意愿接受新型消费方式，年龄是影响新型消费的主要因素，老年居民接受程度更低。Benson（2019）以社交媒体用户为研究对象研究发现，性别和年龄均是影响消费的主要因素，认知和观念则是影响消费的次要因素，年龄对男性消费者的影响作用最大。Pick 等人（2020）基于 UTAUT 模型研究马来西亚老年居民消费问题，其研究发现马来西亚老年居民接受网络购物，但与便利条件、绩效期望等相关。

国内研究方面，起步较晚，学者主要围绕消费结构的变动、消费模式的转变等内容开展研究。近年来部分学者开始对老年居民消费开展预测。乐昕（2014）基于中国健康与养老追踪调查（CHARLS）进行实证研究，认为我国老年人口新型消费结构特征已初现端倪。我国老年人口消费结构中温饱型消费（食品与能源）占比过半。食品消费在所有消费类别中位居首位，但呈现下降趋势。伴随食品消费占比下降，老年人口用于交通通信、文娱旅游、保健美容的开支逐步增加。高龄老人相比低龄和中龄老人，对能源和照料的开销比重显著增加。消费的年龄界限开始淡化，针对一些原本不属于老年人口的消费，诸如在外就餐、衣着、旅游、美容，如今已在我国老年人口消费结构中占据一定的比重，并有上升趋势。而对于老年人口医疗卫生现金开支，由于其受到政府医疗卫生费用补贴的不断提高，已不再是老年人口消费结构中的开销大头。

乐昕和彭希哲（2016）实证研究表明，我国老年人口群体的消费模式正在发生显著的变化：老年已成为生命周期中消费水平较高的人生阶段，当前我国老年人均消费已超越全体居民人均消费；老年消费与全体居民消费在构成上各有侧重，食品与医疗消费是老年消费的重头；老年消费具备年龄和城乡等人群分化特征，也存在"新老人"的消费模式逐步代替"老老人"的代际更替效应；老年消费的未来走势受年龄效应与代际效应的共同影响，老年消费中的公共财政开支将随老龄化深入和公共福利制度的完善逐步提高。

邓婷鹤等（2018）对老龄化背景下的未来食品消费需求进行预测。其基于 1997 年至 2011 年中国居民健康与营养调查数据（CHNS），实证研究发现不同年龄以及城乡区域间体现了食品消费差异，并对人口老龄化和城镇化的贡献率分别进行测算。人口老龄化对食品消费不存在显著性影响，城镇化对食品消费的作用体现在消费数量的增加，人口老龄化与城镇化二者共同对食品消费的影响体现为正向促进作用。

魏瑾瑞和张睿凌（2019）从补偿性消费行为理论和家庭视角研究老年消费需求和结构的变化。其未以退休这一刚性政策作为划分老年群体的变量，而是采用断点回归方法确定 63 岁和 71 岁两个年龄跳跃点，随着年龄增大，老年补偿性消费不断增加，并在两个年龄跳跃点发生显著变化。其利用中国健康与养老追踪调查（CHARLS）2011 年、2013 年、2015 年数据，采用因子分析方法确定影响 63 岁年龄节点变化的驱动因素是教育培训，影响 71 岁年龄节点变化的驱动因素是医疗、文化娱乐、交通通信。

田成诗和马嘉彧（2020）采用消费可能性边际曲线，对我国老龄化背景下的储蓄、消费以及资本回报率进行模拟预测，考量就业与消费政策调整对于老龄化冲击所带来的缓解效应。其认为老龄化造成居民消费降低、资本回报率降低，老龄化对宏观经济造成负向影响。政府应及早采取财政调节措施，干预居民储蓄与消费，从而抵消老龄化所带来的消极影响。

# 2.4 相关述评

## 一、关于退休消费之谜的争论仍未有定论，需要学者进一步研究探讨

伴随我国人口老龄化程度的加深，国内学者逐渐重视对退休消费问题的研究，取得了丰富的研究成果，为相关政策制定提供了理论依据。国外文献基于数据的先进性和方法的多样性，能够得到细化、多样的结果，从而推动学者从不同角度进行深入的理论分析。国内研究大多是分析某一群体、某类消费结构、消费下降幅度等方面，研究视角不够全面，研究结果和理论解释

不够丰富，不利于深入了解我国退休消费变动情况。对于退休后消费下降的原因解释，大多研究基于生命周期假说理论，理论的多样性和深入性仍不足。

### 二、研究退休消费变动，需要考虑我国特殊的国情现状

一是我国的强制退休制度，有别于其他国家的弹性退休等制度。我国城镇居民的退休制度缘起自 20 世纪 50 年代的《中华人民共和国政府劳动保险条例》和《国务院关于工人、职员退休处理的暂行规定》。简言之，工人男性60 周岁、女性 50 周岁，干部男性 60 周岁、女性 55 周岁退休。达到法定退休年龄的城镇居民即退出劳动力市场，视为强制退休制度。这一退休制度，使得近年来我国大多数学者偏好采用断点回归分析方法，而国外研究采用的实证分析方法较为多样，不局限于某一种方法。应深刻理解我国的退休制度，在实证分析的方法选择、变量选取等方面考虑这种特殊性，更准确地分析揭示出我国退休消费变动现状。

二是我国经济体制处在不断变化完善的过程之中，退休居民经历了从计划经济向市场经济的重大转变、计划生育政策的逐步调整完善以及手机支付网上购物科技变革等过程，这导致 50 后和 60 后等不同年龄退休群体的财富积累程度、家庭特征、消费习惯与行为等存在差异，在研究中应考虑退休群体的差异性，进行更为细化的分析。

三是我国地域辽阔，区域经济发展不均衡，东部、中部、西部地区的经济发展程度、社会保障制度、居民消费习惯等存在差异，在研究退休消费变动时，应考虑区域所带来的这些影响。

四是我国作为发展中国家，经济发展水平、社会保障程度、退休体制与发达国家有很大差异，在研究储蓄收入对退休消费影响、退休消费的变动现状、理论分析视角、研究结果应用等方面需考虑我国特有情况，不能简单照抄照搬国外研究成果。因此，有必要专门深入研究我国的退休消费变动问题，为银发经济、养老产业、公共政策服务等提供基础。

### 三、研究我国退休消费问题，需进一步拓展有关理论

学者沿用西方消费理论来解释我国低消费高储蓄以及退休消费等问题，这些理论包括绝对收入假说理论、相对收入假说理论、生命周期假说理论、持久收入假说理论等，使用最多的是生命周期假说理论，退休消费之谜问题也是由此演变出来的。采用西方消费理论解释我国消费储蓄行为，存在弊端。

首先，西方社会与我国社会制度不同，应用西方消费理论的假设前提是社会制度的稳定性，而我国历经了从计划经济向市场经济体制转变、改革开放等一系列变革，西方消费理论的假设前提可能不适用于我国基本情况。

其次，在实证检验方面，先入为主地给出了影响消费的有关变量，承认消费理论的假设前提，即先入为主地认为消费影响因素是平稳的。然后运用计量分析方法与回归分析方法，对回归结果进行检验，增减变量，直到得出显著的计量分析结果。而我国一直处于制度变迁之中，我国的经济数据是否可以直接使用于计量回归方法，需要学者进一步检验。即使计量回归结果是令人满意的，其结果也是仅限于模型本身的，对理论的解释力度有限，结论也是难以让人信服的。

因此，更深入地研究我国城镇居民退休消费问题，需要结合国情实际进行必要的理论拓展，更客观地刻画出退休与消费行为的关系。在此基础之上，应用我国经济数据进行实证验证，从而得出更为信服的结论，为增加我国退休居民福利、促进国内消费循环献言献策。

**四、关于退休消费变动的结果应用仍不深入**

老龄化时代的到来，为社会保障增加压力的同时，也可成为经济增长和社会进步的新动力。现有关于人口结构变动对居民消费的影响、退休消费变动、老年消费等方面的研究，仅局限在分析现状和解释原因，缺少对于现状的进一步应用研究。尤其是对于退休消费之谜还未达成一致结论，退休对于消费变动的影响仍未摸清底细，退休消费促进银发经济产业的作用机理和影响机制仍未研究清楚。

# 退休与城镇居民消费的现状分析

随着社会发展进步，我国退休制度与城镇居民消费在不断地发展演变。一方面，退休制度经历了从无到有、从局部到全面、从单一到完整的发展演变过程，退休居民的收入保障越来越完善，将对退休居民消费产生深远影响。另一方面，随着经济的发展，我国城镇居民消费也在不断发展变化。宏观层面，自改革开放以来，居民宏观消费总量稳中有增，居民消费率总体处于较低水平，呈现缓慢上升趋势。微观层面，居民整体消费水平不断提升，消费结构不断调整，生活水平不断提高。与此同时，伴随着人口老龄化程度的加剧，老年居民消费也呈现着消费供给与消费需求不足的现状。因此，本章专门进行退休制度以及居民消费的现状分析，探究退休以及消费的事实变动轨迹、退休制度特点及其与居民消费现状的关系，为进一步研究退休对消费的影响机理打下基础。

## 3.1 我国退休制度发展演变

何为退休? 在研究之前，需要厘清退休的定义。退休具有多种定义。退休可能是一个事件，可能是居民身份角色的转变，也可能是居民生命历程中的某个阶段。退休是指依据法律规定，劳动者达到法定退休要件，退出劳动力市场，享受退休待遇的一种事实状态。[1] 在退休这一过程中，包含了如下内容：一是居民在工作期间主要的职业工作。居民在生命历程中长期从事的

---

[1] 参见郑尚元:《企业员工退休金请求权及权利塑造》，载《清华法学》2009 年第 6 期。

职业工作，是其收入的主要来源，也是被政府公共事业部门覆盖如养老保险保障部门覆盖的一种职业，这为其年老时领取退休金打下了基础。[1]二是达到一定的年龄。年老时居民停止工作，进入退休状态。但不同的制度定义的退休年龄、领取养老金年龄会有一定的差异，这种年龄差异源于社会、文化传统、经济发展等因素。三是领取制度性非劳动收入。[2]一般认为收入为劳动所得。人的自然属性决定，居民在年龄大时丧失了劳动能力，但是基本的生存需求需要老年居民具有一定的收入以保障消费开支。一种制度性的保障体系亟须建立起来保障老年居民的基本权益。

退休制度是引导和规范退休行为的经济社会制度的总称。具体而言，退休制度主要包含两个要件：其一，对因年老停止工作的规范或引导；其二，对退休收入的确保。退休制度需要对劳动者达到某一年龄、退出劳动力市场做出规范或引导。需要注意的是，对于老年劳动力退出，这里既可能是强制性的规定，也可能是诱致性的引导。在发达国家的实践中，退休一般不进行法律、政策层面的强制规定。退休制度需要提供制度性的退休收入保障。一般而言，退休保障主要由公共养老金制度进行提供，但这并非单一来源，可能来源于多种其他制度。这些退休收入保障项目将在不同程度上约束和激励个人的退休行为。[3]

退休制度的功能在于规范和引导符合政府与社会预期的退休行为。退休制度功能的实现也依赖两方面要素：对退休行为的"拉动"效应和"推动"效应。所谓"拉动"效应，指通过提供退休收入的相关制度提供相应的经济激励，吸引劳动者退出工作；所谓"推动"效应，指通过约束劳动力市场退出行为的相关制度，促使满足条件的劳动者选择退出工作。[4]

我国具有悠久的尊老历史以及优良的养老传统。为了保证老有所养，我国执行一套退休社会保障制度，为退休居民提供基本的社会养老保险保障和必要的基础生活保障。我国的退休制度是复杂而琐碎的，涉及范围广、涉及

---

〔1〕 参见陈利锋、钟玉婷：《人口老龄化对积极财政政策有效性的影响——兼析延迟退休的宏观经济效应》，载《西部论坛》2019 年第 3 期。

〔2〕 参见林熙：《退休制度的结构要素和实践形态研究——基于退休渠道的视角》，西南财经大学出版社 2016 年版，第 78 页。

〔3〕 参见林嘉：《退休年龄的法理分析及制度安排》，载《中国法学》2015 年第 6 期。

〔4〕 参见林熙：《退休制度的结构要素和实践形态研究——基于退休渠道的视角》，西南财经大学出版社 2016 年版，第 234 页。

面大、情况复杂，视为一套系统化工程。[1]面对复杂的系统工程，可以使用霍尔 Hall 的结构模型进行分析。美国学者霍尔 Hall 在 1969 年提出三维结构模型分析系统工程，该模型具体包括时间维、逻辑维、知识维，为大型而又复杂的系统工程的组织、管理等方面提供思路。其中，时间维指按照时间顺序，系统从开始至结束的全过程；逻辑维指在时间维的基础上，每个阶段所包含内容的内在逻辑以及思维程序；知识维指此系统过程中需要的各类知识与技能。学者在霍尔 Hall 三维结构模型的基础上，根据研究对象的不同，进行模型改进，从而深入、系统地进行科学研究。

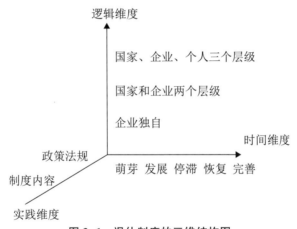

**图 3-1　退休制度的三维结构图**

基于霍尔 Hall 三维结构模型，结合我国退休制度发展历程，本章对该模型进行修改：将知识维替代为实践维。退休制度中涉及的知识维度内容，并不是我们主要关心与关注的；而退休实践是退休制度的结果性表现，对退休居民会产生更为深远的影响，我们将重点关注退休制度的实践维度。因此，本章从时间维度、逻辑维度、实践维度，阐述新中国成立后我国退休制度的发展演变，见图 3-1。

### 3.1.1 基于时间维度的退休制度

新中国成立后，我国相应地建立起退休制度，保障退休居民的基本生活。

---

[1]　参见林义:《我国退休制度改革的政策思路》，载《财经科学》2002 年第 5 期。

这一制度经历了萌芽阶段、发展阶段、停滞阶段、恢复阶段、完善阶段等。

## 一、退休制度的萌芽阶段

退休制度的萌芽阶段指新中国成立至 20 世纪 50 年代。此阶段为新中国成立至社会主义改造基本结束时期，退休制度在此阶段完成了从新中国成立前的旧制度向计划经济体制下的劳动制度的转变。此阶段的前半段时期，退休制度伴随着劳动保障制度而不断发展起来；后半段时期，退休制度才单独以立法的形式而存在。[1]《关于退休人员处理办法的通知》（1950 年 3 月颁布实施）是我国首部关于退休制度的法律文件，但它的使用范围有限，仅适用于机关事业单位工作人员。《中华人民共和国劳动保险条例》（1951 年 2 月颁布实施）以及《中华人民共和国劳动保险实施细则修正草案》（1953 年 1 月颁布实施），规范了城镇全民所有制职工和县以上的集体所有制企业职工的劳动保险制度。但是劳动保险制度并未做到统一，企业职工、国家机关、企事业单位等职工执行的劳动保险制度并不相同，工龄计算方式、工资标准等仍有差异。《国家机关工作人员退休处理暂行办法》（1955 年颁布实施）是对退休制度的单独规定，但是只涉及国家机关工作人员，未涉及企业工作人员、企事业单位工作人员等，覆盖范围并不全面。

## 二、退休制度的发展阶段

退休制度的发展阶段指 20 世纪 50 年代至 60 年代。此阶段为社会主义改造基本结束之后，到"文化大革命"之前。随着我国经济的不断发展，劳动保障制度也跟随着发展起来。分配方式进行了大胆地改革，按劳分配、计件工资等方式逐渐实施起来，高福利、高补贴等情况逐渐出现。1957 年、1959 年和 1960 年，我国进行了三次工资调整工作，形成最低工资的方式，在分配改革的基础上，保障了平均化水平。同时，推动采用劳动合同的方式进行用工制度的保障。在劳动保障程度逐步完善的基础上，退休制度进一步细化。政府统一了国家机关、企事业单位的养老待遇制度。《国务院关于工人、职员退休处理的暂行规定》（1957 年 11 月颁布实施）、《国务院关于工人、职员退职处理的暂行规定》（1958 年 3 月颁布实施）区分了退休与退职的不同标准和要求，放宽了条件、提高了待遇、解决了矛盾，使得退休制度更加趋于完

---

〔1〕 参见张明丽等：《我国退休制度的历史沿革与创新发展研究》，载《湖北社会科学》2011 年第 7 期。

善。退休居民的养老金由国家财政和企业负担，全国按照统一政策执行，个人无需缴纳费用，不同行业、不同地区、不同群体间的待遇差距较小，养老金替代率较高。可以说，此阶段的退休制度在不断发展、不断完善、不断进步。

### 三、退休制度的停滞阶段

退休制度的停滞阶段指 20 世纪 60 年代至 70 年代。此阶段我国历经重要变革，多项事业发展缓慢，甚至停滞不前。相应的，退休制度在此阶段也处于停滞不前的状态。企业成为负责劳动保障制度和退休制度的主体责任人，有的企业劳动保险金、退休金负担较重，正常的退休、退职均不能有效保障。大多数退休居民处于年龄较大、劳动能力较弱的状态，需要退休金作为基本生活保障。退休制度不能有效实施，对于退休居民而言，是一种社会福利保障的缺失，退休制度没有发挥应有的效用与效果。与此同时，企业负担劳动保险和退休养老，造成了企业之间的不均衡。退休员工多的企业，负担较重；年轻员工多、退休员工少的企业，负担较轻；不同地区、不同行业亦体现不同的表现。国家统一调节、统一管理的优势已不复存在。[1]

### 四、退休制度的恢复阶段

退休制度的恢复阶段指 20 世纪 70 年代至 90 年代。此阶段为"文化大革命"之后的一个时期。国家各项事业发展从"文化大革命"的停滞状态转向恢复期，改革开放政策和市场经济体制逐步建立起来。劳动保障制度、退休制度与其他事业发展一起，逐步恢复起来。首先，对于"文化大革命"时期未妥善安置的老弱病残职工进行退休处置。国家颁布《国务院关于安置老弱病残干部的暂行办法》（1978 年 6 月颁布实施）、《国务院关于工人退休、退职的暂行办法》（1978 年 6 月颁布实施），有效解决这部分职工的退休养老问题，稳定了职工队伍。其次，结合市场经济体制的转变，尝试进行退休养老制度改革。国家颁布《国务院关于企业职工养老保险制度改革的决定》（1991 年 6 月颁布实施），拉开了养老保险制度改革的序幕，首次明确了建立多层级的养老制度，采用基本养老保险、企业补充养老保险和职工个人储蓄性养老保险三个层级，意在要求国家、企业、个人均需承担部分养老责任，这一改

---

〔1〕　参见张凌竹：《退休法律制度研究》，吉林大学 2012 年博士学位论文。

革基调沿用至今。[1]此阶段，国家在恢复退休制度的同时，结合市场经济体制的建立，对退休制度进行了大胆的改革，养老保险制度在此阶段也建立了起来。

### 五、退休制度的完善阶段

退休制度的完善阶段指 20 世纪 90 年代至今。此阶段为社会主义市场经济体制全面建设时期。退休制度在此阶段有了长足的发展与进步。

首先，明确妇女与男子平等的劳动保障权利与退休保障权利。《妇女权益保障法》（1992 年颁布实施）首次以法律的形式明确妇女的劳动权利、社会保障权利与男子平等，强调在执行退休制度时，不得歧视妇女，对女性退休政策表达关切与关注。

其次，通过一系列发挥，探索构建适应社会主义市场经济体制的养老保险制度。实行社会统筹与个人账户相结合的养老保险制度改革，统一企业员工养老保险制度。

再次，将劳动就业关系和养老保险关系关联起来。《中华人民共和国劳动合同法》（2007 年 6 月颁布 2008 年 1 月 1 日施行）、《中华人民共和国劳动合同法实施条例》（2008 年 9 月颁布实施）中明确将享受基本养老保险待遇和达到法定退休年龄作为劳动合同终止的条件，增强了对于企业员工退休的管理与控制。

最后，探索破解退休制度中的矛盾。我国退休制度发展历史悠久，改革举措频频出现，改革发展过程中难免留下历史遗留问题、不公平问题，[2]亟需国家和政府妥善解决，退休双轨制就是其中的典型问题。退休双轨制，即企业职工和机关事业单位职工的退休政策不一致，机关事业单位职工不缴纳相关费用，由国家财政全额拨付，取得的养老金普遍高于企业员工，造成了不公平。《国务院关于机关事业单位工作人员养老保险制度改革的决定》（2015 年 1 月颁布）明确机关事业单位工作人员和企业工作人员均需实行社会养老保险制度，退休双轨制问题彻底消失，理顺了分配关系，缩小了不合

---

〔1〕 参见范围：《我国退休法律制度的预设前提及其反思》，载《中国人民大学学报》2014 年第 5 期。

〔2〕 参见中国国际经济交流中心课题组、姜春力：《我国退休制度历史、现状和挑战——渐进式延迟退休年龄政策研究之一》，载《经济研究参考》2015 年第 4 期。

理的差距，减缓了不公平现象。

### 3.1.2 基于逻辑维度的退休制度

我国退休制度的内在逻辑思想体现在实施主体上。根据实施主体的不同，分为企业独自承担退休保障制度、国家和企业两个层级承担退休保障制度以及国家、企业、个人三个层级共同承担退休保障制度。不同的实施主体所占立场不同，各有利弊，但都在共同推动着退休保障制度的完善与进步。

#### 一、企业独自承担的退休保障制度

纵观退休制度的发展演变过程，在"文化大革命"时期，曾经短暂地出现过由企业单独承担退休保障制度的情形。此种做法存在很大弊端：一是国家与社会无法进行统一调节与统筹。不同地区、不同类型、不同发展阶段的企业面对不同的退休职工情况，有的企业可以负担退休职工养老问题，有的企业则负担沉重，不能保证职工正常地退休，导致大批老弱病残员工无法退休。二是大多数企业对于退休养老的规划不科学、不持续，难以完成员工的退休养老任务。企业要承担生产经营任务，需要大量资金维护生产经营活动的运转与扩张。大多数企业不进行长远地退休养老保障规划，不进行退休保障资金的积累。而与此同时，我国老龄化程度在不断加剧，企业无法应对不断加重的退休养老负担。三是退休员工的权益保障程度较低。企业独自承担退休保障制度，使得退休员工对企业的依赖程度提高。应退未退、退休收入保障程度低等现象出现，对于退休员工而言，生活水平提高程度缓慢。所幸的是，"文化大革命"结束后，国家已经深刻意识到企业独自承担退休制度的缺点，及时进行调整。一方面妥善处置安排在"文化大革命"时期的退休员工问题，另一方面将退休制度由国家统筹进行管理，合理保证退休员工的生活水平和权益保障。

#### 二、国家、企业两个层级的退休保障制度

新中国成立之后，国家就确定了由国家与企业共同承担员工退休保障制度的基调。此种做法又分为两个阶段，第一个阶段是在新中国成立之后的计划经济时期，第二个阶段在"文化大革命"之后的社会主义市场经济初级阶段。

第一个阶段的具体表现是：一是国家统一计划分配，企业的盈亏由国家

兜底，因此企业对员工的生活保障问题，比如养老、医疗、住房、子女入托入学等事项，一包到底，承担无限责任。二是新中国成立之初，国家经济基础建设处于开始阶段，物质积累不丰富，虽然员工的生活物质条件保障程度不高，但是员工的幸福度、满意度较高。三是由"大锅饭"向"按劳分配"转变的过程中，改进退休保障制度。区分退休与退职人员的待遇要求，在保障水平、保障范围、实施方法等方面进行改进，使退休制度更加健全完善。

第二阶段的具体表现是：一是恢复"文化大革命"时期停滞不前的退休保障制度。国家在 1978 年出台专门制度，安排老弱病残员工退休问题，区分干部与工人分别进行安置。但是在执行中出现了偏差。子女不按规定顶替退休父母就业、符合退休条件的员工继续聘用等问题，影响了员工队伍的稳定性，也影响了青年就业问题。国家在 1981 年出台制度，专门纠正此问题。二是探索建立与市场经济体制相适应的退休养老保险制度。随着计划经济与市场经济调节相结合，而劳动保障制度中仍大量保留着计划经济时代的产物，影响了保障制度效用的有效发挥，因此针对市场经济的有关要求，退休保障制度进行了相应的调整与修改。在此阶段，国家意识到，退休制度层级单一，退休对于国家和企业的依赖性太强，而我国老龄化程度在不断加剧，国家负担较重；退休制度的覆盖面较窄，退休员工因身份的不同，享受的退休保障待遇不同；退休养老收入未随着物价上涨、通货膨胀等因素而进行合理调整。此阶段的退休制度调整是局部的，但是为以后的退休制度改革进行了铺垫。

### 三、国家、企业、个人三层级的退休保障制度

自 20 世纪 80 年代开始，国家开始进行养老保险制度改革的试点工作。通过试点工作经验的总结，最终在 1991 年形成《国务院关于企业职工养老保险制度改革的规定》，包含基本养老保险、企业补充养老保险、职工个人储蓄性养老保险等内容，即国家、企业和个人均需承担缴费或出资责任。此法规的颁布，标志着我国城镇企业职工养老保险改革正式开始，基本确立了由国家、企业、个人三个层级的退休保障制度。个人虽然参与到退休养老保障制度之中，但是筹资原则明确为以支定收、略有结余、留有部分，充分考虑了企业和个人的承受能力。该制度颁布之初，仅适用于企业职工，而不适用于机关事业单位工作人员，留下了退休双轨制的隐患。退休双轨制问题在 2015 年才得以解决，企业职工、机关事业单位工作人员均纳入社会养老保险制度。

在此退休保障制度框架下，一系列改革措施不断实施起来。《国务院关于深化企业职工养老保险制度改革的通知》（1995 年颁布实施）明确实行社会统筹和个人账户相结合的制度模式。《企业年金试行办法》（2003 年颁布实施）和《企业年金办法》（2017 年 12 月颁布）明确了实行企业年金管理以及职工的补充养老保险问题。《中华人民共和国公务员法》（2005 年 4 月颁布实施）明确了干部退休的制度要求。《国务院关于机关事业单位工作人员养老保险制度改革的决定》（2015 年 1 月颁布实施）标志着退休双轨制走向终结。

### 3.1.3 基于实践维度的退休制度

退休制度的实践维度是退休制度对退休行为的影响与结果，具体表现为退休制度的政策法规、退休制度的主要内容、退休年龄的界定问题等方面内容。

**一、退休制度的政策法规**

退休制度涉及范围广、影响面积大、操作性强，是一项复杂的系统工程。退休制度的有效实施，要求着法律法规进行严格规范与界定，明确退休条件、退休待遇、退休方式、退休范围等内容。退休制度是由一系列的劳动保障、养老保障等政策法规所组成。退休制度的完善过程，伴随着政策法规的发展演变过程。

退休制度涉及的法律法规包括：一是专门法律对退休制度的规定。具体包括《中华人民共和国宪法》（2018 年）、《中华人民共和国公务员法》（2019 年）、《中华人民共和国劳动合同法》（2013 年）、《中华人民共和国社会保险法》（2018 年）、《中华人民共和国劳动法》（2018 年）、《中华人民共和国劳动合同法实施条例》（2008 年）、《中华人民共和国妇女权益保障法》（2022 年）等。二是规范性文件对退休制度的规定。具体包括《企业年金办法》（2017 年）、《国务院关于机关事业单位工作人员养老保险制度改革的决定》（2015 年）、《国务院关于完善企业职工基本养老保险制度的决定》（2005 年）、《国务院关于建立统一的企业职工基本养老保险制度的决定》（1997 年）、《中共中央关于建立老干部退休制度的决定》（1982 年）、《国务院关于工人退休、退职的暂行办法》（1978 年）、《国务院关于安置老弱病残干部的暂行办法》（1978 年）等。

通过上述法律法规的梳理可知：一是退休权为宪法所赋予公民的基本权利，通过法律手段可以保护退休居民的退休行为，保障退休居民安享晚年生活。二是法律界定了退休制度的适用对象，仅局限在国家机关、事业单位、企业，不包括农民、学生、自由职业者、家庭妇女等。三是法律限定了退休行为的强制性与自愿性。退休行为的强制性体现在，国家通过立法的形式，限定由政府主导、企业参与；退休行为的自愿性体现在，企业与个人以劳动合同的方式，自愿建立约定关系。

**二、退休制度的主要内容**

现行的退休制度源自于 1995 年推出的社会统筹与个人账户相结合的养老保险改革工作。在此做法下，个人缴纳费用全部计入个人账户，采取累进制，由个人独享，保证了效率与激励；企业缴纳费用全部计入社会统筹资金，采取现收现支制，由国家统筹，保证了公平性。各地区可自主选择个人账户规模。对于统账结构不一现象，国家曾两次进行调整：一是 1997 年确定企业缴纳费率为 20%，个人缴纳费率为 8%；二是 2019 年将企业缴纳费率降低至16%，个人缴纳费率仍为 8%。[1]

退休制度对于农村人口而言，主要体现在农村养老保险制度的实施。农村养老保险制度源自于 2009 年，采用政府财政补贴与个人缴费的形式，对 60 岁及以上的农村人口提供养老金。2012 年，这一模式向城镇非就业人口推广，形成了城乡居民养老金制度。至此，形成了职工基本养老保险、城乡居民基本养老保险、机关事业单位工作人员基本养老保险三种养老保险制度的并存之势。养老保险制度的覆盖范围广泛，确保了老年人具有稳定的收入来源，起到了收入调节作用。据统计数据，截至 2019 年，我国参加城镇职工基本养老保险人数约为 4.35 亿，参加城乡居民基本养老保险人数约为 5.33 亿，合计共有 9.67 亿人参加基本养老保险。[2]

养老保险制度实行社会统筹与个人账户相结合的方式。领取养老金需满足某些要求和条件。比如，年龄限制方面，要求男性 60 周岁、女干部 55 周

---

〔1〕 参见《国办印发〈降低社会保险费率综合方案〉》，载《人民日报》2019 年 4 月 5 日，第1 版。

〔2〕 参见人力资源和社会保障部：《2019 年人力资源和社会保障统计快报数据》载 https://www.mohrss.gov.cn/SYrlzyhshb2b/zwgk/szrs/tisi/202001/t20200121_356806.html，最后访问日期：2020年 1 月 21 日。

岁、女工人 50 周岁，特殊工种职工的退休年龄可以降低 5 年；缴费年限方面，要求达到退休年龄时需要累积缴纳 15 年；企业缴费方面，不超过工资总额的 20%缴纳基本养老保险，不超过工资总额的 8%缴纳企业年金，各地方略有不同；个人缴费方面，按照工资总额的 8%缴纳基本养老保险，按照工资总额的 4%缴纳职业年金；账户管理方面，个人缴费的金额计入个人账户，单位缴费的金额计入统筹账户；退休手续方面，达到退休年龄即可办理退休手续。以上海为例，2019 年 5 月起，城镇职工社会保险缴纳比例中，企业缴纳的"五险一金"比例为：基本养老保险 16%，医疗保险 10.5%，失业保险 0.5%，生育险 1%，工伤按基础费率（1-8 类）0.16%至 1.52%。

**三、退休年龄的界定问题**

年龄是退休行为中的重要因素。关于退休年龄，有法定退休、提前退休、延迟退休、强制退休、早退休年龄等之分。

法定退休年龄是指法定正常退休年龄。职工达到退休年龄即可退出劳动力市场，不再需要缴纳社会养老保险，在满足一定社会养老保险费缴费年限基础上可以领取养老金。在《劳动和社会保障部办公厅关于企业职工法定退休年龄涵义的复函》（2001 年）中提出，国家法定的企业职工和机关事业单位工作人员退休年龄指，男年满 60 周岁、女工人年满 50 周岁、女干部年满 55 周岁。提前退休指职工达到标准退休年龄前就开始领取养老金。延迟退休指职工达到标准退休年龄而未退出劳动力市场，继续参与工作并缴纳社会保险。强制退休年龄指通过劳动合同的形式，约定职工与单位终止劳动关系的年龄，而与职工缴纳领取退休养老保险等无关。只要达到劳动合同约定的年龄，单位即有权与职工终止劳动权利与义务，视为一种强制性的体现。早退休年龄 Early Retirement Age、正常退休年龄 Normal Retirement Age 是国外经常使用的说法。正常退休年龄 Normal Retirement Age 与退休保险制度紧密相连，它是指在职工满足养老保险缴费年限、缴费条件等条件下，可以全额领取退休金的年龄。早退休年龄 Early Retirement Age 同样与退休保险制度紧密相关联，它是指职工在满足退休养老保险缴费年限、缴费条件等条件下，可以领取退休金的年龄。如果此年龄小于法定或正常退休年龄，职工领取的养老金会相应地减少。这也是早退休年龄 Early Retirement Age、正常退休年龄 Normal Retirement Age 的区别所在。

虽然退休年龄的定义较多，但是从我国退休制度实践角度来讲，我国主要涉及强制退休年龄、提前退休年龄、延迟退休年龄。目前，我国大多数职工按照男年满 60 周岁、女工人年满 50 周岁、女干部年满 55 周岁的年龄界定退休行为，但是从事高风险职业的员工、因劳伤残丧失劳动能力的员工，可以提前 5 年至 10 年退休，高级技术人员可以与用工单位协商而延迟退休。这也意味着我国退休居民的退休年龄跨度，不局限在 50 岁至 60 岁区间范围，提前退休和延迟退休会跨越这一区间范围。

## 3.2 我国退休制度的特点分析

为了建立科学规范的退休制度、维护社会稳定和推动经济发展，我国经过多年实践，探索构建了适合我国国情特点的退休制度，从企业独自承担发展为多层级的退休保险制度体系，从单一责任主体发展为多方共同参与，从少数人享有发展为普惠制。我国退休制度经过深刻变革与发展，具有鲜明的中国特色社会主义特点，顺应了社会与经济发展趋势，体现了社会福利分配的规律。

### 3.2.1 退休制度与经济社会发展相适应

我国退休制度是伴随经济社会的发展而逐步完善的，顺应了经济社会发展的规律，体现了老龄化事业发展的战略要求。退休制度关乎居民的终身福祉和切身利益，是社会保障制度的重要组成部分，是退休居民经济来源的重要制度安排，也是国家维护促进社会公平正义的重要治理工具。通过退休制度的发展演变过程可知，我国经济社会的持续发展是保障退休制度有效实施的前提，而公平有效的退休制度又反过来推动促进经济社会的发展，可以说二者相互依托、相互促进、均衡发展。

新中国成立初期，我国经济社会处于较低的发展水平，退休制度保障程度也较低。此时由于未实施计划生育政策，子女在某种程度上承担了养老的责任。随着改革开放政策的实施、社会主义市场经济体制的建立，我国退休制度更加丰富多样，多层级、立体化的退休制度和养老体系相应地建立起来。我国的经济体制是以公有制为主体、允许多种所有制经济共存，这样的经济体制优越性体现在所有公民享有经济发展的共同成果，包括退休居民。20 世纪 90 年代以来，我国经济保持快速增长态势，GDP 增速保持在 9% 以上。经济基础逐步夯实，带动着退休养老金待遇的显著提高，自 2005 年以来国家对退休养老金进行八连调，退休养老金增长速度约为 13%。[1]与此同时，我国老龄化程度不断加深、少子化现象逐步加重，传统的"养儿防老"之说受到了挑战，退休居民降低了对子女的依赖程度。退休制度的不断完善，使得退休居民依赖养老金制度，保障自身的食品、医疗、日常生活物品、社交等消费开支。良好的退休保障制度，使得退休居民依靠养老金不仅能够保证基本生活需求，还可以逐步提高退休后生活的水平与质量。

### 3.2.2 退休制度的复杂性

我国复杂的国情、庞大的人口基数，使得退休制度相应地复杂起来。退休制度的复杂性主要表现在退休法规制度的复杂性、退休管理体制与经办体制的庞杂性、退休制度中权力与利益调整的复杂性等方面。具体如下：

**一、退休法规制度的复杂性**

我国退休制度的具体要求，庞杂地散落在各类法规制度之中，时间跨度长，交叉引用多，内容零散，不成体系。这与我国的经济社会发展、体制机制的不断革新等原因不无关系。同时，退休法规的复杂性也体现在退休管理理念的传承方面。退休制度虽然在不断发展变革，但是某些管理理念却一直在制度法规中体现并传承下来。例如，《中华人民共和国劳动保险条例》（1951 年 2 月颁布实施）、《国务院关于工人、职员退休处理的暂行规定》（1957 年 11 月颁布实施）等早期政策中确定下来的"强制退休"政策，在现今的退休制度中仍然延续使用。

**二、退休管理体制与经办体制的庞杂性**

早期的退休管理体制是多部门管理、行业参与，而后逐渐实行集中统一管理。改革开放之初，由人事部门负责机关事业单位的退休管理，由劳动部门负责国有企业的退休管理，由中国人民保险公司负责集体企业职工的退休金。在对国有企业的退休管理中，又加入了行业统筹管理，水利电力部、原

---

〔1〕　参见陈茉：《中国养老政策变迁历程与完善路径》，吉林大学 2018 年博士学位论文。

交通部、银行、煤炭部、原民航总局、石油天然气总公司、有色冶金总公司等行业纷纷建立专门的退休管理机构，对本行业的退休职工进行管理，尤其是对退休养老金进行管理。这造成了多行业的利益割据局面，不利于保障退休居民的权益。1998 年国家成立劳动和社会保障部，取消行业割据统筹状态以及散落在人事部、劳动部等部门的退休管理职责，对于退休制度和退休养老金进行统一管理，理顺了退休管理体制和经办体制。

### 三、退休制度中权力与利益调整的复杂性

我国退休制度历经了几次重大调整转变，需要对于历史责任和历史遗留问题进行有效化解，而这牵动着多方的权力与责任分工的调配。历史遗留问题中涉及老人、中人、新人的退休权益问题需要合理界定，社会统筹与个人账户的权责需要厘清，政府内部相关部门的责任需要调整完善，退休待遇保障机制需要长期持续有效运转，日益严重的老龄化问题加重了退休待遇筹资机制的负担。对于退休制度的变革，实际上是对于利益各方责任的承担、权利义务的对等关系以及层级结构方面的深层次的调整。这一系列所需面对的问题，以及这一系列所需处理的关系，推动着现有利益格局的改变与调整，促进着退休制度不断改革创新。

### 3.2.3 退休制度仍不完善

我国退休制度历经多年发展，目前已成为世界上规模最大、持续时间最长的一项退休制度实践，取得了令人瞩目的成就。但是与此同时，我们应该清醒地认识到，我国目前的退休制度，仍存在不足。退休制度是一项由国家政府主导的综合制度，并且退休制度需要与国家社会经济体制等方面有机结合，才能促进退休制度作用的有效发挥。目前，我国退休制度的结构过于单一，原本可以与退休形成配套的制度并未发挥有效功能，最终导致我国退休渠道的单一化。退休渠道的丰富程度和规范程度是衡量退休制度成熟度的重要标准。退休渠道就是国家对退休行为进行宏观调控的工具。退休渠道越规范、越丰富，调控的手段就越具有多样性，在必要的时候能够有效地引导政策需要的提前退休，同时也能够通过收缩渠道达到激励和引导延迟退休的目的。市场经济的宏观管理犹如治水，因势利导为佳。政府不应过多干涉经济运行，却应尽量多地掌握调控工具，从而才能以引导而非命令的方式来进行

宏观干预。在退休制度框架各个结构要素中，我国真正起到规制作用的仅有公共养老金制度、劳动法规这两项。

### 一、退休筹资机制与退休待遇计发机制的差异问题

我国的退休筹资机制与退休待遇计发机制，主要采用基本养老保险制度。基本养老保险制度分为企业职工、机关事业单位工作人员、城乡居民三大类。在实践中，企业职工基本养老保险为统账结合的方式，享受单一结构的退休筹资和退休养老金待遇；机关事业单位工作人员基本养老保险为统账集合与个人账户式职业年金的方式，享受双层结构的退休筹资方式，退休养老金待遇相对较好；城乡居民基本养老保险主要由国家提供普惠性的、基础性的退休筹资和养老金待遇，个人缴费部分也大多为最低档。退休筹资方式的不同，导致退休待遇的差异。对于这种退休制度的调整完善，势必造成利益格局的重新分配，牵涉面较广，非短期内可以达到。因此，不同制度间退休筹资与退休待遇的差异问题，将是一个长期问题。

### 二、退休制度的弹性调节方面

退休制度设计中，体现了诸多刚性约定。例如，退休年龄、最低养老保险缴费年限、养老保险缴费基数与缴费率等内容，均为强制性的约定，没有动态地调整机制，不具备自我调节能力。例如，退休制度规定50岁退休居民可以领取195个月工资，60岁退休居民可以领取139个月工资等。退休养老保险个人账户使用耗尽之后，继续存活的退休居民可以按照原标准继续领取养老金。退休居民身故后，退休养老保险个人账户余额为其个人遗产，由其家人继承。这样做法的后果是，个人账户的结余归属个人、不足（退休居民实际领取个人账户养老金的时间超过规定月数所导致）由政府兜底。退休居民极度依赖退休养老金待遇及其增长。国家财政通过财政补贴的方式进行兜底，使得财政负担日益增大，不利于退休制度的长远持续发展。可以说，我国的退休制度改革一直在路上。我国的退休制度应从现实角度出发，结合国情实际以及老龄化不断加重的现状，允许退休制度的相关发展参数，允许退休制度进行弹性调节，保障退休制度健康持续发展。

### 三、对于退休居民权益保障方面

现行的强制退休制度，不利于调动退休居民的积极性。随着老龄化程度的加深，应进一步发挥老年人的"余热"。60岁、70岁的"低龄"老年人身

体尚且健康，某些人经验丰富、技术尚可，可以进一步老有所为，为社会贡献力量。强制退休制度在某种程度上限制了退休居民行使劳动权利，造成了人力资源的浪费。

现行的强制退休制度，不利于退休居民再就业权益的保障。依据现行的退休法律，居民一旦退休，就丧失了劳动权利的保护。即使退休居民有意愿进行再就业，也无法与用人单位之间签订劳动合同，再就业不再受到劳动法的保护。一方面退休居民的再就业权益无法得到保障，另一方面用人单位也丧失了一定程度上的用工自主权。

现行的强制退休制度，刚性地规定了退休年龄。而随着我国人口预期寿命的延长，某些学者提出延长退休年龄、弹性退休、根据职业差别化退休等多种多样的退休方式。

## 3.3 居民消费现状分析

我国经济正在向高质量方向发展，以投资、出口为代表的发展模式逐步转向以消费为代表的发展模式，消费总量稳中有升，消费结构不断升级，消费在拉动经济发展的"三驾马车"中发挥了更大的作用。消费，从广义上说，包括生产消费和个人消费两个方面。生产消费，是指物质资料生产过程中的生产资料和活劳动的使用和消耗，这种作为生产的客体和主体的使用和消费是种生产行为，而"生产行为本身就它的一切要素来说也是消费行为"。一般意义上的消费，是从狭义上说的个人消费，是人们把生产出来的物质资料和精神产品用于满足个人生活上的需要的行为和过程，是"生产过程以外执行生活职能"。这种"生活职能"虽然是生产过程以外的个人事物，但是个人作为社会中的人如果从整个社会不断进行的再生产过程来看，个人消费也有其社会属性，并不仅仅是属于个人的私事，而是与整个社会再生产能否顺利实现密切相关。

### 3.3.1 居民宏观消费

居民宏观消费是国内生产总值的重要组成部分，可以反映经济增长状况以及经济资源分配的情况。改革开放，居民宏观消费总量稳中有增，居民消费率总体处于较低水平，呈现缓慢上升趋势。个人消费总是同一定的社会生产、分配与交换活动有着不可分割的内在联系，它受一定的生产、分配与交换形式所决定，同时又对整个生产和再生产产生反作用，在此过程中消费有其独特的运行机制与作用机理。国民经济的发展，就是生产、分配、交换与消费四个环节不断循环的过程。在整个四个环节循环过程中，如果任何一个环节发生障碍，都会影响循环甚至堵塞循环，以至影响到社会再生产的顺利进行。

在社会再循环中消费环节的重要性在于，一方面消费从人们获得消费资料的满足程度上和获得的服务方式及水平上，体现整个社会生产再循环中生产、分配和交换运转的成果，尤其是生产的成果能否顺利实现以及能否顺利开始下一步环节均取决于消费能否顺利实现；另一方面，消费又检验着其他各个环节运行的状态和效率，并通过自身的检验对其他环节的状态与效率作出评价，以及向社会再生产循环发出各种信息，提出改善循环的一系列要求与指示，指示着再生产的投资方向、结构与规模，为新的生产过程创造出新的需要即消费需求，消费需求将发挥出指示消费供给走向与拉动消费供给的作用，从而促使社会根据不断变动的消费需求调整供给结构和工作系统，更有效地满足消费需求的需要，在此过程中将不断推动产业结构调整与经济发展，以及在此过程中不断扩大就业岗位提高劳动者收入水平，并进而推动整个经济社会的协调发展。因此需要从宏观角度，有效提升居民消费总量，不断提高居民消费率。

## 一、改革开放以来国内生产总值变动情况

消费是拉动经济发展的重要动力，同时也是确保社会再生产顺利实现的重要保障。居民消费作为最终消费的重要内容，居民消费总量与结构情况直接反映经济社会发展情况以及公众能否充分享受改革开放成果，不断提升居民消费对促进经济社会长期稳定发展以及确保社会公平具有重要作用。

从经济增长的源头而言，需要投入资本、土地、劳动力、科学技术等生产要素才能实现经济增长，消费是经济增长的结果而不是经济增长的源起。从社会再生产的循环角度而言，消费又是确保经济增长顺利实现的保证。如果最终消费率长期过低，不但导致生产难以顺利实现，也将导致失业等一系列问题，难以保证公众分享改革开放成果，经济发展难以惠及广大公众，尤

其是当经济高速增长与最终消费率过低并存时。在经济发展过程中，虽然在一定时期甚至是较长时期内可以通过扩大投资以及加大出口来推动经济增长，但最终消费率过低的经济增长终究难以持续。改革开放以来的经济发展实践充分证实了上述内容，人为投资推动的经济增长终将难以抵御经济周期本身的走势以及外需的急剧变动。

正是因为消费对经济增长具有重大作用，在计量国内生产总值的三大方法即生产法、支出法与收入法中，支出法即通过把国内生产总值划分为最终消费支出、资本形成总额与货物和服务净出口三大类进行衡量，支出法计算方法在计算国内生产总值的方法中具有独特的地位。

国内生产总值反映一个国家或地区的经济实力。按照支出法，国内生产总值由最终消费支出、资本形成总额、货物与服务净出口等三部分构成。改革开放以来，我国经济迅速增长，在不同的经济发展阶段以及经济体制改革进程中，国内生产总值增长速度有所不同。表3-1展示了按照支出法计算的改革开放以来我国国内生产总值变动情况。

表3-1 改革开放以来国内生产总值变动情况

| 年份 | 增速（%） | 国内生产总值（亿元） | 最终消费支出（亿元） | 资本形成总额（亿元） | 货物和服务净出口（亿元） |
|------|-----------|----------------------|----------------------|----------------------|--------------------------|
| 1978 | 11.7 | 3606 | 2239 | 1378 | -11 |
| 1979 | 7.6 | 4093 | 2634 | 1479 | -20 |
| 1980 | 7.8 | 4593 | 3008 | 1600 | -15 |
| 1981 | 5.2 | 5009 | 3362 | 1630 | 17 |
| 1982 | 9.1 | 5590 | 3715 | 1784 | 91 |
| 1983 | 10.9 | 6216 | 4126 | 2039 | 51 |
| 1984 | 15.2 | 7363 | 4846 | 2515 | 1 |
| 1985 | 13.5 | 9077 | 5986 | 3458 | -367 |
| 1986 | 8.8 | 10 509 | 6822 | 3942 | -255 |
| 1987 | 11.6 | 12 277 | 7805 | 4462 | 11 |
| 1988 | 11.3 | 15 389 | 9840 | 5700 | -151 |
| 1989 | 4.1 | 17 311 | 11 164 | 6333 | -186 |

续表

| 年份 | 增速（%） | 国内生产总值（亿元） | 最终消费支出（亿元） | 资本形成总额（亿元） | 货物和服务净出口（亿元） |
|---|---|---|---|---|---|
| 1990 | 3.8 | 19 348 | 12 091 | 6747 | 510 |
| 1991 | 9.2 | 22 577 | 14 092 | 7868 | 618 |
| 1992 | 14.2 | 27 565 | 17 203 | 10 086 | 276 |
| 1993 | 14.0 | 36 938 | 21 900 | 15 718 | −680 |
| 1994 | 13.1 | 50 217 | 29 242 | 20 341 | 634 |
| 1995 | 10.9 | 61 329 | 36 226 | 24 105 | 999 |
| 1996 | 10.0 | 71 861 | 43 118 | 27 285 | 1459 |
| 1997 | 9.3 | 79 739 | 47 557 | 28 633 | 3550 |
| 1998 | 7.8 | 85 174 | 51 510 | 30 035 | 3629 |
| 1999 | 7.6 | 90 447 | 56 682 | 31 229 | 2537 |
| 2000 | 8.4 | 100 073 | 63 729 | 33 961 | 2383 |
| 2001 | 8.3 | 110 657 | 68 617 | 39 716 | 2325 |
| 2002 | 9.1 | 121 577 | 74 172 | 44 311 | 3094 |
| 2003 | 10.0 | 137 457 | 79 642 | 54 851 | 2965 |
| 2004 | 10.1 | 161 616 | 89 225 | 68 156 | 4236 |
| 2005 | 11.3 | 187 767 | 101 604 | 75 954 | 10 209 |
| 2006 | 12.7 | 219 425 | 114 895 | 87 875 | 16 655 |
| 2007 | 14.2 | 269 486 | 136 439 | 109 625 | 23 423 |
| 2008 | 9.6 | 317 172 | 157 746 | 135 199 | 24 227 |
| 2009 | 9.2 | 346 431 | 173 093 | 158 301 | 15 037 |
| 2010 | 10.6 | 406 581 | 199 508 | 192 015 | 15 057 |
| 2011 | 9.5 | 480 861 | 241 579 | 227 593 | 11 689 |
| 2012 | 7.7 | 534 745 | 271 719 | 248 390 | 14 636 |
| 2013 | 7.7 | 589 737 | 301 008 | 274 177 | 14 552 |
| 2014 | 7.3 | 640 697 | 329 451 | 293 783 | 17 463 |

| 年份 | 增速<br>（%） | 国内生产总值<br>（亿元） | 最终消费支出<br>（亿元） | 资本形成总额<br>（亿元） | 货物和服务净出口（亿元） |
|------|------|------|------|------|------|
| 2015 | 7.0 | 692 094 | 371 921 | 297 827 | 22 346 |
| 2016 | 6.8 | 745 981 | 410 806 | 318 198 | 16 976 |
| 2017 | 6.9 | 828 983 | 456 518 | 357 886 | 14 578 |
| 2018 | 6.7 | 915 774 | 506 135 | 402 585 | 7054 |
| 2019 | 6.1 | 994 927 | 551 495 | 428 628 | 14 805 |

数据来源：《中国统计年鉴》及国家统计局网站。

就总体情况而言，按支出法计算的国内生产总值由 1978 年的 3605 亿元增长至 2019 年的 9 94 927 亿元。其中，最终消费支出由 1978 年的 2239 亿元增加至 2019 年的 551 495 亿元，资本形成总额由 1978 年的 1378 亿元增加至 2019 年的 428 628 亿元，货物和服务净出口由 1978 年的−11 亿元增加至 2019 年的 14 805 亿元。

具体而言，改革开放以来，我国经济保持高速增长，除个别年份外，消费、投资、出口保持增长态势。经济增长大致可以划分为以下几个阶段：

（一）第一阶段：1987 年至 1989 年

改革开放之初，以收入分配领域作为突破口，改革红利逐步被释放，消费需求不断被激发，保持了较高的经济增长速度，消费在推动经济增速中发挥了重要作用。农村居民收入水平增幅较大，乡镇企业快速发展，家庭联产承包责任制促进了农村经济体制改革，释放了农村经济活力。城镇居民收入和消费水平不断提升，国有企业改革不断推行，劳动生产效率提高，城镇居民消费需求不断释放，经济快速发展。

此阶段是改革开放以来经济增长速度最快的历史阶段，此阶段年均经济增速高达 10.2%，最高点出现在 1984 年的 15.2%。出现这一现象的原因是，一方面改革开放政策释放的红利效应得到了充分显现，另一方面当时经济总量基数较小、增幅显现明显。

（二）第二阶段：1990 年至 2000 年

继经济保持高速增长之后，经济增速出现骤降，达到改革开放以来经济增速的最低点。此阶段经济体制改革措施基本停滞，某些领域甚至出现倒退现象。国有企业改革以经营承包责任制为主，需要进一步开辟新路径。农村经济体制改革释放的生产热情有所消耗，乡镇企业发展遇到瓶颈。在这一系列的冲击之下，在 1990 年出现了经济增速的最低点 3.8%。

而后，出现了严重的经济过热和通货膨胀现象，由于投资增长过快等原因，在 1994 年我国通货膨胀率高达 24.1%，这也是改革开放以来通货膨胀最严重的年度。为治理经济过热，国家出台了一系列经济"软着陆"措施。而在 1997 年发生了东南亚金融危机，我国经济由此转入通货紧缩阶段。

在通货紧缩阶段，为了进一步刺激消费、刺激经济增长，国家出台了教育扩展、延长假期等一系列扩大消费的手段，采取降息、征收利息税等财税措施进一步扩大消费。与此同时，伴随国有企业改革和就业体制改革的推进，就业形势越发严峻。

（三）第三阶段：2001 年至 2011 年

2001 年我国加入 WTO 之后，外贸外资迅速发展，在廉价劳动力红利、进出口优惠政策等因素多方影响之下，投资在经济增速中发挥越来越重要的作用，并带动了新一轮经济高速增长。2003 年到 2007 年之间，经济增速连续保持两位数的增长速度。

此阶段的经济增长是粗放型的经济增长，伴随着自然环境污染、资源紧张等问题，同时发展不均衡、收入分配差距扩大、改善民生的意愿愈发强烈。此阶段经济增速虽有波动，但保持在 10% 左右。

（四）第四阶段：2012 年至 2019 年

此阶段，我国经济发展逐渐步入新常态，调结构、促改革成为主基调。受到人口老龄化加重、国外进口需求减退等多重因素影响，经济由高速增长逐渐转变为中高速增长。2012 年至 2015 年期间，经济增速保持在 7% 以上。2015 年以后，经济增速稳步下降，保持在 6% 以上。随着经济体制改革的不断深化以及有效加快转变经济发展方式，经济增长速度将进一步适度下降。

## 二、改革开放以来居民消费变动情况

居民消费支出和政府消费支出共同组成最终消费支出。虽然拉动政府消费可以提振最终消费，但是最终消费中居民消费比例过低，将影响效率与公平。居民消费是最终消费支出的重要组成部分，有效提升居民消费是扩大最终消费的重要途径。改革开放以来，随着经济不断发展以及城乡居民收入水平的不断提高，居民消费总量呈现不断增长态势。表 3-2 展示了改革开放以来我国的居民消费变动情况。

表 3-2　改革开放以来居民消费变动情况（单位：亿元）

| 年份 | 居民消费 | 城镇居民消费 | 农村居民消费 | 城镇居民与农村居民消费之比 |
|------|----------|--------------|--------------|------------------------------|
| 1978 | 1759 | 667 | 1092 | 0.61 |
| 1979 | 2014 | 759 | 1255 | 0.60 |
| 1980 | 2337 | 922 | 1415 | 0.65 |
| 1981 | 2628 | 1017 | 1610 | 0.63 |
| 1982 | 2867 | 1050 | 1817 | 0.58 |
| 1983 | 3221 | 1197 | 2024 | 0.59 |
| 1984 | 3690 | 1438 | 2251 | 0.64 |
| 1985 | 4627 | 1841 | 2787 | 0.66 |
| 1986 | 5294 | 2180 | 3113 | 0.70 |
| 1987 | 6048 | 2576 | 3472 | 0.74 |
| 1988 | 7532 | 3381 | 4152 | 0.81 |
| 1989 | 8778 | 3913 | 4865 | 0.80 |
| 1990 | 9435 | 4194 | 5241 | 0.80 |
| 1991 | 10 544 | 4971 | 5573 | 0.89 |
| 1992 | 12 312 | 6366 | 5947 | 1.07 |
| 1993 | 15 696 | 8695 | 7001 | 1.24 |
| 1994 | 21 446 | 12 274 | 9172 | 1.34 |
| 1995 | 28 073 | 16 535 | 11 538 | 1.43 |

续表

| 年份 | 居民消费 | 城镇居民消费 | 农村居民消费 | 城镇居民与农村居民消费之比 |
|------|----------|--------------|--------------|------------------------------|
| 1996 | 33 660 | 19 505 | 14 155 | 1.38 |
| 1997 | 36 626 | 21 665 | 14 961 | 1.45 |
| 1998 | 38 822 | 23 947 | 14 875 | 1.61 |
| 1999 | 41 915 | 27 104 | 14 811 | 1.83 |
| 2000 | 46 988 | 31376 | 15 612 | 2.01 |
| 2001 | 50 709 | 34 411 | 16 297 | 2.11 |
| 2002 | 55 076 | 38 060 | 17 017 | 2.24 |
| 2003 | 59 344 | 41 569 | 17 775 | 2.34 |
| 2004 | 66 587 | 47 354 | 19 233 | 2.46 |
| 2005 | 75 232 | 54 320 | 20 912 | 2.60 |
| 2006 | 84 119 | 61 480 | 22 640 | 2.72 |
| 2007 | 99 793 | 74 205 | 25 589 | 2.90 |
| 2008 | 115 338 | 86 498 | 28 841 | 3.00 |
| 2009 | 126 661 | 95 995 | 30 666 | 3.13 |
| 2010 | 146 058 | 112 447 | 33 610 | 3.35 |
| 2011 | 176 532 | 135 457 | 41 075 | 3.30 |
| 2012 | 198 537 | 153 314 | 45 223 | 3.39 |
| 2013 | 219 763 | 170 330 | 49 432 | 3.45 |
| 2014 | 242 540 | 188 174 | 54 366 | 3.46 |
| 2015 | 265 980 | 206 837 | 59 143 | 3.50 |
| 2016 | 293 443 | 229 111 | 64 332 | 3.56 |
| 2017 | 317 964 | 249 785 | 68 178 | 3.66 |
| 2018 | 348 210 | 273 715 | 74 494 | 3.67 |
| 2019 | 385 896 | 302 253 | 83 642 | 3.61 |

数据来源:《中国统计年鉴》和国家统计局网站。

就总体情况而言，居民消费从 1978 年的 1759 亿元增加至 2019 年的 385 896亿元，其中城镇居民消费从 1978 年的 667 亿元增加至 2019 年的 302 253亿元，农村居民消费从 1978 年的 1092 亿元增加至 2013 年的 83 642 亿元。

伴随着经济的快速发展以及收入水平的不断提高，居民消费整体呈现增长趋势。改革开放之初，我国城乡二元结构明显，农村人口比重较大，因而农村居民消费总量高于城镇居民消费总量。但是随着城镇人口的快速增加，城镇居民消费总量随之增加。1992 年，城镇居民消费总量首次超过农村居民消费总量。农村居民消费总量虽持续上升，但城镇居民消费增幅高于农村居民消费增幅。

### 三、改革开放以来的最终消费率变动情况

最终消费率指按照支出法，国内生产总值中最终消费所占到的比例，[1] 即某一国家或地区的消费总量占总产出的比重。最终消费率由政府消费率和居民消费率组成。最终消费率的数值大小反映了最终消费对经济增长的拉动程度，其变动趋势反映了最终消费支出在多种要素的共同作用下的变动成果。表 3-3 展示了改革开放以来我国的最终消费率变动情况。

从国内生产总值支出法的角度而言，货物和服务净出口的贡献率相对有限，不能作为拉动经济增长的主要动力，而且在当前国际背景下，货物和服务净出口极易受到外部因素的影响。资本形成总额是国内生产总值支出法的组成部分，对推动经济增长起到了拉动作用。但是若过度发挥资本形成总额的拉动作用，经济增长既不稳定也不持续。因此，需要充分发挥最终消费支出的经济拉动作用，提高最终消费支出对国内生产总值的贡献率，不断平衡投资消费关系，促使最终消费率成为经济稳定增长的内生动力，有效推动经济社会协调发展，并使公众真正分享改革开放成果。

表 3-3　改革开放以来的最终消费率变动情况

| 年份 | 最终消费率 | 政府消费率 | 居民消费率 |
| --- | --- | --- | --- |
| 1978 | 61.44% | 13.04% | 48.40% |

---

〔1〕 中国统计年鉴主要统计指标解释。

续表

| 年份 | 最终消费率 | 政府消费率 | 居民消费率 |
|---|---|---|---|
| 1979 | 63. 22% | 13. 83% | 49. 39% |
| 1980 | 64. 85% | 13. 77% | 51. 08% |
| 1981 | 66. 13% | 13. 11% | 53. 02% |
| 1982 | 65. 89% | 13. 05% | 52. 84% |
| 1983 | 66. 79% | 13. 80% | 52. 99% |
| 1984 | 65. 14% | 14. 91% | 50. 23% |
| 1985 | 63. 76% | 13. 90% | 49. 86% |
| 1986 | 64. 23% | 13. 68% | 50. 54% |
| 1987 | 62. 14% | 12. 94% | 49. 19% |
| 1988 | 61. 46% | 12. 33% | 49. 13% |
| 1989 | 63. 55% | 12. 99% | 50. 56% |
| 1990 | 62. 94% | 13. 46% | 49. 48% |
| 1991 | 61. 53% | 13. 88% | 47. 66% |
| 1992 | 59. 36% | 14. 32% | 45. 04% |
| 1993 | 57. 93% | 14. 21% | 43. 72% |
| 1994 | 57. 91% | 13. 98% | 43. 93% |
| 1995 | 58. 82% | 13. 20% | 45. 62% |
| 1996 | 59. 76% | 13. 07% | 46. 68% |
| 1997 | 59. 37% | 13. 60% | 45. 77% |
| 1998 | 60. 20% | 14. 78% | 45. 41% |
| 1999 | 62. 34% | 16. 19% | 46. 15% |
| 2000 | 63. 30% | 16. 58% | 46. 72% |
| 2001 | 61. 62% | 16. 03% | 45. 58% |
| 2002 | 60. 57% | 15. 53% | 45. 04% |
| 2003 | 57. 49% | 14. 58% | 42. 90% |
| 2004 | 54. 74% | 13. 82% | 40. 92% |

| 年份 | 最终消费率 | 政府消费率 | 居民消费率 |
| --- | --- | --- | --- |
| 2005 | 53.62% | 13.86% | 39.77% |
| 2006 | 51.86% | 13.84% | 38.03% |
| 2007 | 50.14% | 13.41% | 36.73% |
| 2008 | 49.22% | 13.17% | 36.05% |
| 2009 | 49.37% | 13.17% | 36.20% |
| 2010 | 48.45% | 12.89% | 35.56% |
| 2011 | 49.59% | 13.27% | 36.32% |
| 2012 | 50.11% | 13.42% | 36.70% |
| 2013 | 50.31% | 13.50% | 36.81% |
| 2014 | 50.73% | 13.25% | 37.48% |
| 2015 | 51.82% | 13.77% | 38.05% |
| 2016 | 53.63% | 14.28% | 39.35% |
| 2017 | 53.60% | 15.07% | 38.53% |
| 2018 | 54.31% | 14.94% | 39.37% |
| 2019 | 55.40% | 10.91% | 44.49% |

数据来源:《中国统计年鉴》和国家统计局网站。

就总体情况而言,最终消费率由 1978 年 61.44%变动为 2019 年的 55.40%,政府消费率由 1978 年 13.04%变动为 2019 年的 10.91%,居民消费率由 1978 年 48.40%变动为 2019 年的 44.49%。

改革开放以来,最终消费率起起伏伏,整体呈现下降态势。经济体制改革进程、经济发展阶段、劳动者报酬份额变动等多种因素共同影响作用于最终消费率,其变动情况与经济增长周期的变动并不一致。最终消费率的发展经历了以下几个阶段:

(一)第一阶段:1978 年至 2000 年

此阶段是最终消费率处于较高水平时期。改革开放政策激发了劳动者的创造积极性,劳动生产率不断提高,城乡居民收入水平随之提升,居民的消费需求以及生活水平也不断提高，最终消费支出增速较快，快速增长的消费需求对扩大消费供给和生产、推动经济增长发挥了积极作用。这一阶段，最终消费有效发挥了经济增长的拉动作用，但是这种拉动作用是在经济总量较低的情况下所实现的，城镇居民消费水平仍有待提升，城乡居民消费结构仍有待升级。

（二）第二阶段：2000 年至 2010 年

此阶段，我国经济总量不断攀升，但是最终消费率却有所下降。下降的原因包括人口老龄化、粗放式经济增长方式、劳动者报酬份额下降、收入分配差距扩大、失业风险增加、预防性储蓄增强等。2000 年我国正式步入老龄化社会，少子化现象日趋严重。幼儿与老年人所占比例对消费结构与消费水平具有重要影响，人口年龄结构对最终消费率、经济增长等方面产生深刻影响。未来一段时期，人口老龄化使得最终消费率的提升面临压力。最终消费率过低，一方面会导致最终消费支出、资本形成总额与服务和货物净出口的平衡被打破，另一方面会导致城乡居民消费水平增速过缓，扩大消费难度加大，公众难以分享改革开放成果，消费对经济增长的拉动作用发挥有限。

（三）第三阶段：2011 年至 2019 年

此阶段，最终消费率有所回升。此阶段，我国经济由高速发展转向中速发展，供给侧结构性改革不断被推进，经济增长质量不断提升，经济增长进入新常态。虽然最终消费率呈不断上升态势，但增长速度较为缓慢。我国经济将保持较为稳定的增长趋势，最终消费支出将更有效地发挥拉动经济增长的作用。

## 四、改革开放以来的居民消费率变动情况

居民消费率是指按照支出法，国内生产总值中居民消费所占到的比例，[1] 即某一国家或地区的居民消费总量占总产出的比重。居民消费率由城镇居民消费率和农村居民消费率组成。居民消费率的数值大小反映了居民消费对经济增长的拉动程度，其变动趋势反映了居民消费支出在多种要素的共

---

〔1〕 中国统计年鉴主要统计指标解释。

同作用下的变动成果。表3-4展示了改革开放以来我国的居民消费率变动情况。

表3-4 改革开放以来的居民消费变动情况

| 年份 | 居民消费率 | 城镇居民消费率 | 农村居民消费率 |
|------|-----------|---------------|---------------|
| 1978 | 48.40% | 18.35% | 30.05% |
| 1979 | 49.39% | 18.61% | 30.05% |
| 1980 | 51.08% | 20.15% | 30.93% |
| 1981 | 53.02% | 20.52% | 30.93% |
| 1982 | 52.84% | 19.35% | 33.49% |
| 1983 | 52.99% | 19.69% | 33.49% |
| 1984 | 50.23% | 19.58% | 30.64% |
| 1985 | 49.86% | 19.84% | 30.64% |
| 1986 | 50.54% | 20.81% | 29.72% |
| 1987 | 49.19% | 20.95% | 29.72% |
| 1988 | 49.13% | 22.05% | 27.08% |
| 1989 | 50.56% | 22.54% | 27.08% |
| 1990 | 49.48% | 22.00% | 27.49% |
| 1991 | 47.66% | 22.47% | 27.49% |
| 1992 | 45.04% | 23.29% | 21.76% |
| 1993 | 43.72% | 24.22% | 21.76% |
| 1994 | 43.93% | 25.14% | 18.79% |
| 1995 | 45.62% | 26.87% | 18.79% |
| 1996 | 46.68% | 27.05% | 19.63% |
| 1997 | 45.77% | 27.07% | 19.63% |
| 1998 | 45.41% | 28.01% | 17.40% |
| 1999 | 46.15% | 29.84% | 17.40% |
| 2000 | 46.72% | 31.20% | 15.52% |

续表

| 年份 | 居民消费率 | 城镇居民消费率 | 农村居民消费率 |
|------|------------|----------------|----------------|
| 2001 | 45.58% | 30.93% | 15.52% |
| 2002 | 45.04% | 31.12% | 13.92% |
| 2003 | 42.90% | 30.05% | 13.92% |
| 2004 | 40.92% | 29.10% | 11.82% |
| 2005 | 39.77% | 28.71% | 11.82% |
| 2006 | 38.03% | 27.79% | 10.23% |
| 2007 | 36.73% | 27.31% | 10.23% |
| 2008 | 36.05% | 27.04% | 9.01% |
| 2009 | 36.20% | 27.44% | 9.01% |
| 2010 | 35.56% | 27.38% | 8.18% |
| 2011 | 36.32% | 27.87% | 8.18% |
| 2012 | 36.70% | 28.34% | 8.36% |
| 2013 | 36.81% | 28.53% | 8.36% |
| 2014 | 37.48% | 29.08% | 8.40% |
| 2015 | 38.05% | 29.59% | 8.40% |
| 2016 | 39.35% | 30.73% | 8.63% |
| 2017 | 38.53% | 30.27% | 8.63% |
| 2018 | 39.37% | 30.95% | 8.42% |
| 2019 | 44.49% | 35.73% | 8.76% |

数据来源:《中国统计年鉴》和国家统计局网站。

　　提升居民消费率是扩大最终消费率的重要手段。虽然居民消费需求拉动了经济的发展，但是居民消费需求总量偏低，居民消费率上下波动，对于经济发展的拉动作用有限，难以发挥重大作用。一方面，在一定程度上，政府消费对居民消费具有挤出效应，更加不利于居民消费率的作用发挥，不利于居民生活待遇水平的提高。另一方面，城镇居民与农村居民收入差距不断拉大，城镇居民与农村居民消费支出差距也随之拉大，严重影响了总体消费水平，不利于居民消费率的提升。

就总体情况而言，居民消费率由 1978 年的 48.40%变动为 2019 年的 44.49%，城镇居民消费率由 1978 年的 18.35%上升为 2019 年的 35.73%，农村居民消费率由 1978 年的 30.05%下降为 2019 年的 8.76%。

就具体情况而言，居民消费率的变动具有其独有的特点，分为以下几个阶段：

（一）第一阶段：1978 年至 1990 年

此阶段为居民消费率波动攀升、处于较高水平阶段。经济体制改革提升了城乡居民收入水平，释放了居民消费需求，居民消费率在消费需求与供给的相互作用下不断攀升提高，进一步推动了经济发展。此阶段投资和对外需求的拉动作用有限，居民收入差距较小，劳动者报酬份额、最终消费率、居民消费率均处于较高水平。

（二）第二阶段：1991 年至 2004 年

此阶段居民消费率有所回落，维持在 40%以上的水平。这一阶段经济经历了增速放缓、通货膨胀、增速上升等。居民消费率下降原因包含投资增速过快、全球一体化进程推进、科技水平提升、第三产业滞后、就业形势严峻、收入差距不断扩大等。政府推出住房、教育、收入分配、社会保障等改革措施，导致城乡居民收入增速下降，预防性储蓄不断攀升，审慎性动机增强，居民消费率随之下降。此阶段的投资与外部需求增加，成为拉动经济增长的主动力，消费相应地减少，居民消费率下降。

（三）第三阶段：2005 年至 2019 年

此阶段居民消费率与之前年度相比进一步下降，维持在 30%以上的水平。我国经济高速发展阶段结束，市场化改革进入攻坚克难阶段，经济增长动力由投资与外部需求，转变为内部需求拉动。产业结构不断调整优化，经济增速质量不断提升，经济发展增速步入新常态。在多种因素共同作用下，居民消费率进一步下降。

### 3.3.2 居民微观消费

居民宏观消费反映了居民消费与居民消费率等对于经济增长的推动作用。

与此对应，居民微观消费则反映了居民消费的变动状况，居民消费水平、居民消费结构、消费倾向描述了居民分享改革开放成果、提升生活水平等方面的内容。居民消费总量以及居民消费在国内生产总值中的比率从宏观角度勾画了居民消费的总体概况与变动情况，居民消费与居民消费率的状况与变动趋势对经济社会发展具有重要的拉动作用。城乡居民消费水平以及城乡居民消费结构从微观层面勾勒了居民消费的变动程度，居民消费水平与居民消费结构对提升居民生活水平以及使居民分享改革开放成果具有积极意义。

**一、居民消费水平**

居民消费水平可以反映居民消费能力、居民消费潜力、居民生活水平等。居民消费水平受到诸多因素限制，收入水平是限制居民消费水平的决定性因素。居民可支配收入水平限定了居民最高限度的消费支出水平。表3-5展示了改革开放以来我国城镇居民与农村居民的收入变动情况，从可支配收入角度反映了城乡居民的消费水平状况。

影响城乡居民消费水平的因素是多方面的，其中城乡居民收入水平变动是影响城乡居民消费水平的决定因素。改革开放以来城乡居民收入水平快速增长，对提升城乡居民消费水平与改善公众生活发挥了积极作用。但受经济体制改革进程以及经济发展阶段的影响，在不同时期城乡居民收入水平增加情况并不相同，总的来看城乡居民收入水平增长跟不上经济增长相应速度，城乡居民难以有效分享改革开放成果，而且在经济发展过程中城乡居民之间以及城乡居民内部间的收入分配差距有所扩大。

不同时期的城镇居民和农村居民收入水平差异较大，收入分配差距呈现逐步拉大的态势，城乡居民收入增长速度与经济总体增长速度不匹配，居民收入增速落后于经济增长速度。究其原因，是城镇居民和农村居民的收入水平受到了经济体制改革进程和经济发展不同阶段的影响。

居民消费水平可以反映微观消费状况，被视为重要的居民微观消费指标。随着经济的发展和收入水平的逐步提高，我国城镇居民消费水平不断攀升。但是，消费水平增长速度逐渐放缓，城镇居民人均消费水平增长速度快于农村居民人均消费水平的增长速度，城乡收入水平差距拉大的同时城乡消费水平差距不断拉大。表3-6展示了自改革开放以来，我国城乡居民人均消费支出水平变动情况。

表 3-5　改革开放以来城乡居民人均可支配收入变动情况（单位：元）

| 年份 | 城镇居民 | 农村居民 | 城乡收入之比 |
| --- | --- | --- | --- |
| 1978 | 343 | 134 | 2.56 |
| 1980 | 478 | 191 | 2.50 |
| 1985 | 739 | 398 | 1.86 |
| 1990 | 1510 | 686 | 2.20 |
| 1991 | 1701 | 709 | 2.40 |
| 1992 | 2027 | 784 | 2.59 |
| 1993 | 2577 | 922 | 2.80 |
| 1994 | 3496 | 1221 | 2.86 |
| 1995 | 4283 | 1578 | 2.71 |
| 1996 | 4839 | 1926 | 2.51 |
| 1997 | 5160 | 2090 | 2.47 |
| 1998 | 5425 | 2162 | 2.51 |
| 1999 | 5854 | 2210 | 2.65 |
| 2000 | 6280 | 2253 | 2.79 |
| 2001 | 6860 | 2366 | 2.90 |
| 2002 | 7703 | 2476 | 3.11 |
| 2003 | 8472 | 2622 | 3.23 |
| 2004 | 9422 | 2936 | 3.21 |
| 2005 | 10 493 | 3255 | 3.22 |
| 2006 | 11 760 | 3587 | 3.28 |
| 2007 | 13 786 | 4140 | 3.33 |
| 2008 | 15 781 | 4761 | 3.31 |
| 2009 | 17 175 | 5153 | 3.33 |
| 2010 | 19 109 | 5919 | 3.23 |
| 2011 | 21 810 | 6977 | 3.13 |
| 2012 | 24 565 | 7917 | 3.10 |

续表

| 年份 | 城镇居民 | 农村居民 | 城乡收入之比 |
|------|----------|----------|--------------|
| 2013 | 26 955 | 8896 | 3.03 |
| 2014 | 28 844 | 10 489 | 2.75 |
| 2015 | 31 195 | 11 422 | 2.73 |
| 2016 | 33 616 | 12 363 | 2.72 |
| 2017 | 36 396 | 13 432 | 2.71 |
| 2018 | 39 251 | 14 617 | 2.69 |
| 2019 | 42 359 | 16 021 | 2.64 |

数据来源:《中国统计年鉴》和国家统计局网站。

就总体情况而言,伴随着经济的快速发展,城乡居民收入水平不断增加,收入差距拉大。城镇居民人均收入水平由 1978 年的 343 元上升至 2019 年的 42 359 元,农村居民人均收入水平由 1978 年的 134 元上升至 2019 年的 16 021 元。城乡收入差距由改革开放之初的 2.56 倍不断攀升至 3 倍以上,而后随着收入分配制度改革等措施,收入分配差距回落至 3 倍以下。

表 3-6 改革开放以来的城乡居民人均消费支出水平变动情况 (单位:元)

| 年份 | 城镇居民 | 农村居民 | 城镇农村比 |
|------|----------|----------|------------|
| 1978 | 405 | 138 | 2.93 |
| 1980 | 489 | 178 | 2.75 |
| 1985 | 765 | 349 | 2.19 |
| 1990 | 1596 | 560 | 2.85 |
| 1992 | 2262 | 688 | 3.29 |
| 1995 | 4931 | 1313 | 3.76 |
| 2000 | 6850 | 1860 | 3.68 |
| 2001 | 7161 | 1969 | 3.64 |
| 2002 | 7486 | 2062 | 3.63 |
| 2003 | 8060 | 2103 | 3.83 |

| 年份 | 城镇居民 | 农村居民 | 城镇农村比 |
|------|----------|----------|-----------|
| 2004 | 8912 | 2319 | 3.84 |
| 2005 | 9593 | 2657 | 3.61 |
| 2006 | 10 618 | 2950 | 3.60 |
| 2007 | 12 130 | 3347 | 3.62 |
| 2008 | 13 653 | 3901 | 3.50 |
| 2009 | 14 904 | 4163 | 3.58 |
| 2010 | 16 546 | 4700 | 3.52 |
| 2011 | 19 108 | 5870 | 3.26 |
| 2012 | 21 035 | 6632 | 3.17 |
| 2013 | 22 880 | 7409 | 3.09 |
| 2014 | 24 508 | 8508 | 2.88 |
| 2015 | 26 413 | 9365 | 2.82 |
| 2016 | 28 600 | 10 493 | 2.73 |
| 2017 | 30 959 | 11 940 | 2.59 |
| 2018 | 33 308 | 13 689 | 2.43 |
| 2019 | 35 625 | 15 163 | 2.35 |

数据来源:《中国统计年鉴》和国家统计局网站。

与此同时,城乡居民消费支出水平不断提高。城镇居民人均消费水平由1978年的人均405元增加至2019年的人均35 625元,同期农村居民人均消费水平由1978年的人均138元增加到2019年的人均15 163元。城乡消费比由改革开放之初的2.93倍不断攀升超过3倍,而后随着人民享受改革开放成果、民生福祉的提高等,城乡差距在不断缩小,近5年以来城乡比回落至3倍以下。

城乡居民消费水平是反映微观消费状况的重要指标。就具体情况而言,居民消费水平变动可划分为以下几个阶段:

（一）第一阶段为改革开放之初的城乡消费水平差距缩小阶段

我国的经济体制改革由农村开始，农村居民收入水平伴随着收入分配制度的改革而大幅提升，从而导致农村居民敢消费、能消费，农村居民消费水平逐步提高。20世纪80年代初，经济改革重点转向城市后，城市居民收入增速提高，而农村居民收入增速趋缓，从而导致城乡消费水平差距又开始逐步扩大。

（二）第二阶段为20世纪90年代的城乡消费水平差距逐步扩大阶段

随着经济体制改革的深入，城镇居民收入水平进一步提高，导致城乡居民收入水平差距进一步拉大。期间我国经历了通货膨胀和通货紧缩。因农村居民大多进行实物消费，通货膨胀对于城镇居民消费影响相对而言更大一些，而通货紧缩对农村居民消费水平影响更大一些。此阶段的城乡消费水平总体而言呈差距扩大趋势，虽然中间有起有落。

（三）第三阶段为21世纪初以来至今的城乡消费水平起伏较大阶段

此阶段，社会保障制度、教育医疗改革制度等一系列制度措施的深入推进，导致城镇居民预防性储蓄增大，消费水平相应降低，某种程度上缩小了城乡居民消费水平的差距。但是一个明显的趋势是，城镇居民消费在总消费中占据了举足轻重的作用，农村居民消费的地位相对较低。城乡居民消费水平之比不断缩小，究其原因主要是城镇居民消费水平提升相对缓慢，而农村居民消费水平提高速度有所上升。但城乡居民消费水平之比仍处于一个较高的水平，在提升城乡消费水平的基础上不断缩小城乡消费之比仍任重道远。

## 二、居民消费结构

居民消费结构指居民消费的具体种类，也是反映居民微观消费的重要指标。国家统计局根据居民消费种类的不同，将居民消费结构分为八大类：一是食品烟酒类消费支出；二是衣着类支出，包括服装、鞋类、服饰配件、服饰材料、服装加工等支出；三是居住类支出，包括水、电、燃料、房租、物业费等支出；四是生活类支出，包括生活用品支出、家庭服务支出、家庭日用杂品和个人用品支出、家用电器支出、家具支出等；五是交通通信支出，包括交通工具支出及维修费、车辆保险、通信服务类支出等内容；六是教育文化娱乐类支出；七是医疗保健类支出，包括医药、医疗、医疗器具、保健及服务等相关支出；八是其他类型的支出。

表3-7、表3-8、表3-9展示了我国居民、城镇居民、农村居民消费结构具体情况。改革开放以来，我国居民消费结构经历了不断完整优化、共享改革成果的过程。就总体情况而言，我国城镇居民和农村居民消费结构不断优化。基本生活保障支出（如食品支出、恩格尔系数等）逐渐下降，改善生活类、服务类消费支出（如交通和通信支出、医疗保健支出、文教娱乐服务支出等）逐步提高，代表着我国城镇居民和农村居民的生活条件和水平逐步提高。

对于全国居民消费结构而言，其融合了城镇居民与农村居民，二者收入状况、经济水平具有较大差异，消费结构差异较大，全国居民消费结构仅可表达平均水平。表3-7展示了近年来我国居民消费结构情况。纵观自2004年以来至2019年间的全国居民消费结构变动情况，消费结构处于持续调整优化状态。全国居民人均消费支出从2004年的4395元大幅提升至2019年的21599元，增长了约5倍。以食品烟酒占比为代表的基本生存保障支出，从2004年的38.77%下降到2019年的28.22%，降幅约达10个百分点，这代表着我国居民生活条件与水平的不断提升。

表3-7 我国居民消费结构（单位：元）

| 指标 | 居民人均消费支出 | 居民人均食品烟酒支出 | 居民人均衣着支出 | 居民人均居住支出 | 居民人均生活用品及服务支出 | 居民人均交通通信支出 | 居民人均教育文化娱乐支出 | 居民人均医疗保健支出 | 居民人均其他用品及服务支出 |
|---|---|---|---|---|---|---|---|---|---|
| 2004年 | 4395 | 1704 | 339 | 674 | 224 | 450 | 586 | 305 | 114 |
| 2005年 | 5035 | 1877 | 404 | 796 | 258 | 547 | 657 | 366 | 131 |
| 2006年 | 5634 | 2002 | 459 | 980 | 293 | 640 | 718 | 395 | 146 |
| 2007年 | 6592 | 2346 | 539 | 1176 | 359 | 762 | 787 | 452 | 170 |
| 2008年 | 7548 | 2741 | 601 | 1454 | 418 | 808 | 814 | 519 | 193 |
| 2009年 | 8377 | 2875 | 666 | 1698 | 486 | 953 | 896 | 586 | 216 |
| 2010年 | 9378 | 3137 | 759 | 1928 | 569 | 1130 | 1000 | 625 | 231 |
| 2011年 | 10 820 | 3633 | 903 | 2199 | 675 | 1259 | 1136 | 744 | 272 |

续表

| 指标 | 居民人均消费支出 | 居民人均食品烟酒支出 | 居民人均衣着支出 | 居民人均居住支出 | 居民人均生活用品及服务支出 | 居民人均交通通信支出 | 居民人均教育文化娱乐支出 | 居民人均医疗保健支出 | 居民人均其他用品及服务支出 |
|---|---|---|---|---|---|---|---|---|---|
| 2012 年 | 12 054 | 3983 | 992 | 2480 | 741 | 1451 | 1262 | 838 | 307 |
| 2013 年 | 13 220 | 4127 | 1027 | 2999 | 806 | 1627 | 1398 | 912 | 325 |
| 2014 年 | 14 491 | 4494 | 1099 | 3201 | 890 | 1869 | 1536 | 1045 | 358 |
| 2015 年 | 15 712 | 4814 | 1164 | 3419 | 951 | 2087 | 1723 | 1165 | 389 |
| 2016 年 | 17 111 | 5151 | 1203 | 3746 | 1044 | 2338 | 1915 | 1307 | 406 |
| 2017 年 | 18 322 | 5374 | 1238 | 4107 | 1121 | 2499 | 2086 | 1451 | 447 |
| 2018 年 | 19 853 | 5631 | 1289 | 4647 | 1223 | 2675 | 2226 | 1685 | 477 |
| 2019 年 | 21 559 | 6084 | 1338 | 5055 | 1281 | 2862 | 2513 | 1902 | 524 |

数据来源：国家统计局网站。

对于城镇居民消费结构而言，较为明显的特征是消费结构的不断调整与完善，城镇居民生活水平与生活质量不断提高。表 3-8 展示了近年来城镇居民消费结构基本情况。城镇居民人均消费支出从 2004 年的 7280 元不断攀升至 2019 年的 28 063 元，增长了约 4 倍。在基本生活保障方面，食品消费占比不断下降，从 2004 年的 35.83% 下降到 2019 年的 27.56%，降幅约达 8 个百分点。

表 3-8 城镇居民消费结构（单位：元）

| 指标 | 城镇居民人均消费支出 | 城镇居民人均食品烟酒支出 | 城镇居民人均衣着支出 | 城镇居民人均居住支出 | 城镇居民人均生活用品及服务支出 | 城镇居民人均交通通信支出 | 城镇居民人均教育文化娱乐支出 | 城镇居民人均医疗保健支出 | 城镇居民人均其他用品及服务支出 |
|---|---|---|---|---|---|---|---|---|---|
| 2004 年 | 7280 | 2609 | 641 | 1107 | 401 | 793 | 980 | 540 | 210 |
| 2005 年 | 8068 | 2786 | 737 | 1292 | 438 | 928 | 1033 | 615 | 237 |
| 2006 年 | 8851 | 2948 | 818 | 1528 | 486 | 1056 | 1122 | 635 | 258 |
| 2007 年 | 10 196 | 3423 | 937 | 1762 | 586 | 1242 | 1234 | 719 | 293 |
| 2008 年 | 11 489 | 3963 | 1029 | 2169 | 667 | 1278 | 1245 | 805 | 332 |

续表

| 指标 | 城镇居民人均消费支出 | 城镇居民人均食品烟酒支出 | 城镇居民人均衣着支出 | 城镇居民人均居住支出 | 城镇居民人均生活用品及服务支出 | 城镇居民人均交通通信支出 | 城镇居民人均教育文化娱乐支出 | 城镇居民人均医疗保健支出 | 城镇居民人均其他用品及服务支出 |
|---|---|---|---|---|---|---|---|---|---|
| 2009 年 | 12 558 | 4136 | 1119 | 2458 | 755 | 1503 | 1339 | 878 | 368 |
| 2010 年 | 13 821 | 4402 | 1242 | 2816 | 867 | 1753 | 1467 | 895 | 380 |
| 2011 年 | 15 554 | 5023 | 1426 | 3146 | 976 | 1889 | 1661 | 999 | 433 |
| 2012 年 | 17 107 | 5472 | 1535 | 3511 | 1061 | 2139 | 1810 | 1099 | 479 |
| 2013 年 | 18 488 | 5571 | 1554 | 4301 | 1129 | 2318 | 1988 | 1136 | 490 |
| 2014 年 | 19 968 | 6000 | 1627 | 4490 | 1233 | 2637 | 2142 | 1306 | 533 |
| 2015 年 | 21 392 | 6360 | 1701 | 4726 | 1306 | 2895 | 2383 | 1443 | 578 |
| 2016 年 | 23 079 | 6762 | 1739 | 5114 | 1427 | 3174 | 2638 | 1631 | 595 |
| 2017 年 | 24 445 | 7001 | 1758 | 5564 | 1525 | 3322 | 2847 | 1777 | 652 |
| 2018 年 | 26 112 | 7239 | 1808 | 6255 | 1629 | 3473 | 2974 | 2046 | 687 |
| 2019 年 | 28 063 | 7733 | 1832 | 6780 | 1689 | 3671 | 3328 | 2283 | 747 |

数据来源：国家统计局网站。

对于农村居民消费结构而言，消费结构处于持续调整完善之中，对于提升农村居民生活水平、改善农村居民生活质量起到了积极作用。相较于城镇居民，农村居民经济基础薄弱，提高和发展潜力巨大。表 3-9 展示了近年来我国农村居民消费结构的基本情况。农村居民人均消费支出从 2004 年的 2326元攀升至 2019 年的 13 328 元，增长了约 6 倍。农村居民人均消费支出还是低于城镇居民，例如 2019 年农村居民人均消费支出低于城镇居民约 14 735 元，这与农村居民自给自足的生活方式有关，自有土地供应了生活饮食等必要的物资，节省了相应的消费开支。但是农村居民消费支出涨幅较大，自 2004 年至 2019 年，农村居民消费涨幅高于城镇居民，这与国家政策倾向于农村农业、一贯支持扶持农业发展有关。农村居民保障性消费支出持续下降。以食品为代表的消费占比不断下降，农村人均食品烟酒消费支出占比由 2004 年的45.35%下降为 2019 年的 30.00%。

表 3-9　农村居民消费结构（单位：元）

| 指标 | 农村居民人均消费支出 | 农村居民人均食品烟酒支出 | 农村居民人均衣着支出 | 农村居民人均居住支出 | 农村居民人均生活用品及服务支出 | 农村居民人均交通通信支出 | 农村居民人均教育文化娱乐支出 | 农村居民人均医疗保健支出 | 农村居民人均其他用品及服务支出 |
|---|---|---|---|---|---|---|---|---|---|
| 2004 年 | 2326 | 1055 | 123 | 363 | 96 | 203 | 304 | 137 | 45 |
| 2005 年 | 2749 | 1191 | 153 | 422 | 122 | 260 | 374 | 177 | 50 |
| 2006 年 | 3072 | 1249 | 173 | 544 | 140 | 309 | 396 | 203 | 58 |
| 2007 年 | 3536 | 1433 | 201 | 680 | 167 | 354 | 409 | 225 | 67 |
| 2008 年 | 4054 | 1657 | 221 | 820 | 197 | 392 | 433 | 266 | 69 |
| 2009 年 | 4464 | 1695 | 243 | 987 | 234 | 440 | 481 | 311 | 74 |
| 2010 年 | 4945 | 1874 | 277 | 1042 | 272 | 508 | 534 | 356 | 82 |
| 2011 年 | 5892 | 2186 | 357 | 1213 | 361 | 603 | 590 | 478 | 105 |
| 2012 年 | 6667 | 2395 | 413 | 1381 | 400 | 717 | 677 | 560 | 124 |
| 2013 年 | 7485 | 2554 | 454 | 1580 | 455 | 875 | 755 | 668 | 144 |
| 2014 年 | 8383 | 2814 | 510 | 1763 | 506 | 1013 | 860 | 754 | 163 |
| 2015 年 | 9223 | 3048 | 550 | 1926 | 546 | 1163 | 969 | 846 | 174 |
| 2016 年 | 10 130 | 3266 | 575 | 2147 | 596 | 1360 | 1070 | 929 | 186 |
| 2017 年 | 10 955 | 3415 | 612 | 2354 | 634 | 1509 | 1171 | 1059 | 201 |
| 2018 年 | 12 124 | 3646 | 648 | 2661 | 720 | 1690 | 1302 | 1240 | 218 |
| 2019 年 | 13 328 | 3998 | 713 | 2871 | 764 | 1837 | 1482 | 1421 | 241 |

数据来源：国家统计局网站。

## 三、居民消费倾向

表 3-10 展示了居民平均消费倾向和边际消费倾向。居民平均消费倾向指消费在收入中的比重，居民边际消费倾向是指收入变动一个单位时消费变动的情况。根据凯恩斯的观点，收入增加时，消费也随之增加，但是平均消费倾向和边际消费倾向是递减的。我国城镇居民和农村居民的收入水平逐步提高，居民平均消费倾向和居民边际消费倾向是递减的。城乡居民平均消费倾向与边际消费倾向较低，反映了城乡居民消费水平难以有效启动，居民消费

潜力较为巨大。

在居民平均消费倾向方面，总体而言，居民平均消费倾向自 2000 年以来一直处于比较平稳的状态，保持在 0.7-0.8 水平区间。近几年呈回落趋势，居民平均消费倾向保持在 0.70 水平。

具体来看，城镇居民平均消费倾向处于不断下降趋势，从 2000 年的 0.8 不断下降至 2018 年的 0.67。与此相反，农村居民平均消费倾向处于不断上升趋势，从 2000 年的 0.74 不断上升至 2018 年的 0.83，除个别年份出现波动外。

在居民边际消费倾向方面，总体而言，居民边际消费倾向保持比较稳定的状态，自 2000 年以来，一直保持在 0.6-0.7 区间范围内。近几年边际消费倾向处于波动、不稳定的状态。

具体而言，城镇居民边际消费倾向水平低于农村。自 2000 年以来，城镇居民边际消费倾向一直处于 0.5 至 0.6 区间范围，个别年份有波动。而与此同时，2000 年初，农村居民边际消费倾向处于 0.7 至 0.8 区间范围，而后出现下跌现象，在 2008 年至 2012 年跌落至 0.5。自 2013 年起，农村居民边际消费倾向呈现上涨趋势，保持在 0.8 至 0.9 区间范围。

表 3-10  城乡居民平均消费倾向与边际消费倾向

| 年份 | 农村平均消费倾向 | 农村边际消费倾向 | 城镇平均消费倾向 | 城镇边际消费倾向 | 居民平均消费倾向 | 居民边际消费倾向 |
|------|------|------|------|------|------|------|
| 2000 | 0.74 | 0.72 | 0.8 | 0.64 | 0.78 | 0.70 |
| 2001 | 0.74 | 0.74 | 0.77 | 0.59 | 0.75 | 0.66 |
| 2002 | 0.74 | 0.72 | 0.78 | 0.56 | 0.78 | 0.78 |
| 2003 | 0.74 | 0.75 | 0.77 | 0.63 | 0.78 | 0.72 |
| 2004 | 0.74 | 0.76 | 0.76 | 0.62 | 0.78 | 0.77 |
| 2005 | 0.79 | 0.74 | 0.77 | 0.63 | 0.79 | 0.88 |
| 2006 | 0.79 | 0.73 | 0.74 | 0.62 | 0.78 | 0.71 |
| 2007 | 0.78 | 0.57 | 0.73 | 0.6 | 0.77 | 0.71 |
| 2008 | 0.77 | 0.48 | 0.71 | 0.58 | 0.76 | 0.70 |
| 2009 | 0.77 | 0.49 | 0.71 | 0.59 | 0.76 | 0.81 |
| 2010 | 0.86 | 0.49 | 0.7 | 0.58 | 0.75 | 0.65 |

| 年份 | 农村平均消费倾向 | 农村边际消费倾向 | 城镇平均消费倾向 | 城镇边际消费倾向 | 居民平均消费倾向 | 居民边际消费倾向 |
|---|---|---|---|---|---|---|
| 2011 | 0.88 | 0.49 | 0.7 | 0.56 | 0.74 | 0.71 |
| 2012 | 0.87 | 0.5 | 0.68 | 0.55 | 0.73 | 0.63 |
| 2013 | 0.79 | 0.79 | 0.70 | 0.59 | 0.72 | 0.65 |
| 2014 | 0.80 | 0.85 | 0.69 | 0.62 | 0.72 | 0.68 |
| 2015 | 0.81 | 0.90 | 0.69 | 0.61 | 0.72 | 0.68 |
| 2016 | 0.82 | 0.96 | 0.69 | 0.70 | 0.72 | 0.75 |
| 2017 | 0.82 | 0.77 | 0.67 | 0.49 | 0.71 | 0.56 |
| 2018 | 0.83 | 0.99 | 0.67 | 0.58 | 0.70 | 0.68 |

数据来源:《中国统计年鉴》和国家统计局网站。

# 3.4 老年居民消费现状分析

## 3.4.1 我国人口老龄化

### 一、我国人口老龄化的现状

国际普遍认为,60 岁及以上人口占比超过 10%,或是 65 岁及以上人口占比超过 7%,即步入了老龄化社会。我国自 2000 年 65 岁及以上人口占比超过 7%,步入老龄化社会,并呈现不断持续加重趋势。新中国成立以来,我国实施计划生育政策,该政策在有效控制人口总量的同时,也加剧了人口老龄化的程度。目前,我国既是世界上老年人口最多的国家,也是老龄化速度最快的国家之一。随着经济社会发展以及健康水平的提升,老龄化态势不容乐观。预计到 2025 年,我国老年人口将达到 3 亿;到 2040 年将达到 4 亿;到 2050 年将达到 4.7 亿左右。[1] 总抚养比反映劳动力人口对于少儿和老年人口的抚

---

〔1〕 参见曾红颖、范宪伟:《以老年人力资源优化开发积极应对人口老龄化》,载《人民论坛·学术前沿》2019 年第 6 期。

养负担，可进一步分为老年抚养比和少儿抚养比。老年抚养比反映劳动力人口对老年人口的抚养负担，是某一地区 65 岁及以上老年人占据 15 岁至 64 岁劳动人口的比例。少儿抚养比反映劳动力人口对少年人口的抚养负担，是某一地区 0 岁至 14 岁人口占 15 岁至 64 岁劳动人口的比例。表 3-11 展示了1990 年以来我国的人口年龄结构与抚养比状况。

1990 年以来，我国老年人口总体变动情况经历了以下几个阶段：

第一阶段为 20 世纪 90 年代至 21 世纪之初。改革开放的经济发展成果以及计划生育基本国策的实施成效，已经对本阶段产生深刻影响。1990 年至1999 年期间，0 岁至 14 岁人口由 31 659 万人稳步增加至 31 950 万人，少儿抚养比约为 26.7%，少儿抚养压力持续增大；65 岁及以上人口由 6368 万人稳步增加至 8679 万人，老年抚养比约为 9.4%，老年人口抚养负担也在持续增加。此阶段的老龄化现象不断加重，1999 年和 2000 年 65 岁及以上人口比重分别达到 6.90%、6.96%，逼近老龄化社会标志的 7% 临界值。改革开放推动了经济社会的发展和人民健康医疗水平的提升，计划生育的基本国策改变了人们的生育观念，人口预期寿命增长，预示着老龄化社会的到来。

第二阶段为 21 世纪之初的十年期间。此阶段我国正式步入老龄化社会。65 岁及以上人口比重超过 7%，并不断攀升。2000 年至 2009 年期间，出现少子化现象，少儿人口开始呈现下降趋势，0 岁至 14 岁人口由 29 012 万人逐步下降至 24 659 万人，少儿抚养比达到 25.3%；老年人口继续呈现增加趋势，65 岁及以上人口由 8821 万人增加到 11 307 万人，年均增速达到约 2.8%，老年抚养比攀升至约 11.6%。此阶段的老龄化趋势初显，老年人口比重不断增加，增速较缓，但是少子化现象的加重、医疗健康水平的提升、经济水平的提高等，预示着老龄化趋势的加速到来。

第三阶段为 2010 年至今。此阶段我国老龄化程度不断加深。生育政策不断调整完善，2011 年开始实行"双独二孩"政策，2013 年进一步放宽为"单独二孩"政策，2016 年全面放开二孩政策。少儿人口自 2010 年的 22 259 万人逐步增加 2015 年的 22 715 万人，自 2016 年受到全面二孩政策影响，少儿人口出现上升态势，但是 2019 年仍出现了小幅回落现象。65 岁及以上人口从2010 年的 11 894 万人攀升至 2019 年的 17 603 万人，老年人口增速大幅提高，增速达到约 4.8%，老年抚养比增至 17.8%。老龄化不断深化，发展趋势迅猛，对社会、经济、人口等方面产生深刻的影响。老龄化已发展成为一个社会、经济、人口等多方面的问题，需要我们积极应对人口老龄化问题，共同面对老龄化带来的冲击。

表 3-11　我国人口年龄结构与抚养比状况（单位：万人）

| 年份 | 人口数 | 0-14 岁 | | 15-64 岁 | | 65 岁及以上 | | 总抚养比（%） | 少儿抚养比（%） | 老年抚养比（%） |
|---|---|---|---|---|---|---|---|---|---|---|
| | | 人口数 | 比重 | 人口数 | 比重 | 人口数 | 比重 | | | |
| 1990 年 | 114 333 | 31 659 | 27.69% | 76 306 | 66.74% | 6368 | 5.57% | 49.8 | 41.5 | 8.3 |
| 1991 年 | 115 823 | 32 095 | 27.71% | 76 791 | 66.30% | 6938 | 5.99% | 50.8 | 41.8 | 9 |
| 1992 年 | 117 171 | 32 339 | 27.60% | 77 614 | 66.24% | 7218 | 6.16% | 51 | 41.7 | 9.3 |
| 1993 年 | 118 517 | 32 177 | 27.15% | 79 051 | 66.70% | 7289 | 6.15% | 49.9 | 40.7 | 9.2 |
| 1994 年 | 119 850 | 32 360 | 27.00% | 79 868 | 66.64% | 7622 | 6.36% | 50.1 | 40.5 | 9.5 |
| 1995 年 | 121 121 | 32 218 | 26.60% | 81 393 | 67.20% | 7510 | 6.20% | 48.8 | 39.6 | 9.2 |
| 1996 年 | 122 389 | 32 311 | 26.40% | 82 245 | 67.20% | 7833 | 6.40% | 48.8 | 39.3 | 9.5 |
| 1997 年 | 123 626 | 32 093 | 25.96% | 83 448 | 67.50% | 8085 | 6.54% | 48.1 | 38.5 | 9.7 |
| 1998 年 | 124 761 | 32 064 | 25.70% | 84 338 | 67.60% | 8359 | 6.70% | 47.9 | 38 | 9.9 |
| 1999 年 | 125 786 | 31 950 | 25.40% | 85 157 | 67.70% | 8679 | 6.90% | 47.7 | 37.5 | 10.2 |
| 2000 年 | 126 743 | 29 012 | 22.89% | 88 910 | 70.15% | 8821 | 6.96% | 42.6 | 32.6 | 9.9 |
| 2001 年 | 127 627 | 28 716 | 22.50% | 89 849 | 70.40% | 9062 | 7.10% | 42 | 32 | 10.1 |
| 2002 年 | 128 453 | 28 774 | 22.40% | 90 302 | 70.30% | 9377 | 7.30% | 42.2 | 31.9 | 10.4 |
| 2003 年 | 129 227 | 28 559 | 22.10% | 90 976 | 70.40% | 9692 | 7.50% | 42 | 31.4 | 10.7 |
| 2004 年 | 129 988 | 27 947 | 21.50% | 92 184 | 70.92% | 9857 | 7.58% | 41 | 30.3 | 10.7 |
| 2005 年 | 130 756 | 26 504 | 20.27% | 94 197 | 72.04% | 10 055 | 7.69% | 38.8 | 28.1 | 10.7 |
| 2006 年 | 131 448 | 25 961 | 19.75% | 95 068 | 72.32% | 10 419 | 7.93% | 38.3 | 27.3 | 11 |
| 2007 年 | 132 129 | 25 660 | 19.42% | 95 833 | 72.53% | 10 636 | 8.05% | 37.9 | 26.8 | 11.1 |
| 2008 年 | 132 802 | 25 166 | 18.95% | 96 680 | 72.80% | 10 956 | 8.25% | 37.4 | 26 | 11.3 |
| 2009 年 | 133 450 | 24 659 | 18.48% | 97 484 | 73.05% | 11 307 | 8.47% | 36.9 | 25.3 | 11.6 |
| 2010 年 | 134 091 | 22 259 | 16.60% | 99 938 | 74.53% | 11 894 | 8.87% | 34.2 | 22.3 | 11.9 |
| 2011 年 | 134 735 | 22 164 | 16.45% | 100 283 | 74.43% | 12 288 | 9.12% | 34.4 | 22.1 | 12.3 |
| 2012 年 | 135 404 | 22 287 | 16.46% | 100 403 | 74.15% | 12 714 | 9.39% | 34.9 | 22.2 | 12.7 |
| 2013 年 | 136 072 | 22 329 | 16.41% | 100 582 | 73.92% | 13 161 | 9.67% | 35.3 | 22.2 | 13.1 |
| 2014 年 | 136 782 | 22 558 | 16.49% | 100 469 | 73.45% | 13 755 | 10.06% | 36.2 | 22.5 | 13.7 |

| 年份 | 人口数 | 0-14 岁 | | 15-64 岁 | | 65 岁及以上 | | 总抚养比（%） | 少儿抚养比（%） | 老年抚养比（%） |
|---|---|---|---|---|---|---|---|---|---|---|
| | | 人口数 | 比重 | 人口数 | 比重 | 人口数 | 比重 | | | |
| 2015 年 | 137 462 | 22 715 | 16.52% | 100 361 | 73.01% | 14 386 | 10.47% | 37 | 22.6 | 14.3 |
| 2016 年 | 138 271 | 23 008 | 16.64% | 100 260 | 72.51% | 15 003 | 10.85% | 37.9 | 22.9 | 15 |
| 2017 年 | 139 008 | 23 348 | 16.80% | 99 829 | 71.82% | 15 831 | 11.39% | 39.2 | 23.4 | 15.9 |
| 2018 年 | 139 538 | 23 523 | 16.86% | 99 357 | 71.20% | 16 658 | 11.94% | 40.4 | 23.7 | 16.8 |
| 2019 年 | 140 005 | 23 492 | 16.78% | 98 910 | 70.65% | 17 603 | 12.57% | 41.5 | 23.8 | 17.8 |

数据来源：《中国统计年鉴》和国家统计局网站。

## 二、我国人口老龄化的特征

我国人口老龄化现象呈现以下特征：

一是我国老年人口规模庞大、增长趋势迅猛。2005 年我国 65 岁及以上老年人口突破 1 亿，到 2019 年 65 岁及以上老年人口达到 1.76 亿，65 岁及以上老年人口占总人口的比重由 7.69%攀升至 12.57%，年均增速达到约 7.5%。与此同时，由于人口出生率下降、人口预期寿命延长、人口基数庞大等，目前我已成为世界上老年人口数量最多、增速最快的国家，我国已步入深度老龄化社会。

二是低龄化现象突出。根据老年人口内部年龄结构特点，将老年人口划分为低龄老年人口（指 60 岁至 69 岁老年人口）、中龄老年人口（指 70 岁至 79 岁老年人口）、高龄老年人口（指 80 岁及以上的老年人口）。"第六次全国人口普查"数据显示，60 岁及以上老年居民数量为 1.65 亿，占总人口的 12.35%；80 岁及以上的高龄老年居民数量为 2424 万人，占总人口的 1.82%。"全国 1%人口抽样调查"数据显示，我国 60 岁至 69 岁人口占总人口的比例，从 2010 年的 7.48%上升至 2017 年的 10.44%。与此同时，对于低龄老年人口的开发利用较低。2017 年，日本和印度对于低龄老年人口的人力资源开发程度分别达到 60%和 58%，但是同期我国低龄老年人口的人力资源开发程度仅为 4.9%至 5.1%左右。[1] 低龄老年人口健康程度尚可，工作经验和知识技能

---

[1] 参见曾红颖、范宪伟：《以老年人力资源优化开发积极应对人口老龄化》，载《人民论坛·学术前沿》2019 年第 6 期。

丰富，对低龄老年人进行合理的人力资源开发利用，是缓解老龄化社会压力的有效手段。

三是人口老龄化与经济发展程度不匹配。改革开放以来，我国经济迅速发展，经济总量翻番，但是人均收入较发达国家仍有差距，经济地域发展不平衡，东部沿海地区经济较发达，中部、西部地区经济欠发达，这对养老问题、积极应对老龄化问题带来不小的挑战与影响。可以说，我国处于"未富先老"状态。发达国家在经历了一段相当长时间经济发展、积累了相当的财富之后，才进入老龄化阶段，人均收入不低于一万美元。2000 年我国开始步入老龄化阶段，此时我国人均收入不足一千美元；经过近二十年的发展，截至 2019 年，我国人均国内生产总值为 70 892 元，折合成美元约为 1.03 万元，首次突破一万美元，人均可支配收入达到 30 733 元，首次突破三万元人民币，基本达到与国内生产总值增速同步。目前，随着社会的进步，我国人口老龄化程度在不断加深，但是我国经济在不断发展，养老社会保障措施在不断完善，人口老龄化与经济发展程度不匹配的现象得到逐步改善，我国逐步由"未富先老"转变为"边富边老"状态。

四是发展不均衡现象明显。首先，我国存在人口老龄化城乡倒置现象。所谓城乡倒置是指城市比农村的经济发展水平更高，但是并未表现出更高的老龄化程度，即农村老龄化程度高于城市老龄化程度。人口老龄化城乡倒置现象，反映了社会经济与人口结构之间的矛盾。但这一现象并非我国所特有，在世界上 80% 的国家或地区普遍存在。[1]有效缓解这一矛盾，需要建立城乡全覆盖的社会养老保障体制，实施人口均衡型的老龄化发展战略。其次，我国存在区域发展不均衡现象。我国幅员辽阔，东部、西部、中部等地区呈现不同的经济发展特征，导致了这些地区的老龄化表现程度存在差别。据联合国规定，65 岁及以上人口占总人口比重超过 7% 视为老龄化社会，4% 至 7% 之间为成年型社会，小于 4% 为年轻型社会。2011 年，山东省这一系数高达 10.75%，属于老龄化类型；山西省这一系数为 7.77%，刚达到老龄化类型；西藏这一系数仅为 4.82%，仍属于成年型类型。[2]东部地区经济更为发达，

---

〔1〕　参见林宝：《人口老龄化城乡倒置：普遍性与阶段性》，载《人口研究》2018 年第 3 期。

〔2〕　参见陈明华、郝国彩：《中国人口老龄化地区差异分解及影响因素研究》，载《中国人口・资源与环境》2014 年第 4 期。

老龄化程度也更严重；中部、西部地区经济欠发达，老龄化程度处于不断加剧阶段。应考虑制定区域制度，促进老龄化的平衡发展。最后，性别不均衡。人口出生性别比一般会大于 100，也就是说，男婴略多于女婴。随着年龄增加、生活习惯、生理性格等因素影响，普遍而言女性预期寿命高于男性，男女性别比例将出现下降趋势。"第六次全国人口普查"数据显示，我国 60 岁及以上老年居民数量、70 岁及以上老年居民数量、80 岁及以上的高龄老年居民和 90 岁及以上老年居民数量性别比分别为 106、101、84 和 54，在高龄人口中女性高龄人口占据优势。

五是家庭小型化特征凸显。随着经济的发展，我国人口迁移流动更加明显，城镇化进程不断推进，家庭结构也随之趋于小型化特点。"第六次全国人口普查"数据显示，20 世纪 80 年代我国平均每户家庭人口数为 4.41 人，1990 年平均每户家庭人口数为 3.96 人、平均每户城镇家庭人口数为 3.5 人，2000 年平均每户家庭人口数为 3.44 人、平均每户城镇家庭人口数 3.13 人，2010 年平均每户家庭人口数为 3.10 人、平均每户城镇家庭人口数 2.87 人。[1]每户家庭人口数不断加收，家庭趋于小型化态势，传统家庭的养老功能进一步弱化，为人口老龄化增添了压力与困难。

### 3.4.2 我国的老年居民消费

我国经济面临着消费不足的困境，人口老龄化为这一困境带来了机遇与挑战。一方面，人口老龄化对居民消费尤其是老年居民消费带来严重影响。老年居民消费的有效供给现状却不容乐观，老年居民消费供给与消费需求严重不足，相关政策措施不到位，相关意识观念淡薄，老年居民难以安享晚年。另一方面，随着经济的发展与收入水平的提高，老年居民消费需求进一步扩大。老龄化时代的到来，提出了老有所乐、老有所游、老有所养以及老有所医等方面的需求，形成了扩大居民消费需求的良机。因此，在人口老龄化背景下，应重点关注老年居民消费，满足老年居民消费需求，进一步有效扩大老年居民消费。有必要深入分析我国老年居民消费现状，有效发挥老年居民消费对扩大消费与促进经济社会发展的重大作用。

---

〔1〕 参见郑伟等：《中国人口老龄化的特征趋势及对经济增长的潜在影响》，载《数量经济技术经济研究》2014 年第 8 期。

### 一、老年居民消费现状

老龄化的现状要求我们全面了解老年居民的方方面面，包括需要掌握老年居民消费情况。旧有的观念可能含有老年居民健康状况下降、收入水平低、观念保守、行为节俭等负面印象，但是随着经济的发展、收入水平的提升、社会保障程度的提高等，老年居民的消费观念和价值观念有了很大的改变，在医疗、健康、养老、娱乐、旅游等方面产生了个性化的需求，老年居民消费向着高质量、多元化、差异化的方向发展，因此有必要重新认识老年居民消费情况，深入了解老年居民消费现状，扩大老年居民消费大有可为。

老年居民消费水平方面。根据中国健康与养老状况追踪调查 CHARLS 显示，甘肃和浙江 2008 年全体居民人均消费 0.93 万元，老年居民人均消费为 1.16 万元；2011 年全国水平范围内，全体居民人均消费 1.03 万元，老年居民人均消费 1.18 万元；2012 年，甘肃和浙江全体居民人均消费 1.43 万元，老年居民人均消费 1.52 万元。[1]这一数据说明，老年居民人均消费并不低于全体居民人均消费水平，伴随着老年居民数量的增加，可能存在扩大消费的机遇。

老年居民消费结构方面。结合民生需要和身体健康状况等因素，食品以及医疗卫生消费支出在老年居民消费支出中占据重要地位。随着对健康生活质量的要求逐步提高，老年居民对食品、日杂用品特别是优质食品物品的需求不断提高；随着身体健康状况的逐步下降，老年居民对医疗卫生保健消费支出不断提高；随着生活空闲时间的增加，老年居民对旅游娱乐等休闲方面的消费支出不断提高；随着健康理念的深入人心，老年居民对身体和精神健康方面的消费支出不断增加。老年居民数量的增加导致养老需求的增加，从而推进了养老服务产业发展。但是当前养老服务产业的发展程度与居民需求不匹配，好的养老床位"一床难求"现象仍然普遍，价格偏高、服务条件不匹配、地段较远等问题仍很突出。另外，受到中国传统家庭文化影响以及目前高房价等压力影响，老年居民在子女后代身上的支出水平不断提升，即所谓的"啃老"现象。老年居民的隔代消费支出主要包括对子女后代的住房、教育、医疗等方面的支出，此部分消费支出数量比较大，占据了家庭消费较

---

〔1〕　参见乐昕、彭希哲：《老年消费新认识及其公共政策思考》，载《复旦学报（社会科学版）》2016 年第 2 期。

大的比例，挤占了老年居民自身的消费，对于老年居民消费产生较大的影响，不容忽视。

老年居民消费市场潜力。根据第四次中国城乡老年人生活状况抽样调查数据显示，老年居民在医疗卫生保健、药品和保健品、食品、家政服务等方面的市场规模约为3.92万亿元；到2050年，我国老年居民消费支出将由4万亿元提升到约106万亿元，老年居民消费支出占国内生产总值的比重将由8%提高到33%。[1]老年居民人口不断攀升，老年居民消费潜力不断被激发，老年居民消费市场潜力巨大，银发产业和银发经济将不断形成规模。

老年居民消费的多元化。根据《2017年老年网络消费发展报告》，2017年老年居民在京东购物平台的消费支出高速增长，消费支出同比增加78%，[2]网购成为老年居民的常见消费方式之一。随着收入水平的提升以及社会保障制度的不断完善，老年居民消费理念不断升级，消费行为不再传统而单一，不断向着多元化的方向发展。老年居民消费从传统的实物消费不断转向为医疗、家政、护理等服务消费，从传统的物质消费不断转向为文化、娱乐、体育、休闲等精神消费，从低价、性价比等的消费观念不断转向为时尚、品质、高端等消费理念，从传统的实体店采购不断融合进网购等线上采购方式。

### 二、老年居民消费的特点

老年居民消费能力不断提升，推动着老年居民消费规模的扩大。我国养老保障制度不断完善，退休工资持续调整增加，老年居民收入水平持续提高，老年居民消费支出也随之不断增加。养老保障措施不断完善，在老年居民的医疗、公共服务、社会保障等方面不断提升，一定程度上提升了老年居民的购买能力，老年居民能够乐享晚年，敢消费、能消费，从而推动着消费规模的不断扩大。

老年居民消费观念不断转变，推动着老年居民消费的不断发展。中国传统文化中父母对子女倾注了大量心血，包括父母年纪不断增加之后依然为子女进行货币或实物资助等转移消费，这在某种程度上抑制了老年居民自身的消费能力和水平。随着时代的发展与进步，大部分老年居民更关注自身的健康与休闲，不再过分关注子女的成长，尤其是新生代的老年居民（即20世纪

---

〔1〕 参见曾红颖、范宪伟：《进一步激发银发消费市场》，载《宏观经济管理》2019年第10期。
〔2〕 参见曾红颖、范宪伟：《进一步激发银发消费市场》，载《宏观经济管理》2019年第10期。

50 年代至 60 年代出生的老年居民）对于消费的态度和认知产生了重大转变，对生活标准要求更高，对物质、服务和各类消费品等方面的消费需求增加，对消费质量要求更高，这将导致老年居民消费能力和水平的不断发展。与此同时，社会节奏不断加快，子女在赡养和照顾老人方面的时间和精力有限，子女往往会增加对老人的经济扶持力度，老年居民从子女处得到的转移收入不断增加，从而进一步转化为老年居民消费。2018 年 12 月国家税务总局颁布《个人所得税专项附加扣除操作办法（试行）》，规定了赡养 60 周岁以上老人可以抵扣个人所得税，这在一定程度上鼓励子女为老人增加赡养扶持力度，进一步地扩大了消费需求。

当然，老年居民消费也存在一些问题。一是老年居民消费有效供给不足。我国目前未形成有效的老年居民消费产业链条，老年居民消费供给数量有限、品种单一、技术含量不高，无法真正满足老年居民消费需求。二是老年居民消费供给矛盾日益突出。在利润较高的产业领域（如营养品、保健品等产业领域）产品较多，而老年居民切身需要的日常生活用品的供应较少，如适合老年居民营养类型的食品、适合老年居民身材特征的服装服饰、医疗康复器材、医疗康复服务、文化产品等。老年居民迫切需要养老、医疗等消费，难以得到有效满足。老年居民的中高端消费供给不足，无法满足老年居民多样化的消费需求。三是老年居民消费市场仍需进一步规范。老年居民消费市场处于起步阶段，市场规范、市场体系、市场规模仍未建立起来，某种程度上存在乱象丛生的现状。政府需要出台相关制度法律，扶持与规划老年居民消费市场，进一步指导老年居民消费市场细分，完善健全老年居民消费权益保障。

### 三、我国人口老龄化的经济影响

人口老龄化对经济发展具有多种负面影响，无论是对就业、储蓄、投资、消费与社会保障等方面均存在相应的不利影响。在未富先老情况下人口老龄化对经济社会发展的诸种影响相互交织在一起，为经济发展带来严重的负担，如不能及时应对人口老龄化，将对经济的即期与中长期发展产生较为严重的负面影响。不断加剧的人口老龄化对经济增长的总体影响取决于人口老龄化的进程、人口老龄化对其他因素的影响程度、经济增长本身的情况以及经济体制改革进程。虽然其最终影响并不确定，但必须充分重视人口老龄化对经济社会发展的负面影响。

一是关于人口老龄化对就业的影响。

人口老龄化通过多种途径对促进就业产生负面影响，将通过影响劳动力供求与结构性的问题，以及影响到劳动生产率与创新能力等多种方面影响到有效促进就业。人口老龄化并不像一般人所认为的，由于人口老龄化以及劳动年龄人口下降会导致劳动力市场的供给减少，进而会缓解劳动力市场上的供给与需求矛盾，可以缓解就业供需矛盾因而会有效扩大就业。而事实恰恰相反，劳动年龄人口的下降与人口老龄化不但直接对促进就业有负面影响，而且会通过对经济增长的影响对就业产生进一步的不利影响。

在劳动年龄人口下降以及人口老龄化背景下，部分劳动力因为年龄原因退出劳动力市场后缺失的就业岗位，并不总是能或者至少大部分不能被新进入劳动力市场的劳动力与失业人员所填补。这是因为因年龄原因而退休的劳动力，除了纯体力的劳动力外，其他劳动力人力资本水平与技术能力经过长期的积累达到较高水平，其岗位至少在短期内难以被其他劳动力所完全取代，对于处于高端的劳动力而言其岗位更是难以被其他劳动力所填补。正是如此，因人口老龄化而减少的劳动力并未助于解决就业供给需求矛盾，至少在一定时期内不能促进就业与减少失业。

虽然部分岗位因为退休而出现劳动力空缺，较为容易被其他劳动力所取代，但大部分劳动力岗位难以有效被填充。更为重要的是，这部分劳动力因为具有较高的人力资本水平其劳动生产率也较高，因此这部分劳动力退休将在一定程度上降低劳动生产率，进而对经济增长产生负面影响，在影响到经济增长的情况下也不利于有效扩大就业。在总体人口老龄化不断加剧的背景下，劳动力市场上较年轻的劳动力所占的比例不断下降。一般而言，年轻劳动力较其他劳动力更有创新精神，虽然难以断定在劳动力市场上年轻劳动力比例的下降一定会降低社会的创新，但年轻劳动力比例的下降对社会的创新会有不利影响。

此外，人口老龄化对促进就业的一个较大的负面影响是，在部分行业与地区已经出现劳动力总量供给小于需求的背景下，人口老龄化的加剧会进一步加剧这些行业或地区的劳动力供求矛盾，进而加剧劳动力市场的不平衡，影响到经济的健康发展。随着经济社会的不断发展，从总体劳动力市场供求而言，此前的劳动力总量供给大于需求的态势将被逆转，劳动力市场的总量结构矛盾将不断加剧。

在未来一段时期随着劳动年龄人口的持续下降与人口老龄化的不断加剧，劳动力市场上的供求与结构矛盾将越发突出，对经济增长的负面影响将不断加剧。虽然有提议通过逐步延长劳动力退休年龄而缓解劳动力供给不足问题，而逐步延长退休年龄作为影响面极宽、涉及面极广的重大问题，如果在条件不成熟时仓促推出，不但无助于解决经济发展过程中的劳动力供给问题，而且也极易导致更严重的失业以及不可预知的社会矛盾。必须对人口老龄化所可能引起的各种就业问题予以深入研究并预警，尽可能将人口老龄化对促进就业的负面影响降至最低。

二是关于人口老龄化对储蓄与投资的影响。

适度的储蓄是有效推进经济增长的必要前提，而过度储蓄则将降低居民的消费能力而影响到经济的顺利循环进而影响到经济增长。人口老龄化背景下随着老年居民人口比例的不断增长，在当前社会保障体制尚未足够健全完善，而且一般劳动者退休后收入将有所降低的情况下，大部分劳动者在面临退休时为确保退休后消费水平不受到大的影响，均通过选择加大储蓄而平滑消费，确保退休后的消费不受到大的影响。因此在人口老龄化不断加剧的背景下，全社会的储蓄将有所增加。虽然适度的储蓄增加有利于扩大投资，而在当前投资率居高不下的背景下，进一步加剧投资不利于扩大消费，并不利于发挥消费拉动经济增长的作用。

人口老龄化在对储蓄产生影响的同时，投资也对有着重要影响。虽然储蓄增加有利于增加投资，但在金融市场尚有待进一步发育健全的情况下，储蓄并不总是能顺利转化为投资。而且随着劳动年龄人口下降与人口老龄化的不断加剧，近年来劳动力增量逐年减少，随着劳动力增量的逐步减少乃至劳动力增量转为负数后，劳动力与投资比产生逆转，过多的投资在国内难以找到有效的市场，将逐步产生投资由国内向国外转移的趋势。近年来在人口老龄化的过程中虽然并不能将向国外投资不断增加归结于人口老龄化加剧的原因，但在人口老龄化不断加剧的过程中向国外的投资将不断增加。

三是关于人口老龄化对消费的影响。

人口老龄化对居民消费的影响是多方面的，总体而言不利于扩大居民消费。对在总量人口中比例增加的老年居民而言，这部分老年居民在退休前相当长一段时期内为有效确保退休后的消费水平或者使其消费水平不至于过度下降，在退休前就需要减少消费增加储蓄，因此老年居民年龄的不断增加不利于增加消费。

劳动力退休后一般会降低消费水平。其一是因为退休后收入水平下降，虽然有积蓄但也将影响到扩大消费。其二是因为当退休后将减少一些在工作时必须而在退休后并不需要的消费支出，因此而降低消费水平。其三是因为随着退休后年龄的增加与健康状况的下降，用于健康方面的支出将不断增加，这也将挤压其他方面的消费。其四是因为随着养老压力的不断增大，退休后的劳动力也将为确保在有生之年保持适当的消费水平而控制消费水平。其五是因为，随着老龄化的不断加剧，老年居民对消费的需求不断增加，尤其是对精神消费、养老消费、健康消费等方面的需求不断加大，而由于人口老龄化来势迅猛，目前市场难以有效满足老年居民的消费需求，消费供给不足也严重影响到老年居民的消费水平。此外，在当前退休的老龄人口中仍具有较强的勤俭节约的传统，这也将影响到消费水平的扩大。

人口老龄化主要将影响到老龄人口的消费水平，但对劳动力市场上在职的劳动力的消费水平也将产生影响。这部分劳动力除了为应付退休而不得不增加储蓄降低消费水平外，对于具有养老压力的劳动力而言，为了确保父母的消费水平不受到较大影响，也将通过适当压缩自身的消费水平而适当提升父母的消费水平，进而也会影响到自身的消费水平。

在人口老龄化不断加剧、同时 0~14 岁人口在总人口所占比重不断下降的情况下，虽然少儿人均消费水平不断提升，但由于少儿人口总量下降，少儿消费也难以有效扩大。

正如人口老龄化对就业的影响是多重的，人口老龄化对消费的影响也是多方面的，而且对消费的影响总体是降低消费而不是扩大消费。近年来居民消费率不断下降以及难以有效提升居民消费率，人口老龄化不断加剧是重要原因之一。虽然自 2012 年来居民消费率有所回升，但人口老龄化是影响居民消费率扩大的重要障碍之一。

四是人口老龄化对社会保障的影响。

随着人口老龄化的不断加剧，社会养老压力不断增加。在社会保障体制尚不完备的情况下，当前养老账户面临较为沉重的压力，为了有效确保养老账户平稳运行，当前养老金缴费率较高。过高的养老金缴费率不仅影响到劳动者在职时收入水平的提升，同时更重要的是增加企业负担，不利于企业扩大生产、吸纳就业并有效推动经济增长。

在人口老龄化不断加剧的情况下，社会养老的压力将持续增加，随着劳动年龄人口的逐步下降，在未来一段时期内如不能有效应对养老压力，社会保障也将面临越来越严重的挑战，对经济增长的负面影响也将不断加剧。

五是人口老龄化蕴含扩大消费的机遇。

人口老龄化存在影响经济增长负面因素的同时，也包含着一定的推动经济增长的正向作用，蕴含着扩大消费的机遇。具体表现为随着人口老龄化的不断加剧，为满足不断增长的老年居民消费的需要，老年居民消费需求拉动老年居民消费供给，将诱致有关产业尤其是与老年养老、健康有关的产业快速发展，在此过程中也将有效增加就业与拉动经济增长。

虽然人口老龄化也存在一定的正向效应，但其负面效应是主要的，决不能对人口老龄化对经济社会发展带来的负面效果掉以轻心。同时人口老龄化所蕴含的扩大消费的机遇转化为现实仍需要一系列的条件，包括老年居民收入水平的提升、消费供给的完善与相关政策的扶持等，有必要有效应对人口老龄化的负面影响，努力发挥人口老龄化包含的潜在扩大消费与优化消费结构和产业结构的作用，努力化弊为利有效推动经济增长。

# 3.5 本章小结

本章主要是对我国退休制度和城乡居民消费情况进行了较为细致的现状描述与分析。分别对两者按照时间顺序进行脉络梳理，在探究退休制度和城乡居民消费发展状况与变动规律的基础之上，进一步研究了二者基于时间分布的交互作用与规律，通过事实现状描述刻画出退休制度对居民消费的影响关系。

首先，我国退休制度发展历史较长，发展过程缓慢。我国退休制度历经了"萌芽阶段——发展阶段——停滞阶段——恢复阶段——完善阶段"。退休制度自 1951 年国家以单独立法的方式成立以来，法律法规愈发完善。伴随着人口老龄化以及经济社会的不断发展，退休制度的实施主体也在不断调整完善，由最初的企业独自承担养老金，企业负担压力大；到国家与企业两个层级的退休制度，国家负担重且覆盖面受限；再到国家、企业与个人三个层级，覆盖面广且受益性高。随着退休制度的不断完善，退休居民的权益保障越来越好、养老金收入水平越来越高，将会深刻影响退休居民消费需求、消费行为和消费水平。

其次，我国退休制度体现强制性特征。退休法定年龄是研究退休消费问题的一个关键变量。由于我国退休制度是由法律条文界定规范的，其强调退休制度适用范围是城镇居民，法律限定以政府为主导、企业和个人共同参与，在养老金缴费年限、退休法定年龄方面均有强制性要求。城镇居民退休之前与退休之后消费的变动，以退休法定年龄为明显分界。退休制度要求男性60周岁、女干部55周岁、女工人50周岁，特殊工种职工的退休年龄可以降低5年。

再次，我国居民消费与国家社会经济发展紧密相连。从居民宏观消费角度而言，自改革开放以来，最终消费支出作为经济"三驾马车"之一，出现了波动起伏。

居民消费开支呈现总体上升态势，其细分的城镇居民消费和农村居民消费也呈现相同的上升趋势。从最终消费率角度而言，最终消费对经济的贡献程度却呈波动型下降趋势，最终消费率不高，对经济的提振作用发挥不强。从居民微观消费角度而言，伴随着居民收入水平不断提升，居民消费支出也不断增加，生活水平和生活质量得到不断改善。在居民消费结构方面，居民消费结构不断调整完善，食品消费支出占比不断下降，教育、文化和娱乐消费支出占比不断增加，居民在满足基本生活保障的前提下，享受型消费支出增加。

最后，我国老龄化程度越来越严重，人口规模庞大、增长趋势迅猛，低龄老龄化趋势明显，老龄化与经济发展程度不匹配，区域老龄化发展不平衡，城镇家庭小型化特征突出。在人口老龄化这一背景下，我国退休居民消费潜力有待进一步挖掘。退休居民消费规模较大，消费观念需要不断转变，消费供给应更具针对性，消费支出水平可以进一步推动提升。在目前国内经济双循环背景下，研究退休居民消费问题，扩大退休居民消费，提升退休居民福祉福利，意义重大。

综上，通过对退休制度和我国居民消费现状等进行梳理，分析我国强制退休制度应用于退休消费中的条件限制。伴随老龄化程度的加剧，退休居民人口规模和影响力越来越大，退休居民消费份额也将越来越大。在现今拉动内需、扩大消费的经济发展格局之下，为深入细致研究退休居民消费打下基础。

# 退休影响城镇居民消费变动机制分析

　　自 Hammermesh 早在 1984 年提出"退休消费之谜"后，此理论引发了学者的广泛研究兴趣。生命周期假说理论认为，消费者对于可预期的变化与改变，会通过信贷、储蓄、收入等手段来平滑其一生的消费，不会出现消费骤降现象。由此可见，退休制度对于消费可能带来改变，并且该种影响与改变通过某些作用机制传导到消费行为中。为此，本章基于退休居民群体特征以及我国退休制度实际，从影响退休居民消费的主要因素入手，从微观和宏观角度，探讨退休对城镇居民消费变动的作用机理和影响机制。

## 4.1 影响退休居民消费的主要因素

　　消费是退休居民的基本行为，受到收入水平、消费心理等因素制约。退休居民所处的年龄阶段较为特殊，身体和心理等因素受到高龄的影响，从而导致消费行为具有独有的特征。退休居民消费需求是多种重要因素共同作用的结果，相关要素相互作用、相互影响，共同决定了退休居民消费宏观层面与微观层面的变化情况。从微观层面，居民微观消费水平和消费结构反映了退休居民生活与消费的实际情况；从宏观层面，退休居民宏观消费变动反映了退休居民消费对于国民经济增长的作用与退休居民分享改革开放成果的程度。

　　人口老龄化对扩大居民消费尤其是老年居民消费有着严重影响，在人口老龄化背景下重点发展老年居民消费是有效应对人口老龄化并不断扩大居民消费的重要内容。随着人口老龄化形势的持续严峻，老有所乐、老有所游、老有所养、老有所医等方面的需求不断增加，但受老年居民消费供给不足、相关政策约束、意识观念等多方面因素的影响，老年居民消费供给与消费需求严重不足，导致老年居民既难以安享晚年，同时也浪费了扩大居民消费需求的良机。有必要深入分析影响老年居民消费的原因，充分发挥消费供给与消费需求的共同作用，不断扩大老年居民消费需求，即使老年居民晚年生活幸福，又不断扩大老年居民消费，有效发挥老年居民消费对扩大消费与促进经济社会发展的重大作用。

从有效扩大退休居民消费需求、发挥消费对于经济增长的拉动作用、退休居民更广泛有效地共享改革发展成果等角度入手，有待深入研究影响退休居民消费变动的主要因素，并从各个要素入手，着力提升退休居民消费需求，努力优化退休居民消费结构。在提升退休居民消费水平的基础上，更有效地发挥消费对于经济增长的拉动作用。

### 4.1.1 收入变动

退休居民的消费水平很大程度上取决于养老金收入水平。养老金是城镇退休居民的主要收入来源。养老金的多少既反映了退休居民分享国家社会保障政策福利的程度，也决定了退休居民消费能力的高低与消费潜力的大小。养老金替代率反映了退休居民的收入水平情况，其主要是指居民退休后领取的养老金水平与退休前获得的工资收入之间的比值，是衡量养老保障水平的重要指标之一。养老金替代率越高，表示退休居民的养老金收入越高，反之则相反。国际劳工组织在《社会保障最低标准公约》中规定，养老金替代率最低标准为55%。我国在养老保险制度中设定养老金替代率的目标为58%至60%。但是在1997年至2017年二十年间，我国养老金替代率由58.5%下降到40%。[1]虽然随着经济的发展，退休居民养老金收入水平不断提高，但是养老金替代率的下降趋势，依旧表明退休居民养老金收入显著低于退休前的工资收入，退休居民消费势必受到收入下降的影响。

根据 Modigliani 和 Brumberg（1954）的生命周期假说，居民在一生之中对于资源进行选择与分配，通过收入、储蓄等手段不断进行调解，从而平滑其一生的消费水平。从生命周期角度而言，退休是重要且可预期的生命事件。

---

〔1〕 参见杨继军等：《养老金体系改革对中国经济动态效率的影响》，载《经济学动态》2019年第5期。

退休使得居民收入显著降低，居民在退休前通过增加储蓄积累财富等手段，以保证退休后的消费不会受到过大的冲击与影响。[1]退休居民的收入水平、财富积累情况基本确定，而消费情况受到健康状况等不确定因素的影响而导致变数较大。退休之后早期阶段的消费与退休之后晚期阶段存在明显不同，退休早期消费将对退休后期阶段产生影响。

收入是财富积累的来源，充足的收入与财富积累是保障退休居民安享晚年的前提条件。从理论和计量两方面表明，收入分配确实会影响总消费，合理的转移支付和收入再分配政策有助于提高总消费。退休居民要做好退休规划，具体而言，退休规划包含六个方面，经济状况、健康状况、社交休闲、工作、心理、居住。充足的退休金收入可以满足退休居民基本型消费需求。在满足基本型消费基础之上，退休居民更易于接受新的消费观念，增加在发展型消费、享受型消费等方面的消费需求，从而才可能增加相应的消费支出。

### 4.1.2 财富资产

依据生命周期假说理论，消费不仅取决于收入，还取决于财富积累。财富、储蓄等因素具有调节作用。在年轻时，消费者收入高、消费低，可以增加储蓄，为之后进行财富储备。在中年时，居民收入达到一生之中的最高水平，但是同时存在赡养父母子女、教育、医疗、住房以及储蓄年老之后自身的养老等压力，在保持既有的消费水平同时，会进行适当的财富积累与储蓄。在老年时，退休居民收入主要来源为养老金，身体机能逐渐衰退需要耗用大量的医疗开支。此时，居民会使用年轻时积累的财富与储蓄，使自己安享晚年生活。财富与储蓄对消费起到了重要的平滑作用，使得居民一生之中平滑其消费，以满足自身基本的生存保障。

财富资产会对居民消费产生影响，这种影响有正向和负向两种情况。当居民财富资产增加时，居民消费可能随之增加。反之，当居民财富资产减少时，居民消费可能随之减少。财富资产的种类很多，既有现金、储蓄、股票、债券等金融类资产，也有耐用消费品、房产、人力资本资产等其他类型的资产。财富资产影响消费需求，而消费通过乘数效应最终影响整个经济社会。

---

[1]　参见袁志刚、朱国林：《消费理论中的收入分配与总消费——及对中国消费不振的分析》，载《中国社会科学》2002 年第 2 期。

房产状况影响退休居民的消费。房产既是一种资产，也是居民消费潜力的一种重要保障。衣食无忧、有住房保障的退休居民才具有额外的消费能力，能够在满足基本物质消费需求的基础之上，增加在精神层面、娱乐层面等更多元化的消费支出。任明丽和孙琦（2020）认为拥有住房能够推动退休居民增加旅游消费支出。与此同时，退休居民对于子女的住房资助也影响了其自身的消费水平。过去十几年间，我国城市房价经历了飞涨时期。年轻一代买房压力巨大，部分退休居民为了资助子女购买住房倾其所有，不但拿出毕生全部积蓄，还要节衣缩食，严重挤压了消费。

老年居民消费供给的不足与有关认识误区具有一定的关系，长久以来受传统观念勤俭节约的影响，有意无意忽视了老年居民消费需求，而没有充分注意到随着经济发展水平的提升、观念的转变，老年居民的消费能力不断提升与消费观念不断转变。随着收入水平的提高与生活条件的改善，尤其是部分老年居民对生活质量的追求不断增加，老年居民消费供给不足的问题越来越严重，供给不足进一步影响到老年居民消费需求。

### 4.1.3 消费供给

退休消费供给决定了退休消费居民可供选择的消费约束，决定了是否可以满足退休居民的消费需求。根据2015年中国第四次城乡老年人生活状况抽样调查显示，退休居民中失能居民4000余万，高龄居民3000余万；城市退休居民医药消费支出达到人均2341元，占总消费支出的11.6%，农村退休居民医药消费支出达到人均1395元，占总消费支出的15.7%。[1]一方面，失能居民、高龄居民以及空巢居民增加了对于健康医疗、医药和保健用品、照护服务、家务服务等方面消费需求。随着收入水平的提高，退休居民的潜在需求将逐步转化为实际需求。另一方面，市场监管不到位、市场发展参差不齐、假冒伪劣产品等现象时有出现，退休消费供给需要进行规范。老龄产业发展滞后，养老服务机构两极化现象严重。

某些养老机构条件设施优越，服务质量优良，但是收费高，动辄几十万甚至上百万的收费标准，普通退休居民消费不起；某些养老服务机构收费虽

---

〔1〕 参见杨晓奇、王莉莉：《我国老年人收入、消费现状及问题分析——基于2015年第四次中国城乡老年人生活状况抽样调查》，载《老龄科学研究》2019年第5期。

然低，但是条件简陋，服务质量较差。养老服务机构有效消费需求供给不足，大量的退休居民消费需求没有得到满足和释放。

在文化娱乐消费方面，退休居民逐渐增加对于旅游消费的需求，但是旅游消费供给质量不高。根据 2015 年中国第四次城乡老年人生活状况抽样调查显示，14.31% 的退休居民发生了旅游消费支出，平均金额达到 4928 元。低龄退休居民占消费主体，低龄、中龄、高龄退休居民分别占到了 68%、26%、6%。[1] 退休居民的旅游消费供给，应充分考虑退休居民的身体健康等因素，在线路设计、行程计划、食宿安排、安全保障等方面体现退休居民的需求特点，提供差异化、特色化的退休消费供给。退休居民虽然释放了对于旅游消费的信号，但是老年旅游产业发展却是滞后的，存在旅游线路不合适、收费高服务差、针对性的服务产品少等现象。退休居民旅游消费潜力大，但是消费潜力并未有效释放出来。

科技信息技术的快速发展，助推着"线上"网络消费市场的扩大，但是面向退休居民的网络消费供给仍不成熟。在消费方式方面，随着网络、电脑、智能手机的普及，网上购物快速发展起来，消费方式由传统"线下"购物逐渐转变为"线上+线下"相结合的方式。退休居民转变消费观念，意识到网络消费具有快递送货上门、物美价廉等消费优势，逐渐尝试"线上"网络消费，这对于退休居民提高消费品质、推进消费升级起到了重要作用。但是，线上网络消费存在一定的"门槛"，即要求消费者更新传统消费理念，掌握互联网操作和智能设备使用方面的知识，了解网络风险谨防上当受骗等。这样的高"门槛"限制了退休居民群体的参与度，积极参与"线上"网络消费的退休居民群体大部分年龄适中，即主要面向低龄老年人，中龄和高龄老年人参与网络消费情况较少；收入水平适中，在能够负担网络费用、智能设备费用的基础上才能进一步进行网络消费；受教育程度较高，更愿意接受新鲜消费理念，比如没有见到实物而预先进行消费行为。与此同时，针对退休居民的网络消费供给仍不成熟。主要体现在：消费操作流程复杂，很多退休居民需要在他人的协助下才能完成消费行为；针对退休居民消费的宣传力度仍不够，现有的网络宣传主要针对劳动力人口，很多退休居民仍不清楚网络消费的便捷

---

[1] 参见杨晓奇、王莉莉：《我国老年人收入、消费现状及问题分析——基于 2015 年第四次中国城乡老年人生活状况抽样调查》，载《老龄科学研究》2019 年第 5 期。

性与优点，甚至仍然对网络消费存在不信任感；针对退休居民的网络消费供给种类单一，目前主要集中在日用品，其他康养消费种类仍有待进一步开发。

在长期计划经济体制下作为供给约束型经济，公众收入水平低下，包括老年居民消费在内的消费供给严重不足，在当时人均寿命较低与生产力水平较为低下的情况下，老年居民消费供给问题并不突出或者说尚不成为一个问题。改革开放以来虽然大部分消费需求被满足，但受经济发展阶段以及老龄化问题尚不严重的影响，老龄消费供给虽然也较为不足，老年居民消费尚不成为较突出的问题。随着经济的不断发展与老龄化的快速推进，受旧有经济增长模式以及社会保障、医疗、立法等方面因素的影响，老年居民消费供给需求失衡问题不断加剧。虽然老年居民消费供给不足在相当程度上受到老年居民消费需求不足的影响，但供给不足难以有效创造消费需求，是影响到扩大老年居民消费需求的重要原因甚至是关键原因。

在经济发展过程中受到一些政策限制，包括养老、医疗、服务等方面的市场尚未放开社会资本进入等因素的阻碍，在一定程度上影响到扩大老年居民消费供给。此外，包括服务业整体发展水平较为滞后等因素，也影响到扩大老年居民消费供给。

随着经济的进一步发展以及观念的逐步开放，尤其是随着合适的老年居民消费供给的不断增加，老年居民消费供给不足的情况也将得到及时改善。虽然有质疑称具有较高收入的老年居民并不在多数，过度强调老年居民消费供给不足可能会影响到老年居民消费需求的发展。虽然高收入的老年居民所占的比例较为有限，但考虑到老年居民子女的收入状况以及老年居民子女宁愿花钱买服务的现状，老年居民消费的潜在消费需求巨大，问题在于能否有合适地满足老年居民需要的消费供给。老年居民消费供给不足仍然严重制约着老年居民消费需求的发展，并影响到扩大居民消费以及发挥消费拉动经济发展的重大作用。

总而言之，随着收入水平的提高、社会保障程度的提升、身体健康素质的提高等，退休居民在物质、服务、精神文化等领域提出更高的消费需求，退休居民消费需求潜力巨大，消费市场前景广阔，预计到 2030 年退休居民消费规模将达到 20 亿元左右。[1]但是，与此同时，退休居民消费的有效供给却

---

〔1〕　参见李先跃：《激发康养消费，做大做强康养产业》，载《湖南日报》2020 年 4 月 17 日，第 5 版。

不足。退休消费的体制机制尚未完善，政府和行业引导并不到位，宏观指导和规划仍不成熟，服务和管理相对薄弱，消费供给范围狭小，消费环境亟须改善，地区和行业之间的消费供给不均衡，退休居民消费供给仍不足，这不利于退休消费发挥扩大内需、拉动经济增长的作用。

### 4.1.4 消费偏好

退休是一个动态调整过程，退休不仅仅是经济、工作等行为，也涉及退休居民心理方面。从消费需求角度来讲，Beehr（2014）认为退休是居民达到某一年龄后，开始在工作行为层面减少工作量、在心理层面降低工作承诺的一种动态过程。了解掌握退休居民消费偏好，对于提升退休居民消费满意度、幸福度至关重要。退休会使居民原有的社会角色发展改变，职务地位丧失，部分社会关系改变，经济收入减少等，居民从忙碌的工作状态转变为闲暇的生活状态。这一系列的改变，会对退休居民的身心健康情况带来影响，而这种影响可能带来退休居民消费行为选择的变动。

退休居民的消费偏好与年龄相关，退休居民与其他年龄人口的消费偏好存在显著差异，影响退休居民消费行为。退休居民处于年龄较大阶段，身体机能和心理状态产生了变化，与年轻人存在较大差异。这样的情形影响了居民的消费价值观、消费风格、消费行为，退休居民的消费偏好主要表现在其希望通过消费行为达到健康长寿、休闲舒适的生活目标。基于这样的消费偏好，退休居民在消费结构方面表现为增加康养产品、医疗健康、休闲娱乐等方面的消费，降低与工作相关的消费支出；在消费习惯方面，退休居民已经积累了丰富的消费经验，形成了较为固定的消费习惯，对于退休居民进行消费引导时需要充分考虑这一情况，在组织宣传引导退休居民的消费行为时，需要考虑其特有的消费习惯；在消费动机方面，退休居民存在补偿性消费现象，年轻时由于条件限制、抚养子女、经济负担较重等原因，可能存在未能有效释放的消费欲望，因此退休居民可能会增加在服装服饰、休闲娱乐、健身旅游等方面的消费支出。

强制退休制度对退休居民的消费偏好产生影响。部分退休居民愿意继续工作，一方面可以提高收入水平缓解经济压力，另一方面可以利用自身的人力资本优势发挥余热实现价值。我国现行的强制退休制度，对于仍然想继续工作的退休居民而言，很难找到合适的正式工作机会。这一类退休居民在心理上仍然希望继续工作，并没有做好退休的心理准备，而强制性地要求其终止工作，对于其消费需求势必造成重大影响，从而影响到退休居民消费行为。

### 4.1.5 其他因素

#### 一、消费倾向

退休居民消费倾向与年轻人存在差异，影响着退休居民消费行为与水平。消费倾向反映消费者在不同时间段对于消费需求变动的趋向性，有平均消费倾向和边际消费倾向之分。平均消费倾向反映消费占收入的平均占比情况，边际消费倾向反映消费变动量与收入变动量的占比趋势。消费倾向受到消费需求等因素的影响。

按照马斯洛对于需求的分层，居民需求存在由低到高的变化，主要反映在生存、发展和享乐等方面。相对应地，可以将消费分为基本生活用品、投资品、享受品。这几类消费品的消费需求各有不同，收入弹性和价格弹性各不相同。在一定的收入水平范围之内，基本生活用品消费需求和消费支出会伴随收入的增加而增加。而当收入水平进一步提高时，基本生活用品消费支出水平不会相应地进一步提高，居民会转而增加投资品和享受品等更高层级的消费支出。可以说，投资品和享受品的价格弹性和收入弹性较高，会伴随收入的变动具有较大幅度的变动。

在上述三类消费品种中，退休居民关于基本生活用品消费支出在其总消费支出中的占比较大。这也预示着，相较于年轻人而言，退休居民的消费倾向较低。收入的变动对退休居民消费产生的影响较小。

#### 二、退休居民健康状况

退休居民的健康情况影响消费行为与水平。退休改变了居民的生活方式，例如随着身体状况日渐衰老，闲暇时间逐渐增多，社交关系、饮食起居方面不断调整，而生活方式是影响健康的一种重要渠道。退休居民处于更高的年龄阶段，相对其他年龄阶段人口而言，健康风险更大。健康因素影响着居民的消费结构。经济的快速发展和条件的改善，使得退休居民健康意识不断提高，对于健康方面的消费需求不断增加，退休居民将增加健康医疗、药品、保健品等方面的消费支出。社会保障体系、医疗保险会使退休居民增强对于健康因素的风险应对，增加在其他方面的消费支出水平，刺激退休居民消费的增长。

退休居民根据年龄的不同，分为低龄老年人和高龄老年人。低龄老年人相对而言，身体健康程度较好，对消费需求可能更为旺盛，例如刚刚退休的老年人具有强烈的旅游意愿，在身体健康程度尚可的情况下，更有可能增加旅游消费开支。高龄老年人身体健康程度可能呈现断崖式下降，由于身体健康程度受限，这一部分居民群体在消费时会有取舍，并且显著增加医疗保健类消费支出。

### 三、退休居民教育水平

退休居民的教育水平程度影响消费行为与水平。教育水平会影响退休居民的认知能力，从而影响退休居民的消费能力。

一是教育水平对于消费的影响。教育程度对于消费的影响主要有两个途径。其一是基于收入的中介传导作用。教育作为提高人力资本的重要途径，可以提升个人的技能水平，提升社会价值创造，提高自身的收入汇报。在收入增加的情况下，居民更有可能增加消费开支，提高消费水平，改善消费结构。同时，在收入增加情况下，居民可能为年老时积累更多的储蓄积蓄，或是缴纳更多的养老保险进而得到更多的退休养老金收入，进而提高退休消费能力。其二是基于行为经济学视角，教育对消费的影响更为直接，教育会培养人的消费观念，改变人的消费偏好，进而主观上对消费水平、消费需求产生影响。[1]

二是对于线上网购消费以及一些新兴事物类的影响。线上网购消费的普及，促使消费模式由传统逐步转向更为复杂的模式，退休居民需面对更为复杂的消费模式。退休居民既要具有消费意愿，也要具备相应地消费能力。这里的消费能力不但包括充足的收入，还包括对复杂事物的认知与接受能力、网络等技能使用能力。这就要求退休居民具备一定的教育水平与认知能力。根据第六次全国人口普查数据显示，退休居民受教育程度不高，文化程度在小学及以下的占比达到三分之二以上。[2]退休居民较低的教育文化水平，可

---

[1] 参见邱俊鹏等：《教育程度、消费倾向与消费结构——基于分位数回归的实证分析》，载《上海经济研究》2019 年第 2 期。

[2] 参见张航空：《中国老年人口受教育水平现状及其变动》，载《中国老年学杂志》2016 年第 5 期。

能无法适应科技的快速进步以及新型消费模式的更新，从某种程度而言抑制了退休居民的消费。

三是对于消费品类的影响。退休居民教育水平越高，除了必要的物质消费追求，可能还会增加对于精神文明方面的消费需求。退休居民可能需要增加以下方面的消费行为：报刊书籍、电视广播、戏曲影视、艺术表演、文体活动、旅游、培训教育、互联网等，这也扩宽了消费供给渠道。伴随物质与精神文明的不断提高，退休居民可能需要更加积极的消费体验。

### 四、退休居民消费环境

消费具有示范效应，消费者会依据自身的消费习惯以及身边的消费水准等因素影响自身的消费，消费者所处的环境会对消费者的消费需求、消费行为、消费决策等方面带来影响。[1]

面向消费需求端，结合退休居民年龄特征、身体状况等，退休居民的消费需求主要体现在家政、清洁、医疗卫生保健如医养结合的养老机构、餐饮如老年餐桌和老年食堂、特殊类食品如保健品或老年专用食品、社会交往、娱乐等方面。从消费供给端角度，居家与社区、机构养老相融合的产业发展迅速，助老设施和产品的人性化开发设计，医养结合服务越来越普遍，老年产品的消费购买渠道越来越多。[2]

消费环境与退休居民消费应呈现一种良性互动的局面。更好的消费环境，会促进退休居民的消费，提升其消费意愿，扩宽其消费渠道。一是优化消费的社会环境与文化环境。社会与文化环境的优化，可以提高居民的文化素养，提升对消费品的要求，对消费品的品质、品味、质量等要求会逐渐提高，对消费品的种类要求会从物质方面逐渐扩大到精神文化产品的需求，形成健康、积极、向上的消费方式。二是优化消费生态环境。降低环境污染，为退休居民提供更为健康、无污染的绿色农产品，得到退休居民的更进一步的认可[3]。三是优化消费市场环境。加大消费市场的基础设施建设，营造更加舒适的适老化购物消费环境，增加老年居民消费的舒适度。加大市场监管力度，增强适

---

〔1〕 参见耿晔强：《消费环境对我国农村居民消费影响的实证分析》，载《统计研究》2012 年第 11 期。

〔2〕 参见索木芽、汤哲：《老年人消费环境仍需提升"适老化"——2022 年养老消费调查项目研究报告发布》，载《中国社会工作》2023 年第 14 期。

〔3〕 参见胡雪萍：《优化农村消费环境与扩大农民消费需求》，载《农业经济问题》2003 年第 7 期。

老产品的质量，降低虚假宣传，促进退休居民消费权益保障。

## 4.2 退休对城镇居民消费变动的作用机理

退休是城镇居民一生之中的重大事件，退休之前和退休之后的城镇居民消费产生明显的变动，退休给城镇居民个人和家庭以及国家带来重要影响。退休对于城镇居民消费的作用与影响是多方面的，诸多要素对城镇退休居民消费的影响作用相互交织，但是相关要素发挥的作用影响与力度有所不同。一方面，某些要素发挥了拉动城镇居民退休消费的作用，而另一方面，某些要素发挥了抑制作用。退休对于城镇居民消费变动的影响，取决于相关要素发挥的作用方向与力度大小。因此，有必要深入研究退休这一事件导致城镇居民消费变动的原因、途径以及产生的影响。这种作用机制和影响原理主要包括两个方面内容，一是微观层面对于个人和家庭的影响机制，二是宏观层面对于国家和社会的影响机制，详见图4-1。

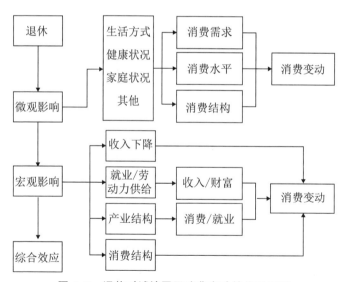

**图4-1　退休对城镇居民消费变动的作用机理**

### 4.2.1 对个人和家庭的微观影响

退休对城镇居民消费变动的微观理论基础来自 Modigliani 和 Brumberg

（1954）的生命周期假说。其从人口年龄结构角度出发，分析少儿时期、青壮年时期和老年时期的消费与储蓄行为，主要通过动态最优决策将居民终生的收入进行合理配置，已达到效用最大化的目标。青壮年时期的居民收入处于较高水平阶段，收入和积累的财富将用于自身、子女以及养老。按照该理论，少儿时期和老年时期的居民不创造收入，属于纯粹的消费者。退休会相当于居民由工作状态跨入非工作状态，由产出者变为消费者。因此，退休会对居民个人和家庭带来影响和冲击，退休事件的发生，意味着居民步入低龄老年人的阶段，身体健康状况面临的风险也逐步加大。退休导致了居民个人和家庭的生活方式、健康状况、家庭状况等发生重要改变，而退休居民的消费需求、消费水平、消费结构也随之改变。

## 一、退休——消费需求——消费变动

退休引起消费需求的变动。人口年龄结构对居民消费需求产生重要的影响。年龄的增加会改变居民的生理和心理状态以及社会角色，消费需求也随之变动。我国居民根据所处的年龄阶段以及生活传统，规划收入、储蓄与消费，应对结婚、生育、退休养老等人生事件，每一人生阶段的消费需求和消费侧重点均有所不同。居民将其生命周期看成全阶段，合理规划预期收入，以期达到效用最大化。退休事件的发生，直接导致城镇居民个人及家庭生活状况的改变。居民的生活重心由工作转移到康养晚年生活，居民的生活状态由忙碌变为闲暇，健康状况逐步走向衰老。这一系列的变化，导致退休居民的消费需求发生改变。

一方面，退休带来某些消费需求的降低。退休之后，与工作相关的消费需求降低。消费需求的变动不一定能引起消费支出的改变，还需要居民的消费能力与意愿。但是与工作相关的消费需求降低，能够对消费支出引起立竿见影的改变，与工作相关的消费支出随着退休事项的发生立即出现降低现象。退休居民可以将此部分节省下来的经费使用到其他消费支出上，从而引起消费结构的改变。

另一方面，退休带来某些消费需求的增加。退休居民处于年龄较大阶段，身体机能、健康状况逐渐走下坡路，对于健康养老、康养服务、医疗卫生、保健的消费意愿和消费需求增加；饮食结构不断调整，食品消费需求也相应地改变，对于高营养的食物消费需求增加，对于垃圾食品的消费需求降低；

闲暇时间增加，休闲娱乐、精神文化等方面的消费需求增加。但是这部分消费需求的改变，并不一定能够全部转换为实际的消费支出改变，还要受到退休居民的消费能力、消费环境与条件等诸多方面的限制。若要将这一部分消费需求有效转化为实际的消费支出变动，需要一定的产业与政策引导，要充分考虑退休居民生活状况、健康状况等方面的情形改变，营造良好的消费氛围，促进退休居民扩大消费，提升退休居民的幸福度与满意度。另外，其他消费需求的变动受到居民的消费心理、消费习惯等个体差异而有所不同，消费需求可能呈现上升或下降的现象。

## 二、退休——消费水平——消费变动

退休引起消费水平的变动。根据凯恩斯的消费函数理论，消费是收入的函数，收入越高则消费越高，二者呈正相关关系。一般而言，收入影响着居民的消费能力和消费水平。收入在居民一生之中会有起伏变动。少年儿童由于年纪尚小，不具备劳动能力，没有收入，消费全部来源于父母；青年人由于工作经验少，收入相对较少，消费水平也较低；中年人收入逐步提高，达到人生之中收入水平最高的时期，但是会为了抚养子女、自身养老等而增加消费和储蓄；到了退休之后，居民的收入降低，消费来源于退休金、子女赡养、家庭财富积累等，消费水平必然受到影响。

退休居民消费水平受到我国目前的社会保障制度影响。退休之后，居民开始领取退休金，大部分居民依靠退休金度过退休生活。我国现行的退休保障制度中，居民领取的退休金显著低于居民退休之前的工资收入水平。这也意味着，一旦退休，居民的收入将下降，而收入水平严重制约着消费水平。部分退休居民具有一定的储蓄和家庭财富积累，收入水平的下降不会导致消费水平的下降，而随着闲暇时间的增加、消费心理的改变，可能产生对于休闲娱乐、医疗康养等更高层面的消费需求，反而增加消费支出水平。大部分退休居民依赖退休金收入进行生活，而随着身体健康情况的衰老等未知风险的加大，目前我国退休保障制度并不完善，大部分退休居民可能减少消费需求、降低消费支出水平。

除了收入，退休居民的消费水平还受到其他因素的影响。一是"啃老"现象降低退休居民消费水平。随着房价的攀升、子女的购房与结婚、对孙辈子女的教育与照顾等现象的增加，退休居民动用储蓄或是收入，增大对子女的扶持力度，势必造成对自身消费的挤压，退休居民的消费水平很难提高起来。二是闲暇时间的增加、勤俭节约的习惯等影响退休居民消费水平。退休居民可能在保证食物营养摄入的前提下，增加家庭生产，减少外出就餐，从而导致食物消费支出水平的下降。随着闲暇时间的增加，退休居民可能更有时间和精力进行"货比三家"，选择更加物美价廉的物品，降低消费支出。虽然，部分退休居民存在冲动型消费、享受型消费等现象，但是退休居民整体而言存在消费惯性，对新鲜商品和服务的消费意愿不高，制约了消费水平的提高。三是相关消费供给不到位。目前的康养产业仍处于发展阶段，仅能提供基础性的退休消费供给，退休居民的个性化消费需求无法满足，不利于退休居民消费需求的释放和消费水平的提高。四是区域之间存在差异。我国地域广阔，东部、中部、西部等地区的经济发展程度不一样，退休居民的收入水平、财富积累程度、养老压力程度等不同；同时，退休居民因地域的不同，也存在着生活习惯和消费习惯等方面的差异，相应地退休居民消费水平也存在差异。

综上，退休对于消费水平的影响是错综复杂的，扩大退休居民消费水平存在难度。根据前述分析，本章提炼出如下研究假设：

H1：在其他条件不变的前提下，退休会导致城镇退休居民消费水平发生变动。

### 三、退休——消费结构——消费变动

退休引起个人和家庭消费结构的变动。退休个人和家庭消费结构主要指退休居民消费的种类与类别。不同年龄段的人口表现出不同的消费结构特点。婴儿时期消费结构主要表现为玩具、奶粉、婴幼儿食品等，少儿时期消费结构主要表现在文化体育、教育等方面，成年人的消费结构中日用品、服饰、家具家电、交通等所占比例大幅提高，退休之后的老年时期消费结构主要表现为康养服务、医疗卫生、保健品等方面。

根据 Modigliani 和 Brumberg（1954）的生命周期假说，人口老龄化对消费结构产生影响。Modigliani 和 Brumberg 是最早将年龄引入到消费函数的学者，其研究考虑了收入与储蓄的代际转移从而平滑居民一生的消费。而后的学者以 OECD 国家为例，证实了随着人口年龄增大，对于消费结构产生变动影响。Walder 等（2012）研究表明随着居民年纪增大，奥地利居民个人的消费水平和消费结构发生变动，交通消费支出减少，食品、保健产品及服务、住房、

家具日常等内容的消费支出逐渐增加。这与我国的情况类似。研究表明，退休后，居民与工作相关的消费需求降低，相应的与工作相关的市内交通、家居日常、服装服饰等消费支出减少。

消费结构变动原因是复杂的，并且变动趋势有升有降。

一是消费需求与消费水平的变动将导致消费结构的变化。退休后居民收入降低，为了保持与原来相当的消费水平与效应，退休居民可能利用更多的闲暇时间挑选物美价廉商品。退休之际的居民属于低龄老年阶段，身体健康状况尚可，医药消费支出可能不会立刻增加，但是长寿健康的消费意识与需求会逐渐增加，可能使退休居民逐渐增加保健品、康养服务等方面的消费支出比例。

二是消费心理的变化将影响消费结构。工作时期的居民处于较为忙碌状态，退休之际的居民处于身体健康和精力充沛的阶段，更愿意丰富自己的精神世界、弥补工作时没有时间完成的意愿。例如，部分退休居民参加老年大学、学习兴趣爱好技能、安排国内外旅游项目、领略自然人文风光，相应地会增加文化娱乐、旅游消费支出比例。某些退休居民在年轻时承担着养家育儿的任务，退休之后压力不复存在，为了弥补年轻时的遗憾，这部分退休居民更愿意进行补偿性消费，挑选更加优质有品位的商品和服务进行消费，从而改变了消费结构。

综上，退休势必造成居民个人和家庭的消费结构产生变动，并且这种变动的趋势是复杂的。根据前述分析，本章提炼如下研究假设：

H2：在其他条件不变的前提下，退休会导致城镇居民消费结构变动。

### 四、影响退休消费的驱动因素

收入的驱动影响。退休的发生，从生命周期角度而言，表示居民已跨入生命晚期。我国退休居民主要收入源自养老金收入，养老金收入低于居民工作时收入。退休导致居民收入降低，从而可能造成居民消费的短期波动。这种影响是正向还是负向的，还取决于退休居民储蓄情况、财富积累、医疗保障体系等情况。

财富的驱动影响。退休居民资产财富情况也影响着消费支出水平。我国退休居民受到传统思想的影响，希望老有所居。同时，伴随着近年来房产价格的不断攀升，房产是居民非常重要、占据财富份额比较大的财富，也是居民老有所居、获得心理安全感的重要保障。以房产为典型代表的财富积累，具有财富效应。这种财富效应的表现是：目前稳步提升的房价，会使退休居民对外来资产财富预期增加。但是财富效应要兑现，却受到很多因素的干扰。我国退休居民具有强烈的馈赠动机，可能不会将房产增值价值兑现进行消费，而是将包括房产在内的大部分资产财富馈赠留给后代。因此，以房产为典型代表的财富对退休居民消费可能产生影响，但该种影响可能是正向的也可能是负向的。

消费需求的驱动影响。退休事件直接导致居民生活状态的改变，以及在健康安享晚年方面的消费需求增加。尤其是目前互联网以及智能设备的普及，网络消费、线上消费等新型消费方式兴起。网络消费的便捷性吸引了众多消费者，其中也包括退休居民。退休居民由于身体机能的衰退，更需要便捷性更高、更贴心的新型消费模式，而互联网的普及使得这类消费需求转换为实际的消费行为成为可能。

H3：在其他条件不变的前提下，退休对收入、房产财富、消费需求可能产生影响，从而进一步影响消费行为。

### 4.2.2 对国家和社会的宏观影响

退休消费不但是居民的个人行为，也是国家需要面对的重大社会问题。目前我国经济增长进入平稳期，消费是拉动经济增长的重要动力之一，扩大内需、扩大消费、培育新的经济增长点是当前经济工作的重要任务。随着我国人口老龄化现象的日趋加重，退休居民比重逐渐增大，退休居民消费在内需消费中将占据更加重要的地位。有效扩大退休居民消费，既能发挥消费对于经济增长的拉动作用，也能积极应对人口老龄化，促使广大的退休居民安享晚年生活。

经济运行链条中，消费与生产、分配、交换均是关键要素。消费不振会抑制生产，降低居民的收入水平，进而再次影响抑制消费。退休居民处于人生的晚年时期，其在人生之中的大部分时间均在从事生产劳动，为社会、国家和家庭做出了巨大贡献，退休之后的消费需求应该得到满足。从需求角度而言，要做好退休居民的保障工作，提供更为完善的社会保障体系和医疗保障体系，增加退休居民的消费信心与能力，为扩大消费打下基础。从供给角度而言，要适应退休居民消费需求，优化产业结构，形成新的业态发展模式，提供更为优质的康养产品与服务，满足退休居民多样化的消费需求，挖掘退休居民的消费能力与潜力，发挥退休居民消费在经济发展中的重要作用。

因此，有必要从宏观层面探究退休消费对国家和社会产生的影响，研究退休对于城镇居民宏观消费的影响机制与传导路径，从而采取有效的宏观政策引导，发挥退休居民消费的积极作用，提前采取措施控制不利影响，推动经济全面健康持续发展。

## 一、退休——收入下降——消费变动

收入水平高低直接决定了居民消费能力与消费潜力的大小，也反映了居民能够享受改革开放与经济发展的程度。收入水平是综合因素共同作用的结果，与经济发展阶段、收入分配体制、就业状况、产业结构发展等息息相关。我国现行的社会保障制度以及养老金替代率偏低的现象，使得退休之后较退休之前的收入水平大幅下降，严重影响退休居民消费，不利于退休居民进一步扩大消费。为了保障民生、提高养老待遇，截至 2020 年，国家已对退休居民养老金连续 16 年进行上调。[1] 这一举措凸显了国家对于退休居民福利的重视，也为退休居民扩大消费、安享晚年生活夯实了基础。

退休居民养老金收入水平下降，不一定会引起消费的下降，但是会对消费变动产生影响。根据生命周期假说，退休是居民必然会发生的人生事件，强制退休制度使得居民预期到退休事件发生时间，居民会考虑其终身收入水平并提早进行退休规划，开展储蓄与财富积累等方面的准备，平滑其退休之后的消费情况。刚刚退休的居民，虽然来自退休金的收入水平大幅下降，但是可能具有家庭储蓄、子女赡养等其他消费来源，支撑退休居民保持与退休之前相同的消费水平，退休不一定导致居民消费水平下降。另外，退休导致居民生活状态发生改变，退休居民具有充足的时间满足工作之际未能完成的消费需求与消费意愿，这部分的退休居民消费水平还可能呈现上升态势。

区域之间收入不均衡也会对退休居民消费造成影响。导致区域间收入不均衡的原因有很多。首当其冲的是地理因素。我国幅员辽阔，不同区域的地理、交通、气候、自然资源、人文历史等方面存在差异，导致经济发展水平的不一致。东部沿海地区交通便利、贸易发达，居民收入水平普遍高于中部

---

[1] 参见冯海宁：《养老金迎来 16 连涨实属不易》，载《中国商报》2020 年 4 月 23 日，第 2 版。

及西部地区。从生命周期理论的终身收入水平角度而言，发达区域的居民收入水平高于欠发达区域收入水平。不同区域退休居民的财富水平、收入水平不同，会导致消费需求、消费结构等方面的差异。例如，退休居民会产生旅游消费支出，发达区域的退休居民倾向于出国游，其他区域的退休居民倾向于国内游。因此，在研究退休居民消费问题时，要考虑区域因素带来的影响，将收入水平差异、消费与生活习惯差异、财富水平状况等因素综合纳入考量。

**二、退休——就业与劳动力供给——收入与财富——消费变动**

退休将对就业产生影响。退休意味着居民离开劳动力就业市场，劳动力供给将减少，对劳动力总量结构产生变动。我国经济增长与发展，需要依靠就业市场的快速发展与劳动力的大量供给。依据我国强制退休制度而进行的年龄测算，目前的城镇退休居民在改革开放之前或之后作为主要劳动力进入到就业市场。

改革开放之前，就业制度表现为计划经济体制下的"铁饭碗"终身雇佣制度。城镇居民大部分被安置在国有经济或集体经济部门中，没有被解雇的风险，也没有跳槽改变就业单位的机会，就业职工的生、老、病、死等人生大事均依赖国家托底，国有企业呈现"大锅饭"现象，收入水平相对而言差异不大。

随着改革开放的到来，经济体制产生了根本性转变，非公有经济蓬勃发展起来，城乡人口与劳动力生产要素产生流动。改革开放在激发市场活力、提高经济效率的同时，对就业也产生极大的影响。"铁饭碗"的国有企业受到冲击，加之外部宏观经济的影响，在20世纪90年代出现减员增效的下岗潮现象。国家加快社会保障制度、下岗再就业制度等一系列制度的建立健全进程，推动经济平稳过渡。随后，个体私营经济与新兴所有制经济大量吸纳就业人口。劳动力资源由市场进行配置，劳动力生产要素得到有效配置，收入水平逐渐提高的同时差距也在逐渐拉大。

城镇退休居民历经了就业制度的改革与变迁。退休居民对劳动力就业市场做出巨大贡献，在伴随着经济发展与改革的过程中，赚取劳动力报酬，积累了家庭财富，为退休之后的消费支出与生活提供了保障。

**三、退休——产业结构——消费与就业——消费变动**

我国退休居民产业市场已经形成，但是处于比较初级的发展阶段。随着退休居民数量的增加、人口老龄化现象的日趋严峻，产业结构需要进一步转型升级。这要求着经济资源、生产要素在不同产业间进行调整和配置，同时需要改变资源配置不合理、生产效能低下等现状，使产业结构不断适应外部环境、人口老龄化等方面带来的冲击，促进产业不断优化升级、经济健康持续发展。产业结构调整既包括产业之间调整，也包括产业内部的优化变革。外部环境对于产业结构调整起到了良好的助推作用，技术的进步、社会的变革、人口的变化、资源环境的变化等都会引起产业结构的调整与优化。

经过长期的历史发展以及社会经济财富的积累演进，我国充分发挥了人口众多、人力资本价格低廉、人口红利等优势，推动了经济与产业的快速发展，产业结构已形成一定的规模，并且已经日渐成熟。但是近年来，粗放的经济发展模式不再可持续，退休带来的影响、人口老龄化现象的加重，倒逼产业结构进一步优化升级。产业结构的升级与消费结构的优化，可以形成良性循环。产业结构的优化升级，推动着消费结构的转变，使得更高层级的消费需求可以得到满足，居民的消费需求结构可以进一步优化，从而推动着产业结构向更高层次发展。

退休居民数量增加，客观地增加了对于医疗卫生、养老服务、保健产品与服务等方面的基本消费需求，产业发展需要向康养产业、银发产业等方向进行倾斜。相关产业不但要向广大的退休居民提供基本的消费需求保障，还要满足部分退休居民更加多元化的消费需求，激发退休居民的消费潜力，推动消费发挥对于经济增长的拉动作用。

退休在推动着产业结构的调整优化的同时，还会带来就业方面的变化，从而进一步影响到消费。产业结构的调整，对劳动力需求提出新的要求，劳动力供给需要逐渐进行转变，进而使得就业结构发生转变。退休居民涉及的产业结构主要包括产品、服务、地产、金融四类。[1]目前产业结构处于单一业态结构，亟待转变为多元化、智能化、专业化的经营模式，这就要求着劳动者应具备相应的劳动力素质。以退休居民服务业为例，从业人员知识技能水平不足，就业市场充斥着外来务工人员、下岗人员，而高层次的管理人员稀缺，服务水平低下，无法满足广大退休居民的消费需求，抑制了消费活力与潜力。与此同时，需要注意到的是，产业结构调整优化的过程中，会发生

---

〔1〕　参见曾琦：《我国养老产业发展现状及政策》，载《城市开发》2018 年第 22 期。

结构性失业等社会问题，需要较为完善的社会保障体系来化解此类风险。

**四、退休——居民消费结构——消费变动**

居民消费结构主要指居民所消费的各类商品或服务所占的比例关系。一般而言，我们按照国家统计局的八大类消费比例来衡量居民消费结构。随着经济的发展与社会保障的逐步完善，居民消费结构不断优化升级。从满足基本生存的消费结构，逐渐转变为更高层次的消费结构，食品、家居用品、服装服饰等基本生活需求方面的消费支出水平逐渐下降，医疗保健、文化娱乐、交通旅游等方面的消费支出水平不断提高。这既体现了居民共享经济发展和改革开放的成果，又体现了我国积极应对人口老龄化、有效引导退休居民实现消费需求与意愿。

根据前述分析，本章从宏观角度提炼出如下研究假设：

H4：在其他条件不变的前提下，退休会导致城镇居民消费产生变动影响。

H5：在其他条件不变的前提下，退休会导致城镇居民消费结构发生变动影响。

H6：在其他条件不变的前提下，收入对退休消费产生中介效应影响。

# 4.3 本章小结

本章从生命周期假说理论等消费理论着手，结合持久收入假说理论、相对收入假说理论、绝对收入假说理论以及人口社会学相关理论，重点探讨退休对城镇居民消费的影响因素及作用机理。研究视角分为微观及宏观两个视角，分别探讨了退休对个人和家庭的微观影响，以及对国家和社会的宏观影响。

首先，根据消费经济学理论，影响退休居民消费的因素主要来自供给与需求两个方面。从消费供给角度而言，收入、财富资产是退休居民消费的主要经济来源，决定着退休居民的消费力与消费水平。从消费需求而言，消费供给、居民健康程度等决定着退休居民需要哪些消费品。并且退休居民因身体健康情况导致其偏好于某些特定消费品，如健康相关的消费。针对退休居民特征，加大特定消费品供给，既能保障退休居民消费权益，又能促进产业结构优化、经济发展。从供给与需求角度，以上因素交互作用，导致退休之前与退休之后的城镇居民消费产生变动，共同对城镇居民退休消费产生综合性作用。

其次，从微观角度，退休对个人和家庭产生影响。退休给个人和家庭带来最直接改变是生活状态和工作状态的改变。退休之后，居民脱离工作状态，居家生活状态成为常态，闲暇时间增多，希望安享晚年的意愿增强。与此同时，退休居民的身体健康程度开始呈现每况愈下的趋势。退休导致个人和家庭生活状态的重大改变。这一系列的变化导致退休居民的消费需求、消费行为等发生改变。与此同时，城镇居民消费结构也会随着退休的发生而产生改变。退休居民个体和家庭状态的改变，会导致消费结构改变、总消费支出产生变动。具体而言，与工作相关等消费结构支出可能出现减少现象，与健康相关的消费结构支出可能出现增加现象。总消费支出也会发生变动，伴随着收入减少，部分居民家庭可能出现总消费支出降低的现象。但是具有充足的财富资产积累的城镇居民家庭，可能不会因为退休事件而降低其总消费支出。

最后，从宏观角度，退休对国家和社会产生影响。退休居民消费既体现退休居民福祉福利，又是推动国家经济发展进步的重要体现。退休较为直观的影响是居民收入下降，直接影响消费水平。同时，从劳动力角度而言，伴随着人口老龄化程度的不断加剧，退休居民数量将持续增多，造成青壮年劳动力的减少，劳动力供给减少，由此可能引发就业、产业、收入等一系列连锁反应，最终造成消费的变动。另外，退休居民因其自身的身心特点，会倾向于健康、医疗等特定的产业，伴随退休居民人口数量的增加，对于产业结构调整的需求愈加明显，由此可能引发产业结构与消费结构的调整变动，造成消费水平的变动。总之，从宏观层面而言，退休居民通过收入、就业、劳动力、财富等途径影响消费，进而可能影响国家社会的经济发展。

# 退休城镇居民消费变动分析

## ——微观层面

依据前述分析可知，退休将对城镇居民家庭消费产生影响。这种影响来自微观和宏观两个层面。本章从微观层面验证退休对个人和家庭的影响机制与作用。本章以生命周期理论 Life Cycle Hypothesis 为依据，从微观角度，采用断点回归实证分析方法以及西南财经大学的中国家庭金融微观调查数据（CHFS），实证检验退休对城镇退休居民家庭消费水平、消费结构等方面带来的影响以及影响作用机制。

## 5.1 实证模型与实证策略

### 5.1.1 模型推导

生命周期假说 Life Cycle Hypothesis 是研究跨期消费行为的重要理论，其主要思想是理性消费者会根据终生收入，合理安排消费与储蓄，平滑其终生的消费效用。当理性消费者预期到退休事件将要发生、退休金收入将要下降时，其会在退休之前增加储蓄，使得退休后的消费支出得到有效保障，不会因收入的下降而降低其消费支出。依据生命周期假说 Life Cycle Hypothesis，消费者的终生消费支出呈倒 U 型。但是经济学者在进行实证检验时发现，退休之后的消费出现骤降现象，这与生命周期假说 Life Cycle Hypothesis 相矛盾。学者将这一现象称之为"退休消费之谜"。

依据生命周期假说 Life Cycle Hypothesis 进行的模型推导过程如下。假设家庭目标是终其一生要最大化家庭的终生效用 $U_t$。具体方程如下：

$$U_t = \max E_t \left\{ \sum_{k=t}^{T} \left( \frac{1}{1+\delta} \right)^{k-t} U \left[ C_k, A(X_k) \right] \right\}$$

$$\text{s. t. } W_{k+1} = (1+r)(W_k + I_k - C_k)$$

$$\forall k = t, \cdots\cdots, T$$

（1）

其中，r 表示利率，δ 表示折现率，一般情况下 r 与 δ 相等。$W_k$ 表示第 k 期时家庭所拥有的财富与资产，$I_k$ 表示第 k 期时家庭所拥有的收入，$C_k$ 表示第 k 期时家庭所拥有的消费水平，$X_k$ 表示影响家庭边际效用的特征，如家庭人口数量、家庭人口年龄结构、家庭人口健康情况等。

构造拉格朗日函数，求解（1）的最大值问题。令

$$L = E_t \left\{ \sum_{k=t}^{T} \left( \frac{1}{1+\delta} \right)^{k-t} U \left[ C_k, A(X_k) \right] \right\}$$

$$+ \sum_{k=t}^{T} \left( \frac{1}{1+\delta} \right)^{k-t} \lambda_k \left[ A_{k+1} - (1+r)(W_k + I_k - C_k) \right]$$

（2）

由拉格朗日函数（2）对 $C_k$ 求偏导：

$$\frac{\partial L}{\partial C_k} = E_t \left\{ \left( \frac{1}{1+\delta} \right)^{k-t} U_c \left[ C_k, A(X_k) \right] \right\} + \left( \frac{1}{1+\delta} \right)^{k-t} \lambda_k (1+r) = 0$$

由该式得到：

$$E_t \left\{ U_c \left[ C_k, A(X_k) \right] \right\} = -\lambda_k (1+r)$$

$$U_c \left[ C_k, A(X_k) \right] = -\lambda_k (1+r)$$

由此形成联立方程组：

$$\begin{cases} U_c \left[ C_k, A(X_k) \right] = -\lambda_k (1+r) \\ E_t \left\{ U_c \left[ C_{k+1}, A(X_{k+1}) \right] \right\} = -\lambda_{k+1} (1+r) \end{cases}$$

求解得：

$$U_c \left[ C_k, A(X_k) \right] = \frac{\lambda_k}{\lambda_{k+1}} E_t \left\{ U_c \left[ C_{k+1}, A(X_{k+1}) \right] \right\}$$

（3）

由拉格朗日函数（2）对 $A_{k+1}$ 求偏导：

$$\frac{\partial L}{\partial A_{k+1}} = \left( \frac{1}{1+\delta} \right)^{k-t} \lambda_k - \left( \frac{1}{1+\delta} \right)^{k-t+1} \lambda_{k+1} (1+r) = 0$$

求解得：

$$\frac{\lambda_k}{\lambda_{k+1}} = \frac{1+r}{1+\delta} \tag{4}$$

由（3）和（4）求解得到：

$$U_c \left[ C_k, A(X_k) \right] = E_t \left\{ \frac{1+r}{1+\delta} U_c \left[ C_{k+1}, A(X_{k+1}) \right] \right\} \tag{5}$$

$U \left[ C_k, A(X_k) \right]$ 表示效用函数，一般采用 Constrant Relative Risk Aversion（CRRA）形式，具体如下：

$$U \left[ C_k, A(X_k) \right] = A(X_k) \frac{C_t^{1-\rho}}{1-\rho}$$

其中 $\rho$ 表示相对风险的厌恶系数。

同时，假设 $A(X_k) = \exp(X'_t \Gamma)$。U 对 C 求偏导得：

$$U_c = A(X_k) C_t^{-\rho} = \exp(X'_t \Gamma) C_t^{-\rho} \tag{6}$$

由（5）和（6）求解得到：

$$E_t \left[ \frac{1+r}{1+\delta} \exp(X'_{t+1} \Gamma) C_{t+1}^{-\rho} \right] = \exp(X'_t \Gamma) C_t^{-\rho}$$

$$E_t \left[ \ln \frac{1+r}{1+\delta} + X'_{t+1} \Gamma_1 - \rho \ln C_{t+1} \right] = X_t' \Gamma_1 - \rho \ln C_t$$

令 $\Gamma = \dfrac{\Gamma_1}{\rho}$，则

$$X'_t \Gamma - \ln C_t = E_t \left[ \frac{1}{\rho} \ln \frac{1+r}{1+\delta} + X'_{t+1} \Gamma - \ln C_{t+1} \right]$$

$$X'_t \Gamma - \ln C_t = \frac{1}{\rho} \ln \frac{1+r}{1+\delta} + X'_{t+1} \Gamma - \ln C_{t+1}$$

$$\ln C_{t+1} - \ln C_t = (X'_{t+1} - X'_t) \Gamma + \frac{1}{\rho} \ln \frac{1+r}{1+\delta}$$

$$\triangle \ln C_t = \alpha_0 + \triangle X'_t \Gamma + \varepsilon_0 \tag{7}$$

在考虑退休前后消费变动情况问题时，需要在（7）中加入退休影响 Rt，则计量模型为：

$$\Delta \ln C_t = \alpha_0 + \beta R_t + \Delta X'_t \Gamma + \varepsilon_0 \tag{8}$$

### 5.1.2 实证策略

退休之前与退休之后，城镇居民消费可能发生变动。此种变动的原因是城镇居民退休事件引起的，还是其他因素导致的？也就是说，退休是不是城镇居民消费变动的原因？在评估该问题时，可能面临着内生性问题。

内生性的具体表现为：一是样本选择性误差。在问卷调查微观消费数据时，某些城镇家庭可能乐于配合，能够提供真实有效的消费数据，而某些家庭由于延迟退休或是提早退休等原因，无法提供有效数据，从而造成误差。二是由于遗漏变量带来的谬误。除了退休事件可能影响消费以外，还有收入等其他变量可能带来影响。城镇退休居民的收入来源主要取决于养老金收入，而养老金收入较退休前工资收入水平要低很多。除了养老金收入，城镇退休居民消费还受到预防性储蓄、家庭财富等因素影响。

另外，与其他群体相比，城镇退休居民的生活状态产生改变，闲暇时间增加，身体机能逐渐衰退，安享晚年生活的意愿增强。这一系列的变化将影响着城镇退休居民消费偏好、消费需求，进而促使消费结构、消费支出水平产生变动。因此，在进行退休消费的实证研究时，可能产生内生性问题。固定效应分析、随机效应分析、工具变量法、断点回归分析方法等均可以解决内生性问题。为了有效解决内生性问题，准确识别退休政策与城镇居民消费变动的因果关系，根据我国现行的强制退休政策特点，本章拟采取断点回归分析方法。

断点回归计量分析方法（Regression Discontinuity Design，简称 RDD）是政策评估计量经济学的重要内容，其主要是对政策实施后的因果效应进行评估的一种计量方法。美国心理学家 Thistlethwaite and Campbell（1960）最早将断点回归计量分析方法应用到奖学金对于学生未来学习影响的研究中。直到 20 世纪 90 年代，经济学者开始将断点回归计量分析方法引入到经济问题研究中。断点回归计量分析方法是假定在一个连续变量上出现一个断点，在断点一侧的个体受到政策干扰，而在另一侧的个体未受到政策干扰，由此在断点附近形成一个准自然实验，考察政策干预带来的影响。目前，断点回归计量分析方法广泛应用于劳动和教育经济学、政治经济学、环境经济学、发展经济学等领域。余静文和王春超（2011）、罗胜（2016）与谢谦等（2019）分别对断点回归计量分析方法进行综述研究，阐述断点回归计量分析方法的应用现状、主要步骤、目前的不足与待改进之处。

近年来，断点回归分析方法被广泛使用在退休消费研究之中，用来评估退休政策对于居民消费产生的影响，如王亚柯和赵振翔（2020），代明慧等（2020），任明丽和孙琦（2020），邹红等（2018）等。其本质思想是个体在某临界值附近受到政策干预，在该临界值附近即形成了准实验，可以评估该政策对于个体产生的处理效应。

断点回归分析方法分为精确断点回归（Sharp RDD）和模糊断点回归（Fussy RDD）。精确断点回归分析方法是指个体与政策处理效应关系是确定的，个体完全接受政策的处理效应。模糊断点回归方法指个体与政策处理效应的关系是随机的，个体接受处理效应与否是受到其他因素或选择变量影响的。城镇退休居民消费研究属于模糊断点回归分析方法范畴。

我国目前执行强制退休政策，主要针对城镇居民。一般而言，男性干部和工人年满60周岁，女性干部年满55周岁，女性工人年满50周岁，即达到退休要求。但是存在特殊情况，可能提前退休或是延迟退休。当从事高温、高空、繁重体力劳动、有害身体健康等工作时，男性年满55周岁、女性年满45周岁，可提前办理退休手续；男性年满50周岁、女性年满45周岁，且丧失劳动能力的或是工伤致残无法劳动的，可提前办理退休手续；少数专业技术人员根据工作及所在单位需要，可能办理延迟退休。居民受退休政策影响的概率是非连续的，满足断点回归分析方法的使用条件。退休的概率在法定退休年龄位置上存在一个不连续的跳跃。城镇居民到达退休年龄时，并不一定退休，有的居民因特殊技能等原因而延迟退休，有的居民因伤、因残等原因而提前退休。以上情况属于模糊断点回归。

依据我国强制退休政策，女性退休年龄相比于男性更为复杂，参考邹红和喻开志（2015）、贾男（2020）、任丽明和孙琦（2020）等的做法，以男性为研究对象，60岁为退休断点。

退休 retirement 为处理变量，它是由连续变量年龄 age 是否超过 60 岁断点（cutoff）所决定。

$$Retirement = \begin{cases} 1 & \text{若 } age \geqslant 60 \\ 0 & \text{若 } age < 60 \end{cases}$$

处理变量 retirement 是 age 的函数，在 age = 60 岁处形成一个断点 cutoff，

这为评估处理变量退休 retirement 对年龄 age 的因果效应提供了机会。我国的退休制度，使得对年龄在小领域 $[60-\varepsilon, 60+\varepsilon]$ 之间的居民进行了随机分组，由此可视为准实验 quasi experiment。在准实验的随机分组条件下，可以一致地估计在 age = 60 岁附近的局部平均处理效应（local average treatment effect，LATE）。

假设 C 代表家庭所拥有的消费水平，R 代表处理变量退休，age 代表年龄，$E[(C_1-C_0) \mid age]$ 代表所需评估的局部平均处理效应 LATE。由于 $C = C_0+R(C_1-C_0)$，故

$$E(C \mid age) = E(C_0 \mid age) + E[R(C_1-C_0) \mid age]$$
$$= E(C_0 \mid age) + E[R \mid age] \cdot E[(C_1-C_0) \mid age] \quad (9)$$

对（9）两边从 age = 60 岁的右边取极限，可得：

$$\lim_{age \downarrow 60} E(C \mid age) = \lim_{age \downarrow 60} E(C_0 \mid age) + \lim_{age \downarrow 60} E(R \mid age) \cdot \lim_{age \downarrow 60} E, (C_1-C_0) \mid age \quad (10)$$

同理，对（9）两边从 age = 60 岁的左边取极限，可得：

$$\lim_{age \downarrow 60} E(C \mid age) = \lim_{age \downarrow 60} E(C_0 \mid age) + \lim_{age \downarrow 60} E(R \mid age) \cdot \lim_{age \downarrow 60} E[(C_1-C_0) \mid age] \quad (11)$$

因假设函数 $E(C \mid age)$、$E(R \mid age)$ 在 age = 60 处连续，则左右极限相等，等于其函数值。因此将（10）减去（11），可得：

$$\lim_{age \downarrow 60} E(C \mid age) - \lim_{age \uparrow 60} E(C \mid age)$$
$$= [\lim_{age \downarrow 60} E(R \mid age) - \lim_{age \uparrow 60} E(R \mid age)] \cdot E[(C_1-C_0) \mid age]$$

根据模糊断点回归 fuzzy regression discontinuity 定义，在断点处个体得到处理的概率为 0<a<b<1，即 b-a≠0，相当于 $\lim_{age \downarrow 60} E(R \mid age) - \lim_{age \downarrow 60} E(R \mid age) \neq 0$。

故

$$E[(C_1-C_0) \mid age] = \frac{\lim_{age \downarrow 60} E(C \mid age) - \lim_{age \uparrow 60} E(C \mid age)}{\lim_{age \downarrow 60} E(R \mid age) - \lim_{age \uparrow 60} E(R \mid age)} \quad (12)$$

方程式（12）即为所求的局部平均处理效应（local average treatment effect，LATE）。

模糊断点回归可以采用两阶段最小二乘法 2SLS 进行估计。依据 Lee and Lemieux（2010）关于模糊断点的分析思路，将年龄作为退休的外生工具变

量。将年龄作为工具变量，是因为其满足如下两点：一是相关性，年龄（工具变量）与退休（内生解释变量）相关；二是外生性，年龄（工具变量）与扰动项不相关。

采用两阶段最小二乘法 2SLS 进行估计的主要方程为：

第一阶段估计方程为：

$$R = \alpha_0 + \alpha_1 \sum_{j=1}^{k} (age-60)^j + \alpha_2 \cdot D + \alpha_3 \cdot Z + \varepsilon$$

第二阶段估计方程为：

$$C = \beta_0 + \beta_1 \cdot R + \beta_2 \sum_{j=1}^{k} (age-60)^j + u$$

其中，R 代表退休。（age-60）表示居民年龄与 60 岁的差，即居民实际年龄与断点年龄的差距。D=1，当 age-60≥0，视为实验组；D=0，当 age-60<0，视为控制组。Z 代表控制变量。C 代表家庭所拥有的消费水平。

## 5.2 数据与变量处理

### 5.2.1 数据来源

本书采用西南财经大学的中国家庭金融调查数据（CHFS）。该数据采用三阶段分层、与规模度量成比例的 PPS 抽样。第一阶段从全国范围内抽取区县数据，第二阶段从区县中抽取居委会或村委会数据，第三阶段从居委会或村委会中抽取住户数据。每一阶段均采用概率比例规模抽样（PPS 抽样），权重为该抽样单位的人口数或户数，从而最大限度地保障了样本数据的代表性和随机性。CHFS 数据包含四个年度，其中 2011 年收集具有全国代表性的家庭样本 8438 户；2013 年收集具有全国代表性和省级代表性的样本 28 141 户；2015 年和 2017 年收集具有全国代表性、省级代表性以及副省级城市代表性的样本 40 000 户左右，分布在除新疆、西藏、港澳台地区的全国 29 个省（直辖市或自治区）、355 个区县、1428 个社区。

CHFS 采用西南财经大学自主研发的技术系统。该技术系统包含触摸式问卷调查移动终端、问卷录音及定位核查系统与方法、访问过程实时监控系统与方法、计算机辅助面访管理信息系统（CAPIMIS）以及问卷设计与问卷解析软件（CQL）等。该技术系统的研发与实施保障了 CHFS 更加真实、准确、完整地收集有关家庭金融微观层次的相关信息，如住房资产与金融财富、负债与信贷约束、收入与消费、社会保障与保险、代际转移支付、人口特征与就业等相关信息，为学术研究与政府决策提供了高质量的微观家庭金融数据，也为本章的退休消费研究提供了数据基础。

　　本章采用中国家庭金融调查数据（CHFS）2017 年数据，采取以下原则选取分析所需的样本家庭。一是根据我国退休政策主要适用于城镇居民的现状，本章选取户主为非农业户口的家庭作为样本研究家庭。二是由于女性的退休年龄多样性，若选取女性研究对象，可能存在多个年龄断点。参考邹红和喻开志（2015）、贾男（2020）、任明丽和孙琦（2020）等做法，选取男性为研究对象，用城镇男性户主的状态作为该家庭的退休标志，若该男性户主退休，则认为该家庭为退休家庭，反之则认为该家庭为在职工作家庭。三是依据 Lee 和 Lemieux（2010）关于断点回归使用的要求，应在断点附近形成邻域，从而考察退休之前与退休之后的消费差异。我国男性退休年龄一般在 60 岁，因此，本章选取 55 岁至 65 岁之间的城镇男性户主家庭为样本家庭研究对象。结合上述条件，最终选取 2933 个样本家庭作为分析样本。

　　图 5-1 显示了年龄与退休率的关系图。横轴代表年龄，年龄范围区间为 50 岁至 70 岁；纵轴代表退休率，具体计算方式是用某一年龄退休人数除以该年龄人数，退休率区间范围为 0 至 1。通过图 5-1 可知，居民的退休率在 60 岁处存在明显的跳跃，在 60 岁之前，居民退休率较低，居民 50 岁时退休率接近于 0，居民 55 岁时退休率接近于 0.1，靠近 60 岁时退休率有小幅上升，主要是由于个别居民实施了提前退休的政策，这意味着 60 岁之前大多数居民处于未退休状态。在 60 岁之后，居民的退休率显著跳跃至接近 1 的水平，意味着 60 岁之后大多数居民处于退休状态。处于 60 岁时点的居民退休率在 0.5 左右，这主要由于退休政策依据居民生日而实施，部分 60 岁的居民处于退休状态，而另一部分居民未退休。综上，图 5-1 显示数据中居民在 60 岁形成退休率的显著跳跃，即在 60 岁处形成一个断点，在断点前后的退休率存在明显差异，符合断点回归分析方法的要求，可以利用退休政策形成的断点效应进行进一步的分析。

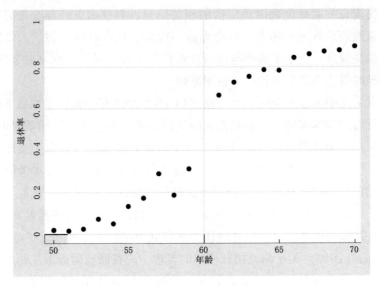

图 5-1　年龄与退休率的关系图

### 5.2.2 主要变量选择与处理

#### 一、主要变量

本章的主要变量包含被解释变量即家庭消费总支出、各类明细消费支出等，解释变量退休状态，工具变量年龄，主要控制变量即体现家庭特征与个人特征的变量。具体内容如下：

（一）被解释变量

家庭消费总支出，主要指该家庭在上一个年度 2016 年 1 月至 2016 年 12 月所发生的消费总支出。

具体消费结构包括食品消费、自家生产的农产品消费、日用品消费（含洗漱用品、洗衣用品、家用纺织品、手工工具等，但不含食品消费和服装服饰消费）、家政服务消费（含雇佣保姆、小时工、司机所花费的费用以及家政公司提供的病床陪护、搬家、修理、清洁清理、管道疏通等费用）、本地交通消费（含自驾的邮费、停车费、修理保养费、过路或过桥费等）、通信费和网费消费（含使用手机和电话等通信费、上网费、有线电视费等）、服装与服饰消费、住房装饰装修消费（不包括为改变房屋结构、改善住房功能、扩大居住面积等而进行的大型装修、扩建支出的消费）、购买交通工具消费（含购买电动车、摩托车等家用交通工具以及零配件的消费支出）、旅游消费（含旅游中产生的交通费、住宿费、门票费等）、医疗消费、保健健身消费（含接受保健理疗服务、购买保健品、办理健身卡、购买健身器材与食品、聘请私人健身教练等消费支出）等。

（二）解释变量

退休虚拟变量。若城镇男性户主处于退休状态，则定义退休变量 retirement = 1；若城镇男性户主处于工作状态，则定义退休变量 retirement = 0。

（三）工具变量

选取年龄为退休变量 retirement 的工具变量。若城镇男性户主超过 60 岁，则退休变量 retirement = 1；若城镇男性户主未超过 60 岁，则退休变量 retirement = 0。

（四）主要控制变量

控制变量包含收入、住房、健康、教育等，体现城镇退休居民的个人特征和家庭特征。家庭可支配收入变量 income，主要指 2016 年度该户家庭所有成员的税后货币工资的累计加总收入。家庭住房面积变量 house，主要指该户家庭成员所拥有的所有产权住房的累计加总面积之和。城镇男性户主的健康状况变量 health，主要指与同龄人相比，被调查者自述的健康状况。其中，健康状况 health = 1 代表健康，健康状况 health = 0 代表不健康。城镇男性户主的受教育程度变量 education。其中，受教育程度 education = 1 代表高中及以上学历，受教育程度 education = 0 代表初中及以下学历。

## 二、数据描述性统计

表 5-1 展示了变量统计性描述。所筛选的总体样本数量为 2933 个，其中退休样本数量为 1458 个，占比 49.71%，说明近一半样本处于退休状态。平均年龄为 60.22 岁，接近法定退休年龄 60 岁断点。健康变量均值为 0.87，说明大部分样本处于健康状态。教育变量均值为 0.53，说明一半左右的样本受到高中及以上教育。

表 5-1　变量统计性描述——基于模糊断点回归模型

| 分类 | | 变量 | 样本数 | 均值 | 标准差 |
|---|---|---|---|---|---|
| 被解释变量 | 家庭日常消费 | 食品 | 2933 | 26 565.8 | 16 830.88 |
| | | 水电燃气及物业 | 2933 | 5152.834 | 6697.93 |
| | | 日用品 | 2933 | 2262.546 | 3864.829 |
| | | 通信及上网费 | 2933 | 2614.446 | 3041.399 |
| | 工作相关消费 | 本地交通 | 2933 | 3692.881 | 10 391.69 |
| | | 服装服饰 | 2933 | 2643.946 | 5570.671 |
| | 健康休闲消费 | 医疗 | 2933 | 11 229.41 | 66 692.44 |
| | | 娱乐 | 2933 | 854.0761 | 3595.074 |
| | | 旅游 | 2933 | 3754.18 | 10 654.87 |
| | 其他类型消费 | 家政服务 | 2933 | 484.3241 | 8552.398 |
| | | 住房装修装饰 | 2933 | 3617.979 | 22 677.31 |
| | | 代购 | 2933 | 807.9114 | 6568.385 |
| 解释变量 | | 退休 | 2933 | 1 | 0 |
| 工具变量 | | 年龄 | 2933 | 60.2196 | 3.1659 |
| 控制变量 | | 家庭可支配收入 | 2933 | 36 947.41 | 58 781.17 |
| | | 家庭住房面积 | 2933 | 119.7227 | 121.7314 |
| | | 健康状态 | 2933 | 0.8704 | 0.3359 |
| | | 教育程度 | 2933 | 0.5302 | 0.4992 |

　　城镇居民家庭消费总支出由 12 项消费结构细项共同组成。根据具体消费内容，我们将消费分为家庭日常消费、工作相关消费、健康休闲消费和其他四种消费类型。

　　其中家庭日常消费主要包括食品、水电燃气及物业、日用品、通信及上网等，涵盖退休居民家庭日常生活消费内容。工作相关消费主要包括本地交通、服装服饰消费等，涵盖居民工作状态时必要的消费内容。健康休闲消费主要包括医疗、娱乐、旅游等。其他类型消费指剩余类别的消费，主要包括家政服务、住房装修装饰、代购等消费内容。

具体而言，食品和医疗消费破万，平均值分别达到 2.66 万元和 1.12 万元，占到家庭总消费支出约六成。但食品和医疗消费又存在差异，二者的标准差分别为 1.68 万元和 6.67 万元，医疗消费的离散程度远高于食品消费，食品消费弹性较小，医疗消费弹性较大。家政服务、代购、娱乐消费支出最少，低于千元，且标准差较大，说明这三类是非必需消费。另外，住房装修装饰、旅游、本地交通、服装服饰等消费标准差较大，说明这几类消费在各家庭间存在差异。

## 5.3 实证分析与检验

### 5.3.1 实证回归结果

表 5-2 汇报了利用模糊断点回归方法对城镇退休居民家庭总消费及各类消费结构细项进行非参数估计的结果，显示了退休政策对城镇居民家庭消费的影响。运用非线性拟合的方法判断断点左侧和右侧的回归系数，采用三角核（trianglekernel）、矩形核（rectangularkernel）或均匀核（uniformkernel）方法选择核密度函数，采用 mserd 或 msetwo 方法确定最优带宽，运用局部多项式方法确定一次型是最优拟合。图 5-2 至图 5-12 展示了退休对各类消费影响的断点图。为了得到更稳健的回归结果，我们在计量模型中加入收入、住房、健康、教育等控制变量。实证分析结果显示，退休促使城镇居民家庭总体消费显著增加约 1.75%，对于具体消费结构细项的影响存在差异。

在基准回归中，由于不同样本之间的误差项可能存在相关性，本章在回归中采用聚类标准误的方法。

在家庭日常消费方面，退休产生显著影响，影响有正有负。在 1% 显著性水平下，食品、水电燃气及物业、通信及上网费等消费分别增加约 3.07%、0.98% 和 0.26%。退休居民为了身体健康，倾向于采购品质更好的食品，健康饮食、绿色饮食，在食品方面的消费投入更大。退休后居家时间更长，耗用的水电燃气更多。网络普及带动退休居民更多地"触网"，相应地通信及上网费消费需求增大。

在 5% 显著性水平下，日用品消费下降约 0.24%，退休之后居民减少了日用品耗用。

在工作相关消费方面，退休产生负向影响。在1%显著性水平下，本地交通减少0.33%。服装服饰消费减少0.35%，但并不显著。退休后，居民不再需要工作交通通勤、工作服装采购，本地交通与服装服饰消费相应减少。

在健康休闲消费方面，退休产生正向或负向的显著影响。在1%显著性水平下，医疗和旅游消费分别增加了2.07%和1.24%，娱乐消费减少了0.72%。退休居民身体机能逐渐衰退，西医治疗、中医料理、健康保健养生等消费需求增加。在具有一定的财产与收入等保障的前提下，退休居民更加关注身心健康，医疗和旅游休闲消费支出增加。而娱乐消费支出的减少，一方面由于工作娱乐应酬减少，一方面由于旅游消费增加对娱乐消费造成挤压。

在其他类型消费方面，退休产生正向或负向的影响。在1%显著性水平下，家政服务减少了1.24%，代购消费增加了0.94%。住房装修维修消费降低了0.71%，但统计不显著。居民进入退休状态，闲暇时间明显增多，具有更充裕的时间进行家务家政、房屋维修等劳动，家政服务、住房装修维修等方面的消费支出相应减少。代购消费主要指代购海外商品或境外消费，是一种新型消费方式。代购消费的增加说明退休家庭倾向于多元化消费，逐渐接受并增加海外商品消费。

随着时间的推移，从长期效应来看，退休居民经过一段时间对于退休生活的适应与规划，消费需求与消费行为会发生转变。安养晚年是退休居民的生活目标，这要求着退休居民需要通过必要的消费行为保持其生活的舒适性、便捷性、享受性。一再地压缩消费不能实现退休居民安养晚年的生活目标。因此，在经过一段时间适应了退休生活之后，退休居民会调整消费需求与消费行为，逐渐增加消费支出，提高自身生活的物质保障程度，追求更高的生活目标要求。

表5-2　退休对城镇居民家庭消费的影响——微观视角

| 变量 | 回归系数 | 最优带宽 | 核函数类型 |
| --- | --- | --- | --- |
| 家庭总消费 | 1.7535*** (0.3838) | 3.680年 | Triangle |
| 食品消费 | 3.0737*** (0.0427) | 3.716年 | Triangle |

续表

| 变量 | 回归系数 | 最优带宽 | 核函数类型 |
|---|---|---|---|
| 水电燃气及物业消费 | 0.9796***<br>(0.0551) | 3.703 年 | Epanechnikov |
| 日用品消费 | −0.2360**<br>(0.0942) | 3.740 年 | Triangle |
| 通信及上网费 | 0.2642***<br>(0.0596) | 3.735 年 | Triangle |
| 本地交通消费 | −0.3312***<br>(0.1166) | 3.546 年 | Epanechnikov |
| 服装服饰消费 | −0.3471<br>(0.0880) | 3.143 年 | Uniform |
| 医疗消费 | 2.0760***<br>(0.1498) | 3.682 年 | Triangle |
| 娱乐消费 | −0.7197***<br>(0.2012) | 3.638 年 | Triangle |
| 旅游消费 | 1.2368***<br>(0.1628) | 3.202 年 | Uniform |
| 家政服务消费 | −1.2411***<br>(0.4380) | 3.270 年 | Epanechnikov |
| 住房装修维修消费 | −0.7084<br>(0.4815) | 3.634 年 | Epanechnikov |
| 代购消费 | 0.9384***<br>(0.2933) | 3.105 年 | Uniform |

注：*、**、***分别代表在10%、5%、1%程度下的显著性水平。

总体而言，退休对城镇居民家庭总体消费产生正向促进作用，消费结构发生变动，我国城镇居民家庭不存在"退休消费之谜"。退休居民关注身心健康与生活品质，食品、医疗、旅游等消费增幅较大。退休带来生活状态改变，造成了工作相关消费、家政服务等消费支出减少，水电燃气与物业、通信及上网费等消费支出增加。代购等新型消费模式也受到部分退休居民家庭的青睐，增加了此部分消费支出。

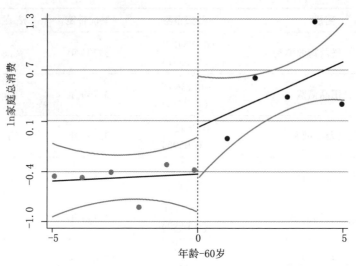

图5-2　退休对家庭总消费开支的影响——微观视角

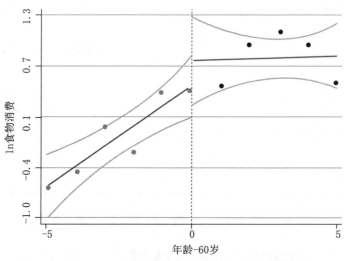

图5-3　退休对食物消费开支的影响——微观视角

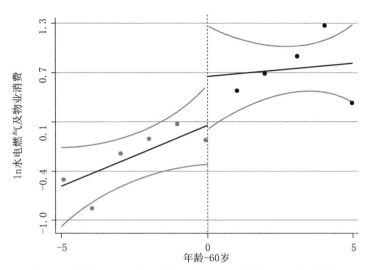

**图 5-4　退休对水电燃气及物业消费开支的影响——微观视角**

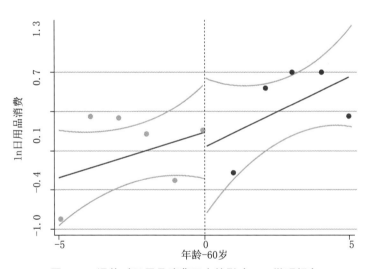

**图 5-5　退休对日用品消费开支的影响——微观视角**

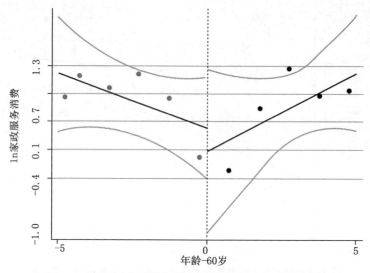

**图 5-6 退休对家政服务消费开支的影响——微观视角**

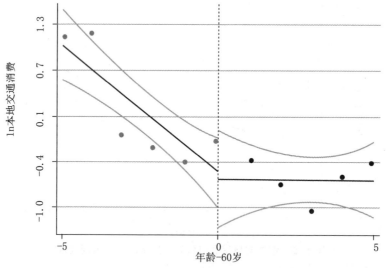

**图 5-7 退休对本地交通消费开支的影响——微观视角**

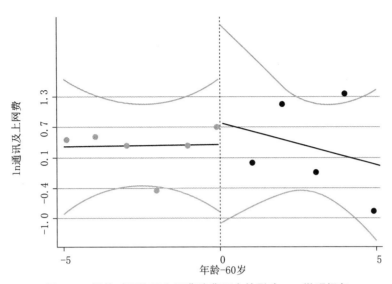

**图 5-8　退休对通信及上网费消费开支的影响——微观视角**

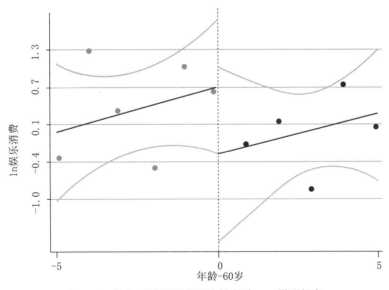

**图 5-9　退休对娱乐消费开支的影响——微观视角**

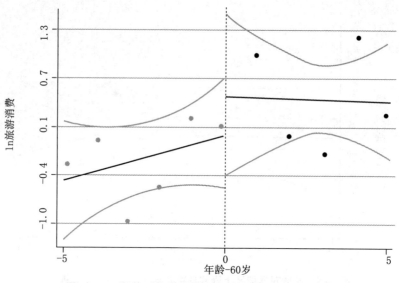

图 5- 10　退休对旅游消费开支的影响——微观视角

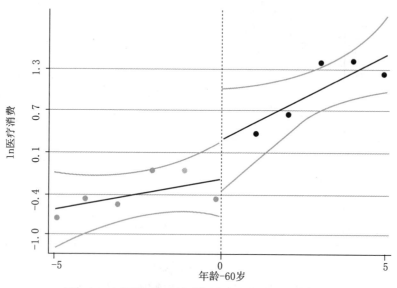

图 5- 11　退休对医疗消费开支的影响——微观视角

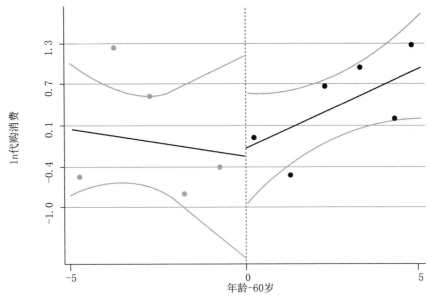

**图 5-12　退休对代购消费开支的影响——微观视角**

### 5.3.2 稳健性检验

采用模糊断点回归分析方法，需要从参考变量和控制变量分布的连续性、安慰剂检验等方面进行稳健性检验。具体如下：

#### 一、参考变量分布连续性检验

图 5-13 进行了参考变量"年龄"的连续性检验。应用断点回归计量分析方法时，要求参考变量"年龄变量"在断点 60 岁附近进行随机选择，而非人为操纵。根据 McCrary（2008）提出的检验方法，"年龄变量"的核密度函数在断点附近应是连续的。核密度函数分布图显示，变量在断点附近是平滑的，符合参考变量分布连续性检验。进一步查看计算数值，在 60 岁断点两侧，"年龄变量"的密度差异 $\hat{\theta}=0.125$，标准误差 $SE=0.237$，也是符合连续性分布检验的。

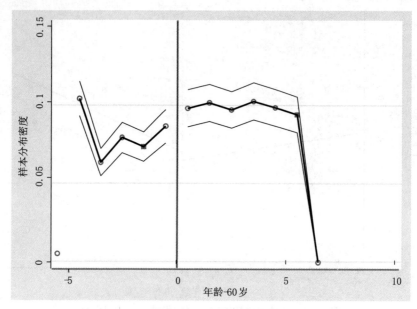

**图 5-13  稳健性检验：年龄变量核密度函数**

## 二、控制变量分布连续性检验

表 5-3 进行了收入、住房、健康、教育等控制变量的连续性检验。在检验退休对消费的因果影响时，需排除其他变量在断点处是否存在跳跃，否则不能有效说明消费的变动是由退休引起的。为验证控制变量的连续性，使用断点回归计量方法将控制变量作为伪结果进行检验，查看相应的估计量是否显著。当估计量不显著时，说明协变量符合连续性假设。表 5-3 回归结果显示，控制变量的结果不显著。这说明控制变量在断点处没有明显的跳跃变化，进一步验证了断点回归设计的可行性。

**表 5-3  稳健性检验：控制变量连续检验**

| 变量 | 回归系数 | 标准误差 |
|------|----------|----------|
| 收入 | 3.5891 | 1.2361 |
| 住房 | 1.2356 | 0.8971 |
| 健康 | 1.3694 | 0.5691 |
| 教育 | 6.2584 | 1.3651 |

### 三、安慰剂检验

表5-4进行了不同年龄断点的安慰剂检验。根据断点回归计量分析方法的要求，在其他年龄断点处，消费不应存在跳跃，否则无法证明退休变量是导致消费变量跳跃的主要影响因素。安慰剂检验结果显示，在不同年龄断点处均不显著，满足断点回归设计要求。

**表5-4　稳健性检验：不同年龄的断点回归 P 值**

| 变量 | 56 岁 | 57 岁 | 58 岁 | 59 岁 | 61 岁 | 62 岁 | 63 岁 | 64 岁 |
| --- | --- | --- | --- | --- | --- | --- | --- | --- |
| 总消费支出 | – | – | 0.902 | 0.744 | 0.953 | 0.388 | – | – |
| 食品消费 | – | – | 0.677 | 0.865 | 0.636 | 0.237 | – | – |
| 水电燃气及物业消费 | – | – | 0.269 | 0.839 | 0.302 | 0.447 | – | – |
| 日用品消费 | – | – | 0.465 | – | 0.929 | 0.403 | – | – |
| 家政服务消费 | – | – | – | 0.912 | 0.556 | 0.430 | – | – |
| 本地交通消费 | – | – | – | – | 0.437 | 0.540 | – | – |
| 通信及上网费 | – | – | – | – | 0.406 | 0.275 | – | – |
| 娱乐消费 | – | – | – | 0.508 | – | 0.434 | – | – |
| 服装服饰消费 | – | – | – | 0.909 | 0.270 | 0.828 | – | – |
| 住房装修维修消费 | – | – | – | 0.427 | 0.263 | 0.463 | – | – |
| 旅游消费 | – | – | – | 0.508 | – | 0.049 | – | – |
| 医疗消费 | – | – | – | 0.419 | 0.646 | 0.627 | – | – |
| 代购消费 | – | – | – | 0.886 | 0.647 | 0.183 | – | – |

## 5.4 影响机制分析

上述研究结果表明，退休对城镇居民家庭总消费产生正向影响，对消费结构产生变动影响。我们从收入保障、房产和消费需求等因素角度，探讨驱动退休对城镇居民家庭消费影响的作用机制。

### 5.4.1 收入保障

在整个生命周期内，理性经济人的收入与消费趋于平衡，长期消费处于稳定状态。退休事件代表居民跨入生命周期的晚期阶段，退休收入相较于工作时期有所减少，收入增长预期也相应降低。退休事件对收入保障带来冲击，进而会造成短期消费波动。养老金收入越高、医疗保障体系越完备，退休居民储蓄动机会降低，从而促进消费增加，反之相反。我国城镇退休居民主要收入来源是社保养老金收入，医疗消费主要依靠医疗保险报销，社保养老金和医疗保险是两大主要的收入保障内容。在中国家庭金融调查数据（CHFS）中，具有问卷问题"目前，是否参加社会养老保险、商业保险、社会医疗保险、补充医疗保险？"根据这些问题，我们设置相应的哑变量，其中 1 表示具有相应的保险，2 表示无保险。表 5-5 列示了退休对社保养老金、商业保险、医保、补充医保的影响，结果显示退休对上述变量产生显著的正向影响。

社保养老金是我国城镇退休家庭主要收入来源。我国退休制度实行长缴多得、多缴多得原则，累计缴费年数和缴费基数是影响社保养老金收入的重要因素，缴费时间越长、缴费基数越大，居民在退休后会得到越多的养老金收入。另外，部分城镇退休居民已不满足于基本养老金收入，提前进行退休规划，购入商业保险作为退休收入的补充。计量分析结果显示，退休对社保养老金和商业保险产生正向影响。这可以理解为退休正向促进了居民取得社保养老金和商业保险。例如，退休制度要求最低缴费年限为 15 年，在退休时未满年限的居民可以补足缴款，从而取得退休养老金收入。对于商业保险而言，其虽然是一项长期规划，但是在退休节点前后，有计划购入商业保险的居民将采取行动并取得商业保险，从而增加自身的退休收入水平。这一机制可以解释前一部分的实证分析结果，即退休对社保养老金和商业保险的正向作用，传导为退休收入的增加，从而促进了退休消费的增加。

表 5-5　影响机制：收入保障

| 变量 | 回归系数 | 最优带宽 | 核函数类型 |
|---|---|---|---|
| 社保养老金 | 0.9504*** （0.0184） | 3.715 年 | Triangular |
| 商业保险 | 0.0972*** （0.0175） | 3.728 年 | Triangular |

续表

| 变量 | 回归系数 | 最优带宽 | 核函数类型 |
|---|---|---|---|
| 医保 | 0.9291*** (0.0217) | 3.111 年 | Uniform |
| 补充医保 | 0.1631*** (0.0312) | 3.742 年 | Epanechnikov |

注：*、**、*** 分别代表在 10%、5%、1% 程度下的显著性水平。

在研究退休居民消费时，应考虑退休人口的特点，尤其是其身体机能与健康状况逐渐下降的现实。这一客观事实要求我们考虑到医疗消费，这也是退休居民消费与其他类型人口消费的显著不同之处。我国医保制度是有效保障退休居民享受医疗服务的重要手段，也是减轻退休居民医疗消费负担的重要措施。除了基本的医疗保险，本章采用的中国家庭金融调查数据显示，补充医疗保险作为辅助手段，也逐渐为退休居民所采纳。结合计量分析结果，这一机制表示退休对医保和补充医保产生正向作用，居民在退休之后采用医保和补充医保的方式，降低自身对于医疗消费的开支，提升了其他领域的消费能力。

### 5.4.2 房产财富

生命周期理论显示，理性经济人将使其资产平滑地进行终生消费，资产与消费呈正向关系，资产越多、消费水平越高。对于我国城镇居民家庭而言，房产是其重要的资产组成部分，也是影响退休消费的重要因素。在研究样本中，我们设置"房产"变量，拥有自有住房设置为 1，无自有住房设置为 0。表 5-6 实证分析结果表明，退休对房产起到了正向影响作用。房产作为收入存量，不但能给退休居民带来心理的安全感，还能产生财富效应。目前我国商品房住宅价格稳步提升的现状，会导致退休居民增加未来资产财富预期，从而影响消费需求。财富效应要兑现，需要居民能够利用房产增值收益。例如，拥有多套住房的退休居民，随着房价高企带来的租金收入上升，从而增加消费。房产财富效应的兑现受到诸多限制，一方面受限于房产变现能力，交易成本高，流动性差；另一方面，受我国传统文化影响，大多数退休居民具有强烈的馈赠动机，不会将房产以大换小或是售卖获取收益，而是选择将房产等重要财富馈赠给后代。对于无房产的退休居民，目前高企的房价，导致其虽有购房意愿但无购房能力，选择与子女同住等居家养老方式或是居住在养老机构，购房资金可以用于其他方面的消费，从而增加消费开支；也可能促使其为了购房而增加储蓄，对消费造成挤出，降低消费支出。

综上，样本数据研究表明，退休正向影响着房产，退休居民寻求稳定的住所，希望老有所居。但是房产对退休居民消费的影响是多方面的，影响方向可能是正向的，也可能是负向的。

表 5-6　影响机制：房产

| 变量 | 回归系数 | 最优带宽 | 核函数类型 |
|---|---|---|---|
| 住房 | 0.8369*** （0.0312） | 3.734 年 | Triangular |

注：*、**、***分别代表在 10%、5%、1%程度下的显著性水平。

### 5.4.3　消费需求

基于身体机能衰退以及社会角色转变等现状事实，传统的生活服务、健康养生、精神文化活动等消费依旧是退休居民的刚需。随着社会的发展、科技的进步、消费环境的改善，退休居民消费需求也在悄然改变。退休事件导致居民工作和生活状态改变，闲暇时间增加，生活重心转移到自身健康与康养晚年，再加之外界消费环境的渲染，促使退休居民的消费需求发生变化。退休事件对消费需求造成影响，继而引起消费行为的变化。但消费需求是否会进一步实质性地转化为消费行动，需要考虑退休居民群体特征、消费环境、消费供给等方面内容。

在中国家庭金融调查问卷中（CHFS）中，存在关于网购"你家是否有过网上购物的经历？"的问题。我们根据该问卷问题，设置"网购"变量，研究退休对网购消费需求的影响。网购是目前新兴的消费需求，2018 年我国电子商务销售达到 152 424 亿元，销售增长率达 22%，[1]发展势头迅猛。除了"网购"变量，我们根据问卷设置"上网设备"和"移动支付"变量，网购消费需求转化为实际消费行动，需要具备上网智能设备和网上支付等必要的

---

〔1〕　数据来源：《2019 年中国第三产业统计年鉴》。

条件。"网购"变量设置为哑变量，其中 1 指线上网购，0 指线下实体店购物。"移动支付"变量设置为哑变量，其中 1 指通过电脑、手机、pad 等进行网银、支付宝、微信等支付行为，0 指采用现金、刷银行卡或信用卡等传统支付行为。"上网设备"变量设置为哑变量，其中 1 指使用手机设备，0 指使用其他设备如电脑等。表 5-7 实证分析结果显示，退休事件正向促进了居民网购消费。网购这种新型消费从潜在需求转换为有效需求，需要借助中介工具，我们同时考察了手机支付和上网设备。退休事件也正向影响着移动支付行为，手机是退休居民首选的上网使用设备。

表 5-7　影响机制：消费需求

| 变量 | 回归系数 | 最优带宽 | 核函数类型 |
|------|---------|---------|-----------|
| 网购 | 0.4397 *** （0.0420） | 3.711 年 | Triangular |
| 移动支付 | 0.2340 *** （0.0358） | 3.741 年 | Triangular |
| 上网设备 | 0.4306 *** （0.0292） | 3.744 年 | Triangular |

注：* 、** 、*** 分别代表在 10%、5%、1% 程度下的显著性水平。

对这一分析结果的解释是，城镇居民迈入退休生活之际，身体健康程度尚可，具有稳定的养老金收入，闲暇时间显著增加，更容易接受学习新鲜事物，参与网购消费增多。与此同时，网购消费本身固有的便捷性，提高了消费感受、提升了消费需求；互联网应用和智能手机设备的普及，使得退休居民有机会广泛接触到网购消费，促进了退休居民网购消费需求的增加。但是，退休居民具有较强的异质性，消费需求依据收入、经济状况、地域特征、教育程度等而有较大的差异。从供给角度，生产供给针对性不足、配套服务欠缺，市场定位模糊、区域发展不均衡，行业处于盲目自发的分散发展阶段、缺乏整体布局和系统规划，制约消费需求的有效释放。

在前述的实证分析中，退休事件引起代购消费需求变动，并导致代购消费支出显著增加。退休居民不再是传统的经济型消费者，消费需求向高水平、高层次、多元化的方向转变，综上，以研究样本的网购消费需求为例，实证分析证明了退休正向促进了网购消费需求。退休事件对消费需求产生影响，若要进一步转化为对消费结构、消费支出等的影响，需要从供给端角度共同配合。

# 5.5 本章小结

本章基于生命周期理论，从微观视角实证检验退休对城镇居民消费带来的影响。本章依据模糊断点回归计量分析方法，采用西南财经大学的中国家庭金融调查（CHFS）2017年数据，实证检验退休之后相较于退休之前，城镇居民消费产生何种变化，即总消费支出是否出现大幅下降，消费结构产生何种变化。并从收入保障、房产、消费需求等方面，探究上述因素如何影响退休居民消费。通过本章的实证检验与分析，可以把握退休居民消费特点，激活退休居民消费潜力，推动退休居民广泛享有经济发展成果，为扩内需、促发展做出贡献。

首先，本章实证研究发现，我国城镇居民不存在"退休消费之谜"现象。退休对城镇居民家庭总消费引起轻微变动，消费结构发生调整。对于消费结构具体而言，食品、医疗、旅游等家庭日常消费以及健康消费显著增加，与工作相关的消费、家政服务、娱乐等消费显著下降。我国社会保障体系逐渐完善，城镇退休居民具有较为完备的养老收入、医疗保险等保障。再加之退休之前所积攒的资产财富，城镇居民可以保障退休之后的生活无忧、维持安享晚年的生活状态。因此，退休并未带来较大的负向影响，总消费支出未发生较大幅度的下降。同时，退休居民的健康程度逐渐走向衰老，对于健康、医疗、营养食品的消费需求逐渐增加，相应地将增加此类消费结构支出。退休也意味着生活状态发生重大改变，与工作相关的消费已无必要，居家闲暇时间增多，家政服务等消费支出将有所下降。

其次，本章从收入保障、房产、消费需求等方面探讨影响退休居民消费的影响机制。在收入保障方面，本章着重考察医疗保险、补充医疗保险、社保养老金、商业保险等方面。实证检验发现，退休对上述收入保障带来正向影响，说明退休对于收入保障具有正向需求，从而可以保障其消费购买力。在房产方面，退休居民表现为希望老有所居，退休对房产财富带来正向影响。但是受到我国传统文化影响，退休居民具有较强的遗产馈赠动机。房产的财富效应并不会传导为消费的增加。在消费需求方面，本章主要考察退休居民对于网购等新型消费形式的消费需求。网络的普及、网购方式的便捷，使得网购的市场占有率逐渐扩大，退休居民群体也是其潜在影响对象。实证研究显示，退休对于网购等消费需求存在正向影响关系。但是消费需求进一步转化为有效的消费购买行动力，还需要从供给角度提高退休居民网络消费的有效供给。

最后，本章的主要贡献在于：一是在研究方法方面，采用模糊断点回归计量分析方法，有效解决退休消费的内生性问题，得到更为稳健可信的回归分析结果。二是在研究内容方面，实证研究退休政策对于城镇居民总体消费支出以及消费结构细项产生的影响，分析退休之后城镇居民消费变动情况，为增进退休居民福祉、积极应对人口老龄化提供理论支撑。三是在影响机制研究方面，从收入、资产和消费需求的角度，探究退休消费的影响机制，为释放退休居民消费潜力、推动国内大循环提供参考。

# 退休城镇居民消费变动分析
## ——宏观层面

　　依据第四章退休与城镇居民消费的理论分析可知，退休将对城镇居民家庭消费带来宏观影响。本章主要从宏观角度，实证检验退休对国家、社会带来的宏观影响。退休将通过收入、就业、劳动力供给、产业结构、消费结构等一系列因素带来消费变动影响。本章根据"几乎理想需求系统"（Almost Ideal Demand Systems，简称为 AIDS 模型），采用宏观经济数据，运用静态面板数据模型和动态面板数据模型，分析退休对总消费支出、各消费结构细项等因素带来的宏观影响及其影响机制。

## 6.1 退休对总消费的影响——基于静态面板数据模型

　　马歇尔曾指出，一切需要的终极调节者来自消费。[1]消费对于经济发展的重要贡献，我们用形象的"三驾马车之一"来形容消费的作用。退休居民人口数量不断增加，已经发展成为更大的消费群体，对宏观投资、产业结构、产品结构等造成更大的影响。在目前国内大循环经济发展格局之下，研究掌握制约退休居民消费总量的影响因素，意义重大。

　　生命周期理论认为，消费者的储蓄动机受到就业、退休等事件以及工作收入、社会养老保险等的影响。退休事件的发生伴随着收入的降低，可能会对消费产生影响。但是依据生命周期假说理论，消费者会通过储蓄、资产等进行调节，从而保证退休之后的消费平滑。

---

　　〔1〕参见［英］马歇尔：《经济学原理（上卷）》，朱志泰译，商务印书馆 1964 年版，第 111 页。

### 6.1.1 实证模型与实证策略

根据生命周期理论，将消费者的生命周期分为工作时期与退休时期两期，则消费者的终生效用函数为：

$$U_t = \alpha U(C_{1t}) + \beta U(C_{2t+1}) \tag{1}$$

其中，$U_t$ 代表消费者的终身效用。$U(C_{1t})$ 表示消费者年轻工作时的效用函数。$U(C_{2t+1})$ 代表消费者年老退休时的效用函数。$\alpha$ 和 $\beta$ 代表时间贴现因子，即消费者在第 1t 期和 2t+1 期的效用贴现关系。

生命周期理论显示，消费者会追求效用终身最大化。因此最大化效用函数，可以得到：

$$MaxU_t = \sum_0^T \frac{C_{1t}^{1-\lambda}}{1-\lambda} + \gamma \frac{C_{2t+1}^{1-\lambda}}{1-\lambda} \tag{2}$$

上式的约束条件是：

$$C_{1t} = W_t - S_t \tag{3}$$

$$C_{2t+1} = (1+r_{t+1}) S_t + (1+n) W_{t+1} \tag{4}$$

其中，$W_t$ 代表消费者通过劳动等手段获得的收入。$S_t$ 代表消费者的储蓄。$\lambda$ 代表风险厌恶系数。r 代表实际利率。n 代表人口系数，当 n>0 时代表人口正增长，当 n<0 时代表人口负增长。第一个约束条件代表消费者年轻工作时期的消费来自收入与储蓄的差额，第二约束条件表示消费者年老退休时的消费来自储蓄和养老金收入、取得的子女抚养收入等内容。

基于上述效用函数及其约束条件，构建拉格朗日函数从而进行求解：

$$L = \sum_0^T \left\{ \frac{C_{1t}^{1-\lambda}}{1-\lambda} + \gamma \frac{C_{2t+1}^{1-\lambda}}{1-\lambda} + \theta_1 (C_{1t}+S_t-W_t) \right.$$
$$+ \theta_2 \left[ C_{2t+1} - (1+r_{t+1}) S_t - (1+n) W_{t+1} \right] \tag{5}$$

对上式求导得：

$$\frac{C_{1t+1}}{C_{2t+1}} = \frac{C_{1t}}{C_{2t}} = f(W, n, r, \lambda) \tag{6}$$

通过上述模型构建，可以得知消费者跨期消费受到收入、人口系数、实际利率、风险厌恶系数等因素影响。

因本章专门研究退休对居民消费的影响，在上述模型的推导基础上，我们根据退休政策背景以及经济发展情况和居民消费行为等实际情况，设定如下基本计量模型：

$$C_{it} = \alpha + \beta_1 retire + \beta_2 K + \varepsilon \tag{7}$$

其中，变量 $C_{it}$ 是被解释变量，代表消费变量，考察居民消费行为和消费支出等内容。变量 retire 是基本的解释变量，代表退休带来的影响，本章之中我们设定退休变量为城镇退休居民人口数量除以城镇人口数量。变量 K 是其他的解释变量，代表收入、GDP、工业化程度等其他变量对消费的影响。后续我们将基于上述基本计量模型，采用静态和动态面板数据模型方法分别进行分析。

### 6.1.2 数据来源

本章选取了全国 31 个省份、自治区和直辖市中的 30 个省份作为数据研究对象（除了中国香港、中国台湾、中国澳门以外，西藏地区因数据缺失而未纳入研究对象之中）。依据研究的目的性，我们选取的样本区间为 2005 年至 2018 年。选取的样本在每个时期的个体是完全一样的，形成数据为平衡面板数据。更进一步地，样本 n = 30，T = 14，故也是一个短面板数据。数据来源自《中国统计年鉴》《中国人口和就业统计年鉴》《中国劳动统计年鉴》《中国人力资源和社会保障年鉴》《中国劳动和社会保障年鉴》等。

### 6.1.3 计量模型

静态面板回归模型不包括被解释变量的滞后项，不考虑动态结构。该模型主要考察当期退休对于当期消费产生的影响。具体计量模型如下所示：

$$c_{it} = \alpha + \beta_1 \times retire_{it} + \beta_2 \times old1_{it} + \beta_3 \times old2_{it} + \beta_4 \times child_{it} + \beta_5 \times urban_{it} + \beta_6 \times state\_owned_{it} + \beta_7 \times cpi_{it} + \beta_8 \times ir_{it} + \beta_9 \times lngdp_{it} + \beta_{10} \times lnincome_{it} + \beta_{11} \times industry_{it} + \beta_{12} \times livelihood_{it} + \beta_{13} \times capital_{it} + v_d + v_t + \varepsilon \tag{8}$$

（其中，t = 2005 年，……，2018 年，i = 各个省份）

其中，被解释变量 $c_{it}$ 表示第 i 个省份第 t 年城镇居民家庭消费率。解释变量 retireit 表示第 i 个省份第 t 年城镇居民退休情况，具体代表城镇退休人口占城镇人口的比重。

控制变量分为人口、收入、经济、发展等几类指标。

首先，人口类控制变量主要包括 old1$_{it}$、old2$_{it}$、child$_{it}$ 等。变量 old1$_{it}$ 表示第 i 个省份第 t 年城镇老年人口占比。变量 old2$_{it}$ 表示第 i 个省份第 t 年城镇老年抚养比。变量 child$_{it}$ 表示第 i 个省份第 t 年城镇少儿抚养比。

其次，收入类控制变量主要包括 lngdp$_{it}$ 和 lnincome$_{it}$ 等。变量 lngdp$_{it}$ 表示第 i 个省份第 t 年人均实际 GDP 的对数。变量 lnincome$_{it}$ 表示第 i 个省份第 t 年城镇居民家庭人均可支配收入增长率。

再次，经济类发展指标主要包括 cpi$_{it}$ 和 ir$_{it}$。变量 cpi$_{it}$ 表示第 i 个省份第 t 年 CPI 情况。变量 ir$_{it}$ 表示第 i 个省份第 t 年实际利率情况。上述两个变量反映经济波动情况。

最后，发展类控制变量主要包括 urban$_{it}$、state_owned$_{it}$、industry$_{it}$、livelihood$_{it}$、capital$_{it}$ 等。变量 urban$_{it}$ 表示城镇化情况，具体代表第 i 个省份第 t 年的城镇化率。变量 state_owned$_{it}$ 表示国有化情况，具体代表第 i 个省份第 t 年国有单位职工占比情况。变量 industry$_{it}$ 表示工业化情况，具体代表第 i 个省份第 t 年的工业产值占比情况。变量 livelihood$_{it}$ 表示政府民生保障情况，具体代表第 i 个省份第 t 年的民生性财政占比情况。变量 capital$_{it}$ 表示资本化情况，具体代表第 i 个省份第 t 年的资本存量对数。

固定效应方面。变量 $V_d$ 表示省份的固定效应。变量 $V_t$ 表示时间的固定效应。

### 6.1.4 变量处理及变量统计性描述

基于计量模型，选取变量并进行变量处理。表 6-1 显示了所选取的变量及其具体情况。退休 retire 变量沿用现有文献做法，主要参考刘利（2017）、王增文和何冬梅（2016）做法。用退休人口占该地区的城镇居民人口比重来表示，伴随着我国人口老龄化程度加重，退休效应将对城镇居民群体和整个社会产生影响。

表 6-1　变量的定义与选取说明——基于总消费的静态面板数据模型

| 变量 | 变量说明 | 属性 | 计算方式 |
|---|---|---|---|
| | | 被解释变量 | |
| $c_{it}$ | 城镇居民消费率 | 比值 | 对第 i 个省份第 t 年的城镇居民消费除以该地区城镇居民收入 |
| | | 解释变量 | |
| $retire_{it}$ | 退休 | 比值 | 第 i 个省份第 t 年的城镇退休居民人口数除以该地区的城镇居民人口数 |
| | | 控制变量 | |
| $old1_{it}$ | 城镇老年人口比 | 比值 | 第 i 个省份第 t 年的城镇 65 岁及以上的老年人口除以该地区的城镇居民人口 |
| $old2_{it}$ | 城镇老年人口抚养比 | 比值 | 第 i 个省份第 t 年城镇 65 岁及以上的老年居民人口除以城镇劳动力人口 |
| $child_{it}$ | 城镇少儿抚养比 | 比值 | 第 i 个省份第 t 年城镇少儿人口除以城镇劳动力人口 |
| $lngdp_{it}$ | 城镇居民人均实际 GDP 水平 | 数值 | 第 i 个省份第 t 年城镇居民人均实际 GDP 的对数 |
| $lnincome_{it}$ | 城镇居民家庭人均可支配收入增长情况 | 比值 | 第 i 个省份第 t 年的城镇居民家庭人均可支配收入减去第 t-1 年人均可支配收入,所得的差额再除以第 t-1 年人均可支配收入 |
| $cpi_{it}$ | 经济波动:居民消费价格指数 | 数值 | 第 i 个省份第 t 年的一组代表性消费商品及服务项目的价格水平随时间而变动的相对数 |
| $ir_{it}$ | 经济波动:实际利率情况 | 数值 | 第 i 个省份第 t 年的实际利率 |
| $urban_{it}$ | 城镇化:城镇人口占比 | 比值 | 第 i 个省份第 t 年城镇人口占总人口比重 |
| $state\_owned_{it}$ | 国有化:国有企业职工占比 | 比值 | 第 i 个省份第 t 年国有企业职工数除以城镇人口数 |
| $industry_{it}$ | 工业化:工业产值占比 | 比值 | 第 i 个省份第 t 年工业总产值除以该地区的 GDP |

续表

| 变量 | 变量说明 | 属性 | 计算方式 |
|---|---|---|---|
| livelihood$_{it}$ | 政府民生保障：民生性财政占比 | 比值 | 第 i 个省份第 t 年民生性财政支出除以该地区的 GDP |
| capital$_{it}$ | 资本化：资本存量 | 数值 | 第 i 个省份第 t 年资本存量的对数 |

结合统计年鉴各类相关数据基本情况，进行变量统计性描述。表 6-2 显示了主要变量的统计性描述。

表 6-2　变量的统计性描述——基于总消费的静态面板数据模型

| 变量 | 样本个数 | 平均值 | 标准差 | 最小值 | 最大值 |
|---|---|---|---|---|---|
| c$_{it}$ | 420 | 26.730 29 | 4.755 634 | 18.2 | 41.732 |
| retire$_{it}$ | 420 | 0.109 357 | 0.044 975 | 0.04 | 0.27 |
| old1$_{it}$ | 420 | 8.907 29 | 1.987 41 | 1.719 | 14.527 |
| old2$_{it}$ | 420 | 11.747 65 | 2.548 274 | 1.866 | 19.187 |
| child$_{it}$ | 420 | 20.0109 | 4.870 381 | 9.342 | 33.009 |
| lngdp$_{it}$ | 420 | 9.388 979 | 0.579 178 | 7.5 | 10.668 |
| lnincome$_{it}$ | 420 | 9.927 607 | 0.464 354 5 | 8.994 | 11.137 |
| cpi$_{it}$ | 420 | 2.629 795 | 1.862 439 | 1.49 | 8.5 |
| ir$_{it}$ | 420 | 1.052 823 8 | 1.306 447 | 0.718 | 2.939 |
| urban$_{it}$ | 420 | 53.488 03 | 13.903 07 | 26.836 | 89.6 |
| state_ owned$_{it}$ | 420 | 28.127 59 | 12.036 55 | 5.8 | 60.37 |
| industry$_{it}$ | 420 | 38.8098 | 8.492 695 | 9.86 | 53.036 |
| livelihood$_{it}$ | 420 | 20.798 24 | 10.7657 | 0.997 | 59.147 |
| capital$_{it}$ | 420 | 8.704 887 | 1.051 663 | 5.76 | 10.94 |

图 6-1 展示了各省份 2005 年至 2018 年期间城镇居民家庭总消费的面板时间趋势图。图示中的横轴代表年份，纵轴代表城镇居民家庭人均总消费的对数。所有 30 个省份的图示均显示上升趋势，表示各省份的总消费支出呈上

升趋势。消费的增加趋势，可能受到收入水平、财富情况等一系列的影响。

各省份的经济基础不同，所体现的总消费情况也不尽相同。例如，北京、上海、广东、浙江、江苏等省份的经济发展情况较好，其所反映出的消费情况也好于其他省份。而云南、广西、黑龙江、辽宁、吉林、安徽等省份反映出的消费情况处于一般趋势。

另外，在2005年至2010年期间，消费趋势体现出波动上涨的情况。此期间范围内，金融危机、国家经济体制改革、国家宏观经济政策等一系列情况可能造成消费情况的波动。

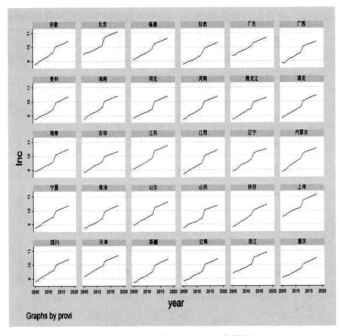

图6-1　总消费面板时间趋势图

### 6.1.5 基准回归

#### 一、固定效应检验

静态面板数据中包含30个省份数据信息，每个省份的情形不同，可能存在不随时间变化的遗漏变量，因此我们使用固定效应模型来进行静态面板分析。

但是这一选择是否真正有效，需要进一步验证。

豪斯曼检验是检验面板数据使用固定效应还是随机效应的一种有效方式。在豪斯曼检验中，原假设为"$H_0$：扰动项与解释变量及其系数不相关，即该模型应采用随机效应模型"。豪斯曼检验的具体统计量可以采用辅助回归方法，避免异方差情况，具体形式为：

$$y_{it} - \overset{\Lambda}{\alpha} \overline{y}_1 = (x_{it} - \overset{\Lambda}{\alpha} \overline{X}_1)'\beta + (1-\overset{\Lambda}{\alpha}) \gamma'_i \delta + (x_{it} - \overline{X}_1)'\theta + [(1-\overset{\Lambda}{\alpha}) u_i + (\mu_{it} - \overset{\Lambda}{\alpha}\overline{\pi})]$$

若为随机效应模型，则表现为 OLS 估计一致，$\theta = 0$。反之则相反，若固定效应存在，则表现为 OLS 估计不一致，扰动项与解释变量及其系数不相关，则拒绝原假设，这也意味着拒绝随机效应模型，接受固定效应模型。统计数据的豪斯曼检验显示，$p = 0.0000$，强烈拒绝原假设，故应该使用固定效应模型，而非随机效应模型。

## 二、计量分析结果

表 6-3 展示了基于静态面板数据模型研究退休对消费率影响的分析结果。总体而言，退休对城镇退休居民家庭消费率产生负向抑制作用，在 1% 的置信区间水平下，退休占比每上升 1% 会带来城镇居民消费率减少 11.79%。换言之，我国退休城镇居民消费会产生变动，退休之后居民消费率有所下降，但是下降幅度轻微，下降区间在百分之十左右。另外，根据计量分析结果可以直观地看到，影响退休居民消费变动的因素还包括国民收入 GDP、居民可支配收入、居民消费物价指数 CPI、利率因素、城镇化率、工业化水平等因素。其中，部分因素导致消费上升，如可支配收入、城镇化率等因素；部分因素导致消费下降，如国民收入 GDP、居民消费物价指数 CPI、利率因素、工业化水平因素等。

在基准回归中，由于不同样本之间的误差项可能存在相关性，本章在回归中采用聚类标准误的方法。

**表 6-3　退休对消费率的影响——基于静态面板数据模型的分析结果**

| 变量 | $c_{it}$ |
|---|---|
| $retire_{it}$ | $-11.79^{***}$ |
| | $(-6.323)$ |
| $old1_{it}$ | $-0.638$ |
| | $(-0.511)$ |
| $old2_{it}$ | $0.510$ |
| | $(-0.399)$ |
| $child_{it}$ | $-0.0634$ |
| | $(-0.07)$ |
| $lngdp_{it}$ | $-18.12^{***}$ |
| | $(-1.424)$ |
| $lnincome_{it}$ | $13.52^{***}$ |
| | $(-1.267)$ |
| $cpi_{it}$ | $-0.239^{**}$ |
| | $(-0.105)$ |
| $ir_{it}$ | $-0.304^{**}$ |
| | $(-0.131)$ |
| $urban_{it}$ | $0.336^{***}$ |
| | $(-0.055)$ |
| $state\_owned_{it}$ | $0.006\ 68$ |
| | $(-0.028)$ |
| $industry_{it}$ | $-0.114^{***}$ |
| | $(-0.032)$ |
| $livelihood_{it}$ | $-0.009\ 87$ |
| | $(-0.012)$ |
| $capital_{it}$ | $0.465$ |
| | $(-0.941)$ |
| 常数项 | $47.97^{***}$ |
| | $(-7.463)$ |
| 省份效应 | 是 |
| 时间效应 | 是 |
| 样本数量 | 420 |
| adj. R-sq | 0.6538 |

注: $^{*}$、$^{**}$、$^{***}$ 分别代表在 10%、5%、1% 程度下的显著性水平。

结合理论深入剖析统计数据背后的现实状况。主要从收入、经济波动、经济发展等角度来解释退休之后城镇居民消费变动情况及其原因。

首先要考虑的是收入因素。收入是消费的最主要经济来源，也是影响消费变动的首要因素。一方面，前述章节分析表明，我国自改革开放以来，国民总收入 GDP 呈不断上升状态，国民经济水平得到了大幅提升。但是伴随着经济的快速发展，国内消费需求不足的现象尤为突出。根据凯恩斯消费经济理论，当经济发展到一定程度时，居民消费率与国民收入呈反向关系，居民消费率会伴随着国民收入 GDP 的上升而下降，下降程度可以用边际消费倾向的递减程度来进行衡量。学者王宋涛（2014）也得到相同的研究结论。[1]

另一方面，实证分析结果也表明，居民可支配收入与消费呈正向变动关系，居民消费会伴随着收入的增加而增加。城镇退休居民具有较为完备的社保养老保障体系和医疗保障体系，能够解决一部分的养老后顾之忧，为退休之后的消费提供保障。但是退休事件对于某些方面确实带来负面影响。比如，退休事件使得城镇居民家庭人均可支配收入增长率下降。退休之后养老金收入是主要的收入来源，养老金相较于工作时收入存在下降现象，并且养老金收入较为稳定，不存在大幅波动现象。消费依赖于收入水平以及前期的储蓄、家庭财富积累等因素。

其次是经济波动因素。在消费理论的研究中，时间贴现率被加入到消费函数中，用来解释不确定性对于消费的影响。实证分析结果表明，居民消费物价指数 CPI 和利率 IR 与消费率存在负向作用关系，对消费率产生抑制作用。迪顿（1991）的流动性约束假说理论中认为，当主观贴现率高于实际利率时，居民消费会出现下降现象。居民基于预防性动机会认为未来可能存在危机，无法进行信贷消费，因此降低其消费。

最后是从经济发展角度。实证分析结果显示，城镇化率对消费产生正向促进作用，工业化情况对消费产生负向抑制作用。退休事件减少了劳动力供给，并且近年来伴随着我国老龄化程度不断加深，退休人口不断增加，生育政策不断放宽之后没有带来出生人口数量的大规模上涨，这导致了劳动力人口的下降，对工业化造成影响，从而导致工业化情况对于消费的负向作用，

---

〔1〕　参见王宋涛：《中国居民消费率缘何下降？——基于宏观消费函数的多因素分解》，载《财经研究》2014 年第 6 期。

对社会财富和家庭财富积累造成影响。

退休之后的消费除了受到收入、财富的影响，还受到主观消费偏好、预期风险态度等因素影响，在这些综合因素的共同作用下，我们的统计结果分析表明，退休事件没有造成消费的大幅下降与波动，而是保持平稳。这也表明，在较为完备的收入与财富的保障下，城镇居民在退休之后具有保持生活品质、追求幸福晚年生活的消费需求与消费行为，退休事件不会造成城镇居民消费率大幅骤降。

### 6.1.6 相关检验

#### 一、稳健性检验

在前述基准回归的基础之上，采用子样本进行稳健性检验。在样本中去掉北京、上海、重庆、广州四个城市的数据，形成子样本。直辖市城市因经济基础以及经济发展潜力等原因，在经济发展水平、社会保障程度等方面优于其他省份。因此采用子样本的方法进行稳健性检验，剔除直辖市城市样本的影响，观察模型结果是否显著，是否与基准回归结果相一致。

表6-4展示了稳健性回归结果。模型显示，稳健性检验下退休变量显著为负，与基准回归结果一致，即通过了稳健性检验。

表6-4　稳健性回归结果——基于总消费的静态面板数据模型

| 变量 | cit |
| --- | --- |
| $retire_{it}$ | $-23.832^{***}$<br>$(-7.545)$ |
| $old1_{it}$ | $-0.795$<br>$(0.529)$ |
| $old2_{it}$ | $0.649$<br>$(-0.421)$ |
| $child_{it}$ | $-0.130^{*}$<br>$(-0.071)$ |
| $lngdp_{it}$ | $-13.92^{***}$<br>$(1.742)$ |

续表

| 变量 | cit |
|---|---|
| lnincome$_{it}$ | 11.21*** |
| | (1.948) |
| cpi$_{it}$ | −0.263** |
| | (−0.109) |
| ir$_{it}$ | −0.321** |
| | (−0.136) |
| urban$_{it}$ | 0.307*** |
| | (−0.071) |
| state_owned$_{it}$ | 0.003 68 |
| | (−0.028) |
| industry$_{it}$ | −0.201*** |
| | (−0.035) |
| livelihood$_{it}$ | 0.004 45 |
| | (0.013) |
| capital$_{it}$ | 0.0451 |
| | (1.025) |
| 常数项 | 41.15*** |
| | (10.963) |
| 省份效应 | 是 |
| 时间效应 | 是 |
| 样本数量 | 364 |
| adj. R-sq | 0.665 |

注：*、**、***分别代表在10%、5%、1%程度下的显著性水平。

## 二、变量的相关系数检验

表6-5展示了计量模型中变量之间的相关程度。解释变量退休 retire 与各个控制变量呈现正向或是负向的关系。退休与城镇老年人口占比、城镇老年人口抚养比呈现正向关系，但是与城镇少儿抚养比呈现负向关系。从收入角度，退休变量与城镇人均实际 GDP、城镇居民可支配收入增长率均呈现正向

关系。从经济波动角度，退休与居民消费价格指数 CPI 呈现负向关系，但是与实际利率呈现正向关系。从经济发展程度而言，退休与城镇人口占比、民生性保障支出占比、资本存量呈现正向关系，而与国有企业职工占比、工业产值占比等呈现负向关系。

表 6-5　变量的相关系数检验——基于总消费的静态面板数据模型

| | retireit | old1it | old2it | childit | lngdpit | lnincomeit | cpiit | irit | urbanit | state_ownedit | industryit | livelihoodit | capitalit |
|---|---|---|---|---|---|---|---|---|---|---|---|---|---|
| retire$_{it}$ | 1.0 | | | | | | | | | | | | |
| old1$_{it}$ | 0.5 | 1.0 | | | | | | | | | | | |
| old2$_{it}$ | 0.5 | 0.7 | 1.0 | | | | | | | | | | |
| child$_{it}$ | -0.6 | -0.4 | -0.3 | 1.0 | | | | | | | | | |
| lngdp$_{it}$ | 0.6 | 0.2 | 0.2 | -0.7 | 1.0 | | | | | | | | |
| lnincome$_{it}$ | 0.5 | 0.2 | 0.1 | -0.4 | 0.8 | 1.0 | | | | | | | |
| cpi$_{it}$ | -0.1 | -0.1 | -0.1 | -0.1 | -0.02 | -0.1 | 1.0 | | | | | | |
| ir$_{it}$ | 0.02 | 0.08 | 0.09 | 0.04 | 0.007 | 0.04 | -0.7 | 1.0 | | | | | |
| urban$_{it}$ | 0.6 | 0.3 | 0.2 | -0.8 | 0.9 | 0.7 | 0.0 | 0.01 | 1.0 | | | | |
| state_owned$_{it}$ | -0.3 | -0.2 | -0.1 | 0.4 | -0.7 | -0.8 | 0.1 | 0.0 | -0.6 | 1.0 | | | |
| industry$_{it}$ | -0.2 | -0.1 | -0.1 | -0.1 | 0.03 | -0.2 | 0.2 | -0.1 | -0.2 | 0.1 | 1.0 | | |
| livelihood$_{it}$ | 0.1 | 0.0 | 0.01 | 0.0 | 0.2 | 0.3 | -0.4 | 0.2 | 0.2 | -0.2 | -0.2 | 1.0 | |
| capital$_{it}$ | 0.2 | 0.2 | 0.1 | -0.4 | 0.6 | 0.6 | 0.6 | -0.1 | 0.03 | 0.4 | -0.6 | 0.2 | 1.0 |

# 6.2 退休对总消费的影响——基于动态面板数据模型

## 6.2.1 实证模型与实证策略

采用 6.1.1 中所使用的实证模型和实证策略，主要是公式（7）。如下所示：

$$C_{it} = \alpha + \beta_1 \text{retire} + \beta_2 K + \varepsilon \tag{7}$$

其中，变量 $C_{it}$ 是被解释变量，代表消费变量，考察居民消费行为和消费支出等内容。变量 retire 是基本的解释变量，代表退休带来的影响，本章之中我们设定退休变量为城镇退休居民人口数量除以城镇人口数量。变量 K 是其他的解释变量，代表收入、GDP、工业化程度等其他变量对消费的影响。后续我们将基于上述基本计量模型，采用静态和动态面板数据模型方法分别进行分析。

### 6.2.2 数据来源

本章选取了全国 31 个省份、自治区和直辖市中的 30 个省份作为数据研究对象（除了中国香港、中国台湾、中国澳门以外，西藏地区因数据缺失而未纳入研究对象之中）。依据研究的目的性，我们选取的样本区间为 2005 年至 2018 年。选取的样本在每个时期的个体是完全一样的，形成数据为平衡面板数据。更进一步地，样本 n = 30，T = 14，故也是一个短面板数据。数据来源自《中国统计年鉴》《中国人口和就业统计年鉴》《中国劳动统计年鉴》《中国人力资源和社会保障年鉴》《中国劳动和社会保障年鉴》等。

### 6.2.3 计量模型

相对收入假说理论表明，居民消费不但受到当期收入等因素影响，还受到前期消费行为、消费心理、消费习惯等因素影响，也就是说消费具有棘轮效应。在一定的收入保障前提之下，人的消费习惯形成之后，易于向上调整，而难于向下调整。这就需要采用动态面板数据模型分析方法，考察退休事件对当期消费以及前期消费的影响。在前文静态面板数据模型的基础上，我们加入被解释变量的滞后项，形成动态面板数据模型。具体计量模型如下所示：

$$c_{it} = \alpha + \beta_1 c_{it;1} + \beta_2 retire_{it} + \beta_3 \times old1_{it} + \beta_4 \times old2_{it} + \beta_5 \times child_{it} + \beta_6 \times urban_{it} + \beta_7 \times state$$
$$\_\,owned_{it} + \beta_8 \times cpi_{it} + \beta_9 \times ir_{it} + \beta_{10} \times lngdp_{it} + \beta_{11} \times lnincome_{it} + \beta_{12} \times industry_{it} +$$
$$\beta_{13} \times livelihood_{it} + \beta_{14} \times capital_{it} + v_d + v_t + \varepsilon \tag{9}$$

（其中，t = 2005 年，……，2018 年，i = 各个省份）

其中，被解释变量 $c_{it}$ 表示第 i 个省份第 t 年城镇居民消费率。解释变量 $c_{it-1}$ 表示第 i 个省份第 t 年城镇居民消费率。解释变量 $retire_{it}$ 表示第 i 个省份第 t 年城镇居民退休情况，具体代表城镇退休人口占城镇人口的比重。

控制变量分为人口、收入、经济、发展等几类指标。

首先，人口类控制变量主要包括 $old1_{it}$、$old2_{it}$、$child_{it}$ 等。变量 $old1_{it}$ 表示第 i 个省份第 t 年城镇老年人口占比。变量 $old2_{it}$ 表示第 i 个省份第 t 年城镇老年抚养比。变量 child$_{it}$表示第 i 个省份第 t 年城镇少儿抚养比。

其次，收入类控制变量主要包括 lngdp$_{it}$ 和 lnincome$_{it}$ 等。变量 lngdp$_{it}$ 表示第 i 个省份第 t 年人均实际 GDP 的对数。变量 lnincome$_{it}$ 表示第 i 个省份第 t 年城镇居民家庭人均可支配收入增长率。

再次，经济类发展指标主要包括 cpi$_{it}$ 和 ir$_{it}$。变量 cpi$_{it}$ 表示第 i 个省份第 t 年 CPI 情况。变量 ir$_{it}$ 表示第 i 个省份第 t 年实际利率情况。上述两个变量反映经济波动情况。

最后，发展类控制变量主要包括 urban$_{it}$、state_ owned$_{it}$、industry$_{it}$、livelihood$_{it}$、capital$_{it}$ 等。变量 urban$_{it}$表示城镇化情况，具体代表第 i 个省份第 t 年的城镇化率。变量 state_ owned$_{it}$表示国有化情况，具体代表第 i 个省份第 t 年国有单位职工占比情况。变量 industry$_{it}$表示工业化情况，具体代表第 i 个省份第 t 年的工业产值占比情况。变量 livelihood$_{it}$表示政府民生保障情况，具体代表第 i 个省份第 t 年的民生性财政占比情况。变量 capital$_{it}$表示资本化情况，具体代表第 i 个省份第 t 年的资本存量对数。

变量 V$_d$ 表示省份的固定效应。变量 V$_t$ 表示时间的固定效应。

### 6.2.4 变量处理及变量统计性描述

基于计量模型，选取变量并进行变量处理。表 6-6 显示了所选取的变量及其具体情况。

表 6-6　变量的定义与选取说明——基于总消费的动态面板数据模型

| 变量 | 变量说明 | 属性 | 计算方式 |
| --- | --- | --- | --- |
| 被解释变量 | | | |
| c$_{it}$ | 城镇居民消费率 | 比值 | 对第 i 个省份第 t 年的城镇居民消费除以该地区城镇居民收入 |
| 解释变量 | | | |
| c$_{it-1}$ | 城镇居民消费率 | 比值 | 对第 i 个省份第 t-1 年的城镇居民消费除以该地区城镇居民收入 |
| retire$_{it}$ | 退休 | 比值 | 第 i 个省份第 t 年的城镇退休居民人口数除以该地区的城镇居民人口数 |

续表

| 变量 | 变量说明 | 属性 | 计算方式 |
|---|---|---|---|
| | | 控制变量 | |
| $old1_{it}$ | 城镇老年人口比 | 比值 | 第 i 个省份第 t 年的城镇 65 岁及以上的老年人口除以该地区的城镇居民人口 |
| $old2_{it}$ | 城镇老年人口抚养比 | 比值 | 第 i 个省份第 t 年城镇 65 岁及以上的老年居民人口除以城镇劳动力人口 |
| $child_{it}$ | 城镇少儿抚养比 | 比值 | 第 i 个省份第 t 年城镇少儿人口除以城镇劳动力人口 |
| $lngdp_{it}$ | 城镇居民人均实际 GDP 水平 | 数值 | 第 i 个省份第 t 年城镇居民人均实际 GDP 的对数 |
| $lnincome_{it}$ | 城镇居民家庭人均可支配收入增长情况 | 比值 | 第 i 个省份第 t 年的城镇居民家庭人均可支配收入减去第 t-1 年人均可支配收入,所得的差额再除以第 t-1 年人均可支配收入 |
| $cpi_{it}$ | 经济波动:居民消费价格指数 | 数值 | 第 i 个省份第 t 年的一组代表性消费商品及服务项目的价格水平随时间而变动的相对数 |
| $ir_{it}$ | 经济波动:实际利率情况 | 数值 | 第 i 个省份第 t 年的实际利率 |
| $urban_{it}$ | 城镇化:城镇人口占比 | 比值 | 第 i 个省份第 t 年城镇人口占总人口比重 |
| $state\_owned_{it}$ | 国有化:国有企业职工占比 | 比值 | 第 i 个省份第 t 年国有企业职工数除以城镇人口数 |
| $industry_{it}$ | 工业化:工业产值占比 | 比值 | 第 i 个省份第 t 年工业总产值除以该地区的 GDP |
| $livelihood_{it}$ | 政府民生保障:民生性财政占比 | 比值 | 第 i 个省份第 t 年民生性财政支出除以该地区的 GDP |
| $capital_{it}$ | 资本化:资本存量 | 数值 | 第 i 个省份第 t 年资本存量的对数 |

结合统计年鉴各类相关数据基本情况,进行变量统计性描述。表 6-7 显示了主要变量的统计性描述。

表 6-7 变量的统计性描述——基于总消费的动态面板数据模型

| 变量 | 样本个数 | 平均值 | 标准差 | 最小值 | 最大值 |
|---|---|---|---|---|---|
| $c_{it}$ | 420 | 26.730 29 | 4.755 634 | 18.2 | 41.732 |
| $retire_{it}$ | 420 | 0.109 357 | 0.044 975 | 0.04 | 0.27 |
| $old1_{it}$ | 420 | 8.907 29 | 1.987 41 | 1.719 | 14.527 |
| $old2_{it}$ | 420 | 11.747 65 | 2.548 274 | 1.866 | 19.187 |
| $child_{it}$ | 420 | 20.0109 | 4.870 381 | 9.342 | 33.009 |
| $lngdp_{it}$ | 420 | 9.388 979 | 0.579 178 | 7.5 | 10.668 |
| $lnincome_{it}$ | 420 | 9.927 607 | 0.464 354 5 | 8.994 | 11.137 |
| $cpi_{it}$ | 420 | 2.629 795 | 1.862 439 | 1.49 | 8.5 |
| $ir_{it}$ | 420 | 1.052 823 8 | 1.306 447 | 0.718 | 2.939 |
| $urban_{it}$ | 420 | 53.488 03 | 13.903 07 | 26.836 | 89.6 |
| $state\_owned_{it}$ | 420 | 28.127 59 | 12.036 55 | 5.8 | 60.37 |
| $industry_{it}$ | 420 | 38.8098 | 8.492 695 | 9.86 | 53.036 |
| $livelihood_{it}$ | 420 | 20.798 24 | 10.7657 | 0.997 | 59.147 |
| $capital_{it}$ | 420 | 8.704 887 | 1.051 663 | 5.76 | 10.94 |

### 6.2.5 基准回归

动态面板模型有两种分析方法，分别是差分 GMM 和系统 GMM。两种方法适用于不同场景，其中差分 GMM 适用于随时间变换的变量情形，系统GMM 没有此种限制，可以适用于不随时间变换的变量分析。我们主要研究退休变量对于消费的影响，退休是不随时间而发生变化的变量，适用于系统GMM 方法。因此，我们采用系统 GMM 分析。系统 GMM 分析方法是在差分GMM 基础上，将差分方程与水平方程相结合，将滞后的差分变量作为水平方程的工具变量，它要求着工具变量的一阶差分与对应的固定效应不相关，能够更好地体现有限样本的性质。

具体计量分析结果详见表 6-8。表 6-8 展示了基于动态面板数据模型下的退休对城镇居民消费率的影响。在 5% 的置信区间水平之下，退休对消费率产生负向抑制作用，退休使得消费率下降约 22.34%。滞后一期的消费率对当期消费率产生正向促进作用，在 5% 的置信区间水平之下，滞后一期的消费率带来当期消费率增加约 79.5 个百分点。我国城镇居民具有稳定的消费习惯，消费心理、消费需求、消费行为等不易受到外界因素的过多干扰，具有一定的消费惯性，当期消费会保持前期消费的态势。总体而言，退休对消费产生负向抑制作用，退休之后城镇居民降低了消费。

在基准回归中，由于不同样本之间的误差项可能存在相关性，本章在回归中采用聚类标准误的方法。

具体而言，结合理论深入剖析统计数据背后的现实状况。根据动态面板计量分析结果，主要从人口因素、收入、经济波动等角度来解释退休之后城镇居民消费变动情况及其原因。

首先，从人口因素方面的变量结果来看，城镇老年人口比、城镇老年人口抚养比、城镇少儿抚养比等均对城镇居民消费率产生负向抑制作用。在消费理论和消费函数中，人口因素是重要的变量。老年人口和儿童是纯粹的消耗者，国家和社会需要进行投资从而建立社会保障体系，保障老年人口老有所养、青少年儿童人口乐享童年。伴随着我国人口老龄化程度的加重和少子化情况的加深，国家在此方面的投资势必将逐渐增加，并且有效劳动力供给也会减少，社会财富积累将受到影响，也会影响消费情况，造成消费的下降。

其次，从收入的角度来看，国民收入对消费率产生负向抑制作用，人均可支配收入增长情况对消费率产生正向促进作用。退休事件对居民带来社会角色和生活状态的强烈变化，由忙碌的工作状态瞬时转换为闲暇的居家生活状态，收入来源主要依靠稳定的退休金收入，消费需求、消费行为、消费支出相应地产生变量。退休金收入远低于工作时收入，消费受到收入的影响，消费对于收入是敏感的，退休一旦发生，会导致退休居民因为收入降低而减少消费支出。

最后，从经济波动角度而言，计量结果分析显示，居民消费物价指数和利率对消费率均产生负向抑制作用，但是统计不显著。根据消费经济理论，消费的不确定性受到利率等经济波动因素的影响，利率等经济波动因素主要通过贴现影响居民消费情况。居民根据经济波动情况预判自身的收入与资产情况，从而对消费进行调节，以保障自身基本的生活权益。同时，经济波动因素也会影响国家和社会的整体收入、投资、消费等因素，从而对退休居民消费造成宏观影响。

表 6-8　退休对消费率的影响——基于动态面板数据模型的分析结果变量

| 变量 | $c_{it}$ |
|---|---|
|  | 0.795 ** |
| $c_{it}$（-1） | (0.118) |
|  | -22.34 ** |
| retire$_{it}$ | (13.097) |
|  | -1.156 ** |
| old1$_{it}$ | (0.486) |
|  | -0.955 *** |
| old2$_{it}$ | (0.411) |
|  | -0.273 *** |
| child$_{it}$ | (0.093) |
|  | -2.777 |
| lngdp$_{it}$ | (2.072) |
|  | 2.838 |
| ln income$_{it}$ | (2.142) |
|  | -0.0574 |
| cpi$_{it}$ | (0.173) |
|  | -0.0516 |
| ir$_{it}$ | (0.201) |
|  | 0.0395 |
| urban$_{it}$ | (0.053) |
|  | -0.0295 |
| state_ owned$_{it}$ | (0.041) |
|  | -0.103 |
| industry$_{it}$ | (0.088) |
|  | 0.004 23 |
| livelihood$_{it}$ | (0.014) |
|  | 0.101 |

续表

| 变量 | $c_{it}$ |
|------|------|
| capital$_{it}$ | （0.660） |
| 常数项 | 12.44<br>（14.735） |
| 省份效应 | 是 |
| 时间效应 | 是 |
| 样本数量 | 420 |
| AB 检验 for AR （1） | z = −2.88*** |
| AB 检验 for AR （2） | z = 0.74 |
| Hansen 检验 | 15.08<br>（0.918） |

注：*、**、***分别代表在10%、5%、1%程度下的显著性水平。

### 6.2.6 相关检验

#### 一、一阶和二阶序列相关检验

表 6-8 显示了一阶序列相关检验 AR （1） 和二阶序列相关检验 AR （2）的结果。Arellano-Bond 的检验主要是对差分方程误差项的二阶序列进行检验，原假设设定为：H0 一阶差分中的误差项不存在二阶序列相关。表 6-8 显示 AR （1） 显著，AR （2） 不显著，通过了一阶序列和二阶序列的相关检验。

#### 二、Hansen 检验

使用动态面板数据模型，要求所使用的工具变量是有效的。Hansen 检验的原假设设定为：H0 工具变量与误差项不相关。表 6-8 显示 Hansen 检验的 p 值为 0.918，接受原假设，通过 Hansen 检验。

## 6.3 退休对消费结构的影响——基于静态面板数据模型

消费结构主要指居民各类消费支出占到总消费支出的比重，能够反映居民生活习惯、经济水平等因素，是宏观经济研究的重要领域。我国国家统计方面，一般将消费结构分为食品消费、衣着消费、居住消费、生活用品及服务消费、交通通信消费、教育文化娱乐消费、医疗保健消费和其他用品及服务消费八种类型。因此，本部分我们重点研究退休对上述八类消费结构的影响，退休对于哪些消费结构产生促进作用，对于哪些消费结构产生抑制作用。

### 6.3.1 实证模型与实证策略

从宏观经济角度，消费是拉动经济增长的重要因素之一。研究退休消费问题，不仅要研究宏观消费总量，还要考虑消费偏好、消费者异质性等原因所带来的消费结构差异，从而更加针对性地培育消费热点、制定消费政策、扩大退休消费。消费结构研究最早开始于 20 世纪 50 年代，具体包括线性支出系统 LES 模型、扩展线性支出系统 ELES 模型、几乎理想需求系统 AIDS 模型，其中具有代表性的模型是 AIDS 模型——几乎理想需求系统（AlmostIdeal Demand Systems，简称为 AIDS 模型）是 Angus Deaton 和 John Muellbauer 在 1980 年提出的。其核心思想是：在既定的价格体系之内，理性消费者寻求最小的消费支出以达到既定的效用水平。这一模型也称之为 AIDS 基本模型。在基本模型框架之下，学者根据研究对象、研究数据、适用条件范围等内容，进行不断扩展，形成了 LA/AIDS 模型、Dynamic AIDS 模型等 AIDS 扩展模型。本章主要研究退休消费问题，适用于 AIDS 基本模型以及 LA/AIDS 模型。具体如下：

#### 一、AIDS 基本模型

AIDS 基本模型中假定消费需要满足 PIGLOG 偏好，即

$$\ln C\ (u,\ p)\ =\ (1-u)\ \ln a\ (p)\ +u\ln b\ (p) \tag{10}$$

其中，$C\ (\cdot)$ 表示消费支出函数。$p$ 代表价格向量。$0<u<1$，当 $u=1$ 时，$b\cdot p$ 代表效用最大时的消费支出，相反当 $u=0$ 时，$a\cdot p$ 代表维持基本生活需求的消费支出。

依据我国退休消费研究实际，$a\cdot p$ 和 $b\cdot p$ 的形式如下：

$$\ln a\ (p)\ =\alpha_0+\sum_i\alpha_i\ln p_{it}+\frac{1}{2}\sum_i\sum_j r_{ij}^*\ln p_{it}\ln p_{jt} \tag{11}$$

$$\ln b\ (p)\ =\ln a\ (p)\ +\beta_0\prod_i p_i^{\beta_i} \tag{12}$$

将（11）和（12）代入（10），得到的 AIDS 支出函数形式为：

$$\ln C\ (u,\ p)\ =\alpha_0+\sum_i\alpha_i\ln p_{it}+\frac{1}{2}\sum_i\sum_j r_{ij}^*\ln p_{it}\ln p_{jt}+u\beta_0\prod_i p^{\beta_i} \tag{13}$$

依据经济学理论，参数约束范围是：

一是加总条件：

$$\sum_i \alpha i = 1$$

$$\sum_i \beta i = 0$$

$$\sum_i \gamma_{ij} = 0$$

二是齐次性：

$$\sum_j \gamma_{ij} = 0$$

三是对称条件：

$$\gamma_{ij} = \gamma_{ji}$$

对（13）一阶求导，得到：

$$w_{it} = \alpha_i + \sum^j \gamma_{ij} \cdot \ln p_j + \beta i \cdot \ln \frac{c}{p_t^*} \tag{14}$$

其中，$\ln p_t^* = \alpha_0 + \sum^i \alpha_i \ln p_{it} + \sum^i \sum^j r_{ij} \ln p_{it} \ln p_{jt}$ （15）

## 二、AIDS 基本模型的扩展——LA/AIDS 模型

在 AIDS 基本模型中，式（15）是非线性的，这为进一步的推理演算带来难度。学者在发展 AIDS 基本模型的过程中，主要对非线性的式（15）进行扩展。其中比较知名的 LA/AIDS 模型是 Angus Deaton 提出的，主要是采用 STONE 指数代替 p，使得非线性关系转变为线性关系。具体处理如下，令：

$$\ln p_t^* = \sum_i w_i \ln \left( \frac{p_i}{p_o} \right) \tag{16}$$

其中，$p_0$ 代表基期价格。将式（16）代入，则式（14）可转化为：

$$w_{it} = \alpha_i + \sum_j \gamma_{ij} \cdot \ln p_j + \beta_i \cdot Inc_t^* \tag{17}$$

在研究退休消费问题时，可适度放松 LA/AIDS 模型的约束条件，将退休引入式（17），同时引入随机误差项 $\varepsilon$，可得：

$$w_{it} = \alpha_i + \sum_j \gamma_{ij} \cdot \ln p_j + \beta_i \cdot Inc_t^* + \lambda_i \cdot Retire + \varepsilon \tag{18}$$

其中，$w_{it}$ 代表第 i 类消费支出所占比重。$p_j$ 代表基准价格指数。$c_t^*$ 代表实际消费支出。Retire 代表退休对城镇居民带来的影响。$\varepsilon$ 代表随机误差项。

## 6.3.2 数据来源

本章选取了全国 31 个省份、自治区和直辖市中的 30 个省份作为数据研究对象（除了中国香港、中国台湾、中国澳门以外，西藏地区因数据缺失而未纳入研究对象之中）。依据研究的目的性，我们选取的样本区间为 2005 年至 2018 年。选取的样本形成平衡面板数据。更进一步地，样本 n = 30，T = 14，故也是一个短面板数据。数据来源自《中国统计年鉴》《中国区域经济统计年鉴》《中国人口和就业统计年鉴》《中国劳动统计年鉴》《中国人力资源和社会保障年鉴》《中国劳动和社会保障年鉴》等。

## 6.3.3 计量模型

采用静态面板数据模型分析时，不考虑被解释变量的滞后项所带来的影响，主要考察当期退休对当期消费结构带来的影响。具体计量分析模型如下所示：

$$\text{lnconsumption\_structure}_{it} = \alpha + \beta_1 \text{retire}_{it} + \beta_2 \text{lngdp}_{it} + \beta_3 \text{lnincome}_{it} +$$
$$\beta_4 \text{lnindustry}_{it} + v_d + v_t + \varepsilon \tag{19}$$

其中，变量 $\text{lnconsumption\_structure}_{it}$ 代表第 i 个省份第 t 年城镇居民家庭消费结构，这里的消费结构指按照消费内容所进行的八大类内容，具体包括食品消费、衣着消费、居住消费、生活用品及服务消费、交通通信消费、教育文化娱乐消费、医疗保健消费、其他用品及服务消费八类。变量 $\text{retire}_{it}$ 代表第 i 个省份第 t 年城镇退休人口占城镇人口的比重。变量 $\text{lngdp}_{it}$ 代表第 i 个省份第 t 年城镇居民家庭人均实际 GDP 的对数。变量 $\text{lnincome}_{it}$ 代表第 i 个省份第 t 年城镇居民家庭人均可支配收入增长率。变量 $\text{lnindustry}_{it}$ 代表第 i 个省份第 t 年工业总产值占 GDP 的比值。$\alpha$ 代表常数项，$\varepsilon$ 代表扰动项。我们对主要变量被解释变量八大类消费结构和解释变量退休进行回归，城镇居民家庭人均实际 GDP 的对数、城镇居民家庭人均可支配收入增长率、工业产值占 GDP 比重等 3 个变量作为控制变量加入模型。变量 $V_d$ 表示省份的固定效应。变量 $V_t$ 表示时间的固定效应。

## 6.3.4 变量处理及统计性描述

基于计量模型，选取变量并进行变量处理。表 6-9 显示了所选取的变量及其具体情况。退休 retire 变量沿用现有文献做法，主要参考刘利（2017）、王增文和何冬梅（2016）做法。用退休人口占该地区的城镇居民人口比重来表示，伴随着我国人口老龄化程度加重，退休效应将对城镇居民群体和整个社会产生影响。

表 6-9　变量的定义与选取说明——基于消费结构的静态面板数据模型

| 变量 | 变量说明 | 单位 | 计算方式 |
|---|---|---|---|
| 食品 | 城镇居民食品消费情况 | 元 | 第 i 个省份第 t 年的城镇居民食品消费占总消费支出的比重 |
| 衣着 | 城镇居民衣着消费情况 | 元 | 第 i 个省份第 t 年的城镇居民衣着消费占总消费支出的比重 |
| 居住 | 城镇居民居住消费情况 | 元 | 第 i 个省份第 t 年的城镇居民居住消费占总消费支出的比重 |
| 生活用品及服务 | 城镇居民生活用品及服务消费情况 | 元 | 第 i 个省份第 t 年的城镇居民生活用品及服务消费占总消费支出的比重 |
| 交通通信 | 城镇居民交通通信消费情况 | 元 | 第 i 个省份第 t 年的城镇居民交通通信消费占总消费支出的比重 |
| 教育文化娱乐 | 城镇居民教育文化娱乐消费情况 | 元 | 第 i 个省份第 t 年的城镇居民教育文化娱乐消费占总消费支出的比重 |
| 医疗保健 | 城镇居民医疗保健消费情况 | 元 | 第 i 个省份第 t 年的城镇居民医疗保健消费占总消费支出的比重 |
| 其他用品及服务 | 城镇居民其他用品及服务消费情况 | 元 | 第 i 个省份第 t 年的城镇居民其他用品及服务消费占总消费支出的比重 |
| 退休 | 城镇居民退休情况 | 比值 | 第 i 个省份第 t 年的城镇退休居民人口数除以该地区的城镇居民人口数 |
| GDP | 城镇居民人均实际 GDP 水平 | 亿元 | 第 i 个省份第 t 年城镇居民人均实际 GDP 取对数 |
| 收入 | 城镇居民家庭人均可支配收入增长情况 | 比值 | 第 i 个省份第 t 年的城镇居民家庭人均可支配收入减去第 t−1 年人均可支配收入，所得的差额再除以第 t−1 年人均可支配收入 |
| 工业产值占比 | 城镇工业化水平 | 比值 | 第 i 个省份第 t 年的工业总产值除以该地区的 GDP |

结合统计年鉴各类相关数据基本情况，进行变量统计性描述。表 6-10 显示了主要变量的统计性描述。

表 6-10　变量的统计性描述——基于消费结构的静态面板数据模型

| 变量 | 样本个数 | 平均值 | 标准差 | 最小值 | 最大值 |
|---|---|---|---|---|---|
| 食品 | 419 | 0.452 076 | 0.119 787 | 0.26 | 0.93 |
| 衣着 | 420 | 0.147 143 | 0.074 089 | 0.05 | 0.64 |
| 居住 | 420 | 0.123 381 | 0.068 083 | 0.04 | 0.74 |
| 生活用品及服务 | 420 | 0.084 357 | 0.027 873 | 0.03 | 0.22 |
| 交通通信 | 420 | 0.133 548 | 0.063 532 | 0.05 | 0.38 |
| 教育文化娱乐 | 419 | 0.164 129 | 0.066 353 | 0.08 | 0.41 |
| 医疗保健 | 420 | 0.115 119 | 0.050 295 | 0.03 | 0.35 |
| 其他用品及服务 | 420 | 0.046 571 | 0.019 237 | 0.02 | 0.13 |
| 退休 | 420 | 0.109 357 | 0.044 975 | 0.04 | 0.27 |
| GDP | 420 | 9.388 979 | 0.579 178 | 7.5 | 10.668 |
| 收入 | 420 | 10.665 55 | 3.461 34 | -2.28 | 23.25 |
| 工业产值占比 | 420 | 38.8098 | 8.492 695 | 9.86 | 53.036 |

### 6.3.5 基准回归

#### 一、固定效应检验

我们采用豪斯曼检验方法对静态面板数据中可能存在的不随时间变化的遗漏变量进行检验。因为数据中包含 30 个省份数据信息，每个省份的数据信息含义和表现形式各不相同，需要验证是采用固定效应还是随机效应进行实证分析。

豪斯曼检验是检验面板数据使用固定效应还是随机效应的一种有效方式。在豪斯曼检验中，原假设为"H0：扰动项与解释变量及其系数不相关，即该模型应采用随机效应模型"。豪斯曼检验的具体统计量可以采用辅助回归方法，避免异方差情况，具体形式为：

$$y_{it} - \hat{\alpha} \, \overline{y_1} = (x_{it} - \hat{\alpha} \, \overline{x_1})'\beta + (1-\hat{\alpha}) \, \gamma'_i \delta + (x_{it} - \overline{x_1})'\theta + [ \ (1-\hat{\alpha}) \, u_i + (\mu_{it} -$$

$\dot{\alpha}\pi)$ ]

若为随机效应模型，则表现为 OLS 估计一致，θ = 0。反之则相反，若固定效应存在，则表现为 OLS 估计不一致，扰动项与解释变量及其系数不相关，则拒绝原假设，这也意味着拒绝随机效应模型，接受固定效应模型。

统计数据的豪斯曼检验显示，p = 0.0000，强烈拒绝原假设，故应该使用固定效应模型，而非随机效应模型。

## 二、计量分析结果

表 6-11 显示了基于静态面板数据模型下退休对消费结构的计量分析结果。总体而言，退休使得消费结构发生变化，某些消费结构上升，而另外一些消费结构下降。具体而言，一方面，退休对食品消费、衣着消费、教育文化娱乐消费、医疗保健消费、其他用品及服务消费产生负向抑制作用。在 1% 的置信区间水平之下，退休每上升 1 个百分点会带来城镇居民家庭医疗消费下降 0.378 个百分点；在 5% 的置信区间水平之下，退休每上升 1 个百分点会带来城镇居民家庭衣着消费下降 0.545 个百分点；在 10% 的置信区间水平之下，退休每上升 1 个百分点会促使城镇居民家庭教育文化娱乐消费支出下降 0.173 个百分点；退休造成食品消费下降 0.265 个百分点、其他用品及服务消费下降 0.07 个百分点，但是在统计上不显著。另一方面，退休对居住消费、生活用品及服务消费、交通通信消费产生正向促进作用。在 5% 的置信区间水平之下，退休每上升 1 个百分点会导致居住消费上升 0.448 个百分点；退休促进生活用品及服务消费上升 0.0194 个百分点、促进交通通信消费上升 0.16 个百分点，但是在统计上不显著。

在基准回归中，由于不同样本之间的误差项可能存在相关性，本章在回归中采用聚类标准误的方法。

结合理论深入剖析统计数据背后的现实状况，具体解释如下所示：

一是退休对食品消费的影响。统计分析结果显示，退休之后，食品消费支出会出现下降现象。退休居民年龄处于较高阶段，生理机能处于衰退趋势，摄入和消耗的食品逐渐减少，相应的支出会逐渐减少。退休居民由工作状态转化为居家状态，会产生家庭生产效应，具有更多闲暇时间寻觅物优价廉的食品，同时，退休居民可能会减少在外就餐，改为更为低廉的居家用餐，也会相应地节省食品消费开支。Aguiar 和 Hurst（2005）的研究发现同样的结论，退休居民食品消费支出减少，不代表着食品消费数量和质量的下降，退休居民拥有更多的闲暇时间从而产生家庭生产效应，既保证食品消费质量又能降低食品消费的开支。

二是退休对衣着消费的影响。衣着消费是与工作密切相关的一类消费支出。工作状态时，居民需要正式而又昂贵的工作服饰，以满足工作场合时的需要。退休之后，居民不再需要采购昂贵的工作服装，而是选择舒适价廉的休闲服饰，或是年轻时的服饰即可满足日常所需，无需额外发生衣着消费支出，因此，相应地会减少衣着消费开支。

三是退休对居住消费的影响。这里的居住消费主要指与居住相关的消费开支，具体涉及水、电、燃料或煤气、物业管理费、租房性开支等方面的内容。退休居民生活状态由外出工作转为居家养老，在家停留与居住时间增长，所耗用的水、电、燃料或煤气等必要的居住消费开支相应地增加。

四是退休对教育文化娱乐消费的影响。退休之后，居民脱离工作状态，无需再为工作而更新或提升技能消费开支，教育文化消费仅仅指满足退休居民自身兴趣特长的教育、培训等方面的消费开支。受传统文化思想影响，退休居民具有节约节俭的品德，在精神文化方面的消费开支不会显著增加。

五是退休对医疗保健消费的影响。刚刚跨入退休状态的居民年纪处于 50 岁至 65 岁之间，属于低龄老年人。退休事件对居民的改变更多的是心理上状态的改变，身体上健康程度尚可，医疗消费支出不会显著增加。随着医疗治疗水平的提高以及社会医疗保障的逐渐普及，居民有病随时就医、平时注重养生保健，刚刚跨入退休时点的居民身体健康程度较好，无需增加医疗保健消费开支。

六是退休对生活用品及服务的影响。统计结果分析显示，退休对生活用品及服务消费支出无显著相关关系。家庭日用品属于居民生活刚需品，不易受到退休状态改变，所以退休对此类消费影响较小。家电设备类产品属于耐用消费品，退休事件不会对该类产品消费产生较大影响。某些追求高端享受的退休居民可能采购高端的家电设备以安享晚年生活，但此类消费规模较小，产生的影响也较小。退休带来的闲暇时间增多，会促使退休居民增加家务劳动的时间，减少对家政等服务消费的需求。综上所述，对于生活用品及服务而言，退休既有正向促进作用又有反向抑制作用，整体而言，退休对生活用品及服务的影响不显著。

七是退休对交通通信消费的影响。退休之后，居民不再需要工作通勤，相应地减少通勤交通费。对于通信费而言，退休之后居民具有强烈的社交意愿，加之当前手机上网、网络通信等日益普及，退休居民会增加手机通信、上网通信等消费开支。因此，对于交通通信消费而言，退休既有正向促进作用也有反向抑制作用，整体而言，退休对交通通信消费的影响不显著。

八是退休对其他用品及服务的影响。其他用品及服务涉及范围为除上述内容外的其他消费内容。受到退休居民消费偏好、财富积累程度、收入水平等限制，会有差异，因此在静态面板数据统计上体现为不显著。

表 6-11　退休对消费结构的影响——基于静态面板数据的分析结果

| | 1 | 2 | 3 | 4 | 5 | 6 | 7 | 8 |
| --- | --- | --- | --- | --- | --- | --- | --- | --- |
| | 食品 | 衣着 | 居住 | 生活用品及服务 | 交通通信 | 教育文化娱乐 | 医疗保健 | 其他用品及服务 |
| retire | -0.265 (0.165) | -0.545** (0.242) | 0.448** (0.195) | 0.0194 (0.061) | 0.16 (0.157) | -0.173* (0.100) | -0.378*** (0.131) | -0.070 (0.044) |
| gdp | -0.0182* (0.010) | 0.0297** (0.014) | -0.0116 (0.012) | 0.000 041 9 (0.004) | -0.0416*** (0.009) | 0.0118** (0.006) | 0.0294*** (0.008) | -0.000 349 (0.003) |
| income | -0.000 174 (0.001) | -0.001 09 (0.001) | 0.002 31** (0.001) | 0.000 187 (0) | -0.000 655 (0.001) | 0.000 455 (0) | 0.000 305 (0.001) | 0.000 106 (0) |
| industry | 0.001 68** (0.001) | -0.001 07 (0.001) | -0.004 23*** (0.001) | -0.000 067 (0) | -0.000 868 (0.001) | -0.000 482 (0) | 0.001 66*** (0.001) | -0.000 083 (0) |
| 常数项 | 0.588*** (0.085) | -0.019 (0.125) | 0.323*** (0.101) | 0.0825*** (0.031) | 0.547*** (0.081) | 0.0866* (0.051) | -0.188*** (0.068) | 0.0595*** (0.023) |
| 样本数量 | 419 | 420 | 420 | 420 | 420 | 419 | 420 | 420 |
| 省份效应 | 是 | 是 | 是 | 是 | 是 | 是 | 是 | 是 |
| 时间效应 | 是 | 是 | 是 | 是 | 是 | 是 | 是 | 是 |
| adj. R-sq | 0.0494 | -0.0647 | 0.0788 | -0.0839 | -0.0134 | -0.0721 | 0.0227 | -0.0635 |

注：*、**、***分别代表在10%、5%、1%程度下的显著性水平。

## 6.3.6 相关检验

### 一、稳健性检验

直辖市城市因经济基础以及经济发展潜力等原因，在经济发展水平、社会保障程度等方面优于其他省份。因此采用子样本的方法进行稳健性检验，剔除直辖市城市样本的影响，观察模型结果是否显著，是否与基准回归结果相一致。在前述基准回归的基础之上，采用子样本进行稳健性检验。在样本中去掉北京、上海、重庆、广州四个城市的数据，形成子样本。

表 6-12 展示了稳健性回归结果。模型显示，稳健性检验下衣着消费、居住消费、教育文化娱乐消费、医疗消费等变量对退休变量带来显著性影响，与基准回归结果一致，即通过了稳健性检验。

表 6-12　稳健性检验分析结果——基于静态面板数据的分析结果

|  | 1 | 2 | 3 | 4 | 5 | 6 | 7 | 8 |
|---|---|---|---|---|---|---|---|---|
|  | 食品 | 衣着 | 居住 | 生活用品及服务 | 交通通信 | 教育文化娱乐 | 医疗保健 | 其他用品及服务 |
| retire | −0.167 | −0.588** | 0.398** | 0.0277 | 0.273 | −0.305*** | −0.426*** | −0.0364 |
|  | (0.169) | (0.264) | (0.180) | (0.067) | (0.166) | (0.105) | (0.129) | (0.051) |
| lngdp | −0.0163 | −0.0221 | 0.0401 | 0.002 61 | 0.008 40 | 0.0534** | 0.001 51 | 0.0118 |
|  | (0.040) | (0.062) | (0.043) | (0.016) | (0.039) | (0.025) | (0.031) | (0.012) |
| lnincome | −0.0061 | −0.0584 | −0.0607 | −0.002 53 | −0.005 72 | 0.0658** | 0.0296 | −0.0140 |
|  | (0.041) | (0.076) | (0.044) | (0.016) | (0.040) | (0.025) | (0.032) | (0.012) |
| lnindustry | 0.001 89** | −0.000 134 | −0.004 43*** | −0.000 115 | −0.002 08** | 0.000 527 | 0.002 20*** | −0.000 454* |
|  | (0.001) | (0.001) | (0.001) | (0) | (0.001) | (0.001) | (0.001) | (0) |
| 常数项 | 0.588*** | −0.161 | 0.478*** | 0.0821** | 0.668*** | 0.0130 | −0.241*** | 0.0939*** |
|  | (0.100) | (0.156) | (0.107) | (0.040) | (0.098) | (0.062) | (0.077) | (0.030) |
| 样本数量 | 364 | 364 | 364 | 364 | 364 | 363 | 364 | 364 |
| 省份效应 | 是 | 是 | 是 | 是 | 是 | 是 | 是 | 是 |
| 时间效应 | 是 | 是 | 是 | 是 | 是 | 是 | 是 | 是 |
| adj. R-sq | 0.0893 | −0.0652 | 0.201 | −0.0833 | 0.0263 | −0.0520 | 0.0648 | −0.0664 |

注：*、**、*** 分别代表在 10%、5%、1% 程度下的显著性水平。

## 二、相关系数检验

表 6-13 显示了变量的相关系数检验结果。退休与食品消费、退休与衣着消费、退休与居住消费、退休与生活用品及服务消费、退休与交通通信消费、退休与教育文化娱乐消费、退休与医疗保健消费、退休与其他用品及服务消费等存在正相关关系。

GDP 与食品消费、GDP 与衣着消费、GDP 与居住消费、GDP 与生活用品及服务消费、GDP 与交通通信消费、GDP 与教育文化娱乐消费、GDP 与医疗保健消费、GDP 与其他用品及服务消费等存在正相关关系。

收入与食品消费、收入与医疗消费、收入与其他用品及服务消费等存在正相关关系。收入与衣着消费、收入与居住消费、收入与生活用品及服务消费、收入与交通通信消费、收入与教育文化娱乐消费等存在负相关关系。

工业产值占比与食品消费、工业产值占比与居住消费、工业产值占比与生活用品及服务消费、工业产值占比与交通通信消费、工业产值占比与教育文化娱乐消费、工业产值占比与其他用品及服务消费等存在负相关关系。工业产值占比与衣着消费、工业产值占比与医疗保健消费等存在正相关关系。

表 6-13　变量的相关系数检验——基于消费结构的静态面板数据模型

| | 食品 | 衣着 | 居住 | 生活用品及服务 | 交通通信 | 教育文化娱乐 | 医疗保健 | 其他用品及服务 | 退休 | GDP | 收入 | 工业产值占比 |
|---|---|---|---|---|---|---|---|---|---|---|---|---|
| 食品 | 1 | | | | | | | | | | | |
| 衣着 | 0.0399 | 1 | | | | | | | | | | |
| 居住 | 0.1975 | -0.0498 | 1 | | | | | | | | | |
| 生活用品及服务 | 0.7054 | 0.025 | 0.2299 | 1 | | | | | | | | |
| 交通通信 | 0.5409 | 0.0705 | 0.3083 | 0.5266 | 1 | | | | | | | |
| 教育文化娱乐 | 0.8362 | 0.146 | 0.2982 | 0.7369 | 0.5401 | 1 | | | | | | |
| 医疗保健 | 0.5775 | -0.0095 | 0.1768 | 0.4893 | 0.1052 | 0.6611 | 1 | | | | | |
| 其他用品及服务 | 0.638 | 0.0944 | 0.2167 | 0.6477 | 0.4432 | 0.6545 | 0.4659 | 1 | | | | |
| 退休 | 0.0889 | 0.1182 | 0.2295 | 0.1888 | 0.0783 | 0.1782 | 0.1244 | 0.2494 | 1 | | | |
| GDP | 0.3536 | 0.2414 | 0.365 | 0.4877 | 0.2841 | 0.5107 | 0.4101 | 0.4241 | 0.5604 | 1 | | |
| 收入 | 0.0238 | -0.0606 | -0.0976 | -0.0176 | -0.0278 | -0.0375 | 0.0622 | 0.0482 | -0.2294 | -0.2855 | 1 | |
| 工业产值占比 | -0.09 | 0.0053 | -0.1955 | -0.0641 | -0.0866 | -0.1313 | 0.079 | -0.04 | -0.2729 | 0.0062 | 0.2427 | 1 |

## 6.4 退休对消费结构的影响——基于动态面板数据模型

### 6.4.1 实证模型与实证策略

采用6.3.1的实证模型和实证策略，具体涉及公式（18），内容如下：

$$w_{it} = \alpha_i + \sum_j \gamma_{ij} \cdot \ln p_j + \beta_i \cdot Inc_t^* + \lambda_i \cdot Retire + \varepsilon \qquad (18)$$

其中，$w_{it}$ 代表第 i 类消费支出所占比重。$p_j$ 代表基准价格指数。$c_t^*$ 代表实际消费支出。Retire 代表退休对城镇居民带来的影响。$\varepsilon$ 代表随机误差项。

### 6.4.2 数据来源

本章选取了全国31个省份、自治区和直辖市中的30个省份作为数据研究对象（除了中国香港、中国台湾、中国澳门以外，西藏地区因数据缺失而未纳入研究对象之中）。依据研究的目的性，我们选取的样本区间为2005年至2018年。选取的样本形成平衡面板数据。更进一步地，样本 n = 30，T = 14，故也是一个短面板数据。数据来源自《中国统计年鉴》《中国区域经济统计年鉴》《中国人口和就业统计年鉴》《中国劳动统计年鉴》《中国人力资源和社会保障年鉴》《中国劳动和社会保障年鉴》等。

### 6.4.3 计量模型

将被解释变量的滞后项放入解释变量之中，形成动态面板数据模型，考察长期效应影响。具体计量模型如下所示：

$$\ln consumption\_ structure_{it} = \alpha + \beta_1 retire_{it} + \beta_2 \ln gdp_{it} + \beta_3 \ln income_{it} +$$

$$\beta_4 \ln industry_{it} + \beta_5 \ln consumption\_ structure_{it;1} +$$

$$\beta_6 \ln consumption\_ structure_{it-2} + v_d + v_t + \varepsilon \qquad (20)$$

其中，变量 lnconsumption\_ structureit 代表第 i 个省份第 t 年城镇居民家庭消费结构，这里的消费结构指按照消费内容所进行的八大类内容，具体包括食品消费、衣着消费、居住消费、生活用品及服务消费、交通通信消费、教育文化娱乐消费、医疗保健消费、其他用品及服务消费八类。变量 $\ln gdp_{it}$ 代表第 i 个省份第 t 年城镇居民家庭人均实际 GDP 的对数。变量 $\ln income_{it}$ 代表第 i 个省份第 t 年城镇居民家庭人均可支配收入增长率。变量 lnindustry$_{it}$ 代表第 i 个省份第 t 年工业总产值占 GDP 的比值。变量 lnconsumption_ structure$_{it-1}$ 代表第 i 个省份第 t-1 年城镇居民家庭消费结构，即变量 lnconsumption_ structure$_{it}$ 的滞后一期变量。变量 lnconsumption_ structure$_{it-2}$ 代表第 i 个省份第 t-2 年城镇居民家庭消费结构，即变量 lnconsumption_ structure$_{it}$ 的滞后两期变量。变量 retire$_{it}$ 代表第 i 个省份第 t 年城镇退休人口占城镇人口的比重。α 代表常数项，ε 代表扰动项。我们将八大类消费结构作为主要被解释变量，将退休变量、八大类消费结构的滞后一期和滞后两期变量作为主要解释变量，对被解释变量和解释变量进行动态面板数据分析，城镇居民家庭的人均实际 GDP 对数、城镇居民家庭人均可支配收入增长率、工业产值占 GDP 比重 3 个变量作为控制变量加入模型，城镇老年人口占比、城镇老年抚养比 2 个变量作为工具变量加入模型。变量 V$_d$ 表示省份的固定效应。变量 V$_t$ 表示时间的固定效应。

### 6.4.4 变量处理及统计性描述

基于计量模型，选取变量并进行变量处理。表 6-14 显示了所选取的变量及其具体情况。退休 retire 变量沿用现有文献做法，主要参考刘利（2017）、王增文和何冬梅（2016）做法。用退休人口占该地区的城镇居民人口比重来表示，伴随着我国人口老龄化程度加重，退休效应将对城镇居民群体和整个社会产生影响。

表 6-14　变量的定义与选取说明——基于消费结构的动态面板数据模型

| 变量 | 变量说明 | 单位 | 计算方式 |
|---|---|---|---|
| 食品 | 城镇居民食品消费情况 | 元 | 第 i 个省份第 t 年的城镇居民食品消费占总消费支出的比重 |
| 衣着 | 城镇居民衣着消费情况 | 元 | 第 i 个省份第 t 年的城镇居民衣着消费占总消费支出的比重 |
| 居住 | 城镇居民居住消费情况 | 元 | 第 i 个省份第 t 年的城镇居民居住消费占总消费支出的比重 |
| 生活用品及服务 | 城镇居民生活用品及服务消费情况 | 元 | 第 i 个省份第 t 年的城镇居民生活用品及服务消费占总消费支出的比重 |

续表

| 变量 | 变量说明 | 单位 | 计算方式 |
|---|---|---|---|
| 交通通信 | 城镇居民交通通信消费情况 | 元 | 第 i 个省份第 t 年的城镇居民交通通信消费占总消费支出的比重 |
| 教育文化娱乐 | 城镇居民教育文化娱乐消费情况 | 元 | 第 i 个省份第 t 年的城镇居民教育文化娱乐消费占总消费支出的比重 |
| 医疗保健 | 城镇居民医疗保健消费情况 | 元 | 第 i 个省份第 t 年的城镇居民医疗保健消费占总消费支出的比重 |
| 其他用品及服务 | 城镇居民其他用品及服务消费情况 | 元 | 第 i 个省份第 t 年的城镇居民其他用品及服务消费占总消费支出的比重 |
| 退休（$retire_{it}$） | 城镇居民退休情况 | 比值 | 第 i 个省份第 t 年的城镇退休居民人口数除以该地区的城镇居民人口数 |
| GDP（$lngdp_{it}$） | 城镇居民人均实际GDP水平 | 亿元 | 第 i 个省份第 t 年城镇居民人均实际GDP取对数 |
| 收入（$lnincome_{it}$） | 城镇居民家庭人均可支配收入增长情况 | 比值 | 第 i 个省份第 t 年的城镇居民家庭人均可支配收入减去第 t-1 年人均可支配收入，所得的差额再除以第 t-1 年人均可支配收入 |
| 工业产值占比（$lnindustry_{it}$） | 城镇工业化水平 | 比值 | 第 i 个省份第 t 年的工业总产值除以该地区的GDP |
| 城镇老年人口占比（oldrate） | 城镇老龄化水平 | 比值 | 第 i 个省份第 t 年的城镇老年居民人口数除以城镇居民人口数 |
| 城镇老年抚养比（old-dependency-ratio） | 城镇老龄化水平 | 比值 | 第 i 个省份第 t 年的城镇老年居民人口数除以城镇劳动力人口数 |

结合统计年鉴各类相关数据基本情况，进行变量统计性描述。表6-15显示了主要变量的统计性描述。

表6-15 变量的统计性描述——基于消费结构的动态面板数据模型

| 变量 | 样本个数 | 平均值 | 标准差 | 最小值 | 最大值 |
|---|---|---|---|---|---|
| 食品 | 419 | 0.452 076 | 0.119 787 | 0.26 | 0.93 |

| 变量 | 样本个数 | 平均值 | 标准差 | 最小值 | 最大值 |
|------|---------|--------|--------|--------|--------|
| 衣着 | 420 | 0. 147 143 | 0. 074 089 | 0. 05 | 0. 64 |
| 居住 | 420 | 0. 123 381 | 0. 068 083 | 0. 04 | 0. 74 |
| 生活用品及服务 | 420 | 0. 084 357 | 0. 027 873 | 0. 03 | 0. 22 |
| 交通通信 | 420 | 0. 133 548 | 0. 063 532 | 0. 05 | 0. 38 |
| 教育文化娱乐 | 419 | 0. 164 129 | 0. 066 353 | 0. 08 | 0. 41 |
| 医疗保健 | 420 | 0. 115 119 | 0. 050 295 | 0. 03 | 0. 35 |
| 其他用品及服务 | 420 | 0. 046 571 | 0. 019 237 | 0. 02 | 0. 13 |
| 退休 | 420 | 0. 109 357 | 0. 044 975 | 0. 04 | 0. 27 |
| GDP | 420 | 9. 388 979 | 0. 579 178 | 7. 5 | 10. 668 |
| 收入 | 420 | 10. 665 55 | 3. 461 34 | −2. 28 | 23. 25 |
| 工业产值占比 | 420 | 38. 8098 | 8. 492 695 | 9. 86 | 53. 036 |
| 城镇老年人口占比 | 420 | 8. 907 29 | 1. 987 41 | −9. 719 | 14. 527 |
| 城镇老年抚养比 | 420 | 11. 747 65 | 2. 548 274 | −9. 866 | 19. 187 |

### 6.4.5 基准回归

表6-16展示了基于动态面板数据模型下退休对消费结构的计量分析结果。总体而言，退休事件导致大多数的消费结构事项出现下降现象，导致个别消费结构事项出现上升现象。具体而言，一方面，退休对食品消费、衣着消费、生活用品及服务消费、教育文化娱乐消费、医疗保健消费、其他用品及服务等产生负向抑制作用。在1%的置信区间水平之下，退休每上升1个百分点会导致生活用品及服务消费下降0.741个百分点；在5%的置信区间水平之下，退休每上升1个百分点会导致食品消费下降1.597个百分点、导致教育文化娱乐消费下降0.778个百分点；在10%的置信区间水平之下，退休每上升1个百分点会导致医疗保健消费下降0.367个百分点；退休导致衣着消费下降0.464个百分点、导致其他用品及服务消费下降0.0679个百分点，但是在统计上不显著。另一方面，退休对居住消费、交通通信消费产生正向促进作用。退休导致居住消费上升0.678个百分点、导致交通通信消费上升

0.175 个百分点，但是均在统计上不显著。

在基准回归中，由于不同样本之间的误差项可能存在相关性，本章在回归中采用聚类标准误的方法。

动态面板数据模型与静态面板数据模型的统计结果存在差异，在分析动态面板数据模型时，需要考虑滞后期项对结果带来的影响。结合理论深入剖析统计数据背后的现实状况，具体解释如下所示：

一是退休对食品消费的影响。首先分析食品消费变量的滞后期对当期食品消费的影响。整体而言，食品消费变量的滞后期对当期食品消费产生正向变动影响。但是，具体而言，在 5% 的置信区间水平之下，食品消费滞后一期变量对当期食品消费产生 0.355 个百分点的正向促进作用；而食品消费滞后二期对当期食品消费产生 0.0951 个百分点的正向促进作用，但是统计不显著。食品消费弹性较小，不会随收入有较大的变化。并且消费存在棘轮效应，消费会保持前期状态、不会轻易地下降。其次，我们继续考察退休对食品消费的影响。退休对食品消费产生显著的负向促进作用。这与前述静态面板数据分析解释相类似，退休居民的家庭生产效应增加，随着闲暇时间增加，他们增加了在家烹饪食物、减少了在外就餐，具有更多的时间在市场上选择物美价廉的食材。这使得退休居民在保持食品消费数量和消费质量、保障自身营养摄入与健康的前提下，相应地减少了食品消费开支，与 Aguiar 和 Hurst（2005）的研究结论一致。

二是退休对衣着消费的影响。我们考察衣着消费的滞后期项对衣着当期消费的影响。统计数据显示，衣着消费的滞后期项对衣着当期消费产生负向影响。在 1% 的置信区间水平之下，衣着消费的滞后一期项导致衣着消费的当期项降低 0.203 个百分点，衣着消费的滞后两期项导致衣着当期消费降低 0.19 个百分点。衣着消费是典型的与工作相关的消费支出。工作时，居民可能被要求穿着更为正式的服装服饰，这会导致居民增加服装服饰的消费。退休之后，居民不再具有采购价格更为昂贵的正式服装服饰的需求，而是采购舒适价廉的休闲服饰，或是继续耗用年轻时的衣物、不再采购新的服装服饰。上述原因均会导致衣着消费支出的降低。在考察退休对衣着消费的影响时，退休对衣着消费产生负向影响，但是我们的数据显示统计不显著。

三是退休对生活用品及服务的影响。退休居民随着身体机能的衰退，对于生活用品的消费数量逐渐减少，相应的消费支出也会降低。赋闲在家的时间增加，居家劳务与劳动的机会增多，对于家政服务的消费需求自然也会降低。因此，退休会导致生活用品及服务消费向负向变动。

四是退休对教育文化娱乐消费的影响。首先，我们考察教育文化娱乐消费的滞后期项对于当期消费的影响。消费均有惯性，前期消费会对后期消费产生影响，消费者不会轻易改变消费需求与消费行为。因此，在动态面板数据模型上反映为，在1%的置信区间水平之下，教育文化娱乐消费的一期滞后项对当期消费影响产生0.303个百分点的正向影响；在5%的置信区间水平之下，教育文化娱乐消费支出的二期滞后项对当期消费影响产生0.331个百分点的正向影响。其次，在考察退休对教育文化娱乐消费影响的时候，我们发现，退休导致的影响是负向的。这可以用退休状态与工作状态的差异进行解释。退休之后，居民不再需要技能培训教育，相应地文化教育消费支出会降低。退休居民年龄较大，受到传统节俭思想的影响，对于文化娱乐消费方面的需求不足，也会相应地降低文化娱乐方面消费开支。综合上述因素的共同影响，导致退休后的教育文化娱乐消费支出下降0.778个百分点。

五是退休对医疗保健消费的影响。首先，我们考察医疗保健消费的滞后期项对当期消费产生的影响。医疗保健消费同样具有消费惯性，会保持相似的消费水平，滞后期项对当期消费产生正向影响。具体而言，在1%的置信区间水平之下，滞后一期的医疗保健消费会导致当期的医疗保健消费增加0.495个百分点；滞后两期的医疗保健消费会导致当期的医疗保健消费增加0.0153个百分点，但是在统计上不显著。其次，我们考察退休对医疗保健消费的影响。刚跨入退休行列的居民属于低龄老年人，伴随着医疗水平、物质条件等水平的提高，刚刚退休的居民身体状态保持在健康水平，无需过多的医学治疗，相应地，医疗保健消费支出不会显著增加。

六是退休对居住消费的影响。我们考察居住消费的滞后项对居住当期消费的影响。一方面，居住消费支出同样存在消费惯性，不会出现居住消费在某一时间节点骤降的情形。另一方面，居住消费涉及的内容中包含水、电、燃气与燃料、物业等消费内容，这些消费内容与居民居家时间长呈正相关。在家居住时间长，耗用的水、电、燃气或燃料等就会相应地增加，反之则相反。一旦跨入退休行列，居民从工作场所转换为居家生活，居家时间会随之增加。因此，居住消费支出不会降低，而是具有正向增加的趋势。

七是退休对交通通信的影响。交通通信消费涉及交通与通信两部分内容。

我们首先考察交通消费。居民工作时，需要工作通勤，由此产生交通消费支出。转入退休状态，无需前往工作场所，相应地交通消费支出降低。其次，对于通信消费，上网的普及促使着退休居民接触网络增多，手机、电脑、电视、平板等上网设备的普及，也促使着退休居民增加网络通信及电话通信消费支出。

八是退休对其他用品及服务消费的影响。此部分消费支出与前述类似，一方面这部分消费内容具有消费惯性，不会出现骤降等现象，在动态面板数据模型分析统计上表现为，在1%的置信区间水平之下，其他用品及服务消费的滞后两期项导致当期消费增加0.477个百分点，但是滞后一期项的结果并不显著。考察退休对其他用品及服务消费的影响时发现，出现负向影响现象。这与退休居民群体特征有关，闲暇时间增多，身体健康状况尚可，无需额外的家政服务，相应地减少此部分的消费支出。

表 6-16　退休对消费结构的影响——基于动态面板数据模型

| | 1 食品 | 2 衣着 | 3 居住 | 4 生活用品及服务 | 5 交通通信 | 6 教育文化娱乐 | 7 医疗保健 | 8 其他用品及服务 |
|---|---|---|---|---|---|---|---|---|
| retire | -1.597** (0.712) | -0.464 (0.686) | 0.678 (0.603) | -0.741*** (0.255) | 0.175 (0.249) | -0.778** (0.303) | -0.367* (0.221) | -0.0679 (0.067) |
| lngdp | 0.029 (0.044) | 0.0347 (0.038) | -0.0562 (0.049) | 0.0493*** (0.018) | 0.0257 (0.017) | 0.0364* (0.019) | 0.0124 (0.011) | 0.0132** (0.006) |
| lnincome | -0.00476*** (0.002) | -0.00357*** (0.001) | 0.00031 (0.001) | 0.000456 (0.001) | 0.00400*** (0.001) | -0.00108 (0.001) | 0.00158** (0.001) | 0.000996** (0) |
| lnindustry | -0.000607 (0.003) | -0.00108 (0.002) | -0.00745** (0.003) | -0.000398 (0.001) | -0.00270*** (0.001) | 0.000343 (0.001) | 0.000611 (0.001) | -0.000315 (0) |
| old rate | 0.139* (0.075) | -0.00805 (0.047) | -0.0634*** (0.023) | 0.0509 (0.041) | 0.0147 (0.011) | 0.0318 (0.021) | 0.0537* (0.03) | 0.00342 (0.005) |
| old dependency ratio | -0.101* (0.053) | 0.00642 (0.033) | 0.0492*** (0.02) | -0.0309 (0.0285) | -0.0133 (0.01) | -0.0203 (0.015) | -0.0361* (0.02) | -0.00158 (0.004) |
| cons | 0.163 0.0951 | 0.00795 (0.341) | 0.714 (0.518) | -0.354** (0.174) | -0.0947 (0.163) | -0.245 (0.205) | -0.112 (0.104) | -0.1 (0.063) |
| 食品 (-1) | 0.355** (0.161) | | | | | | | |
| 食品 (-2) | 0.0951 (0.113) | | | | | | | |

续表

| | 1 | 2 | 3 | 4 | 5 | 6 | 7 | 8 |
|---|---|---|---|---|---|---|---|---|
| | 食品 | 衣着 | 居住 | 生活用品及服务 | 交通通信 | 教育文化娱乐 | 医疗保健 | 其他用品及服务 |
| 衣着（−1） | | −0.203 *** (0.023) | | | | | | |
| 衣着（−2） | | −0.190 *** (0.024) | | | | | | |
| 居住（−1） | | | (0.206) 0.331 | | | | | |
| 居住（−2） | | | 0.919 *** (0.239) | | | | | |
| 生活用品及服务（−1） | | | | 0.217 ** (0.084) | | | | |
| 生活用品及服务（−2） | | | | −0.534 *** (0.17) | | | | |
| 交通通信（−1） | | | | | 0.303 *** (0.057) | | | |
| 交通通信（−2） | | | | | (0.054) 0.0279 | | | |
| 教育文化娱乐（−1） | | | | | | 0.303 *** (0.117) | | |
| 教育文化娱乐（−2） | | | | | | 0.331 ** (0.136) | | |
| 医疗保健（−1） | | | | | | | 0.495 *** (0.053) | |
| 医疗保健（−2） | | | | | | | 0.0153 (0.052) | |
| 其他用品及服务（−1） | | | | | | | | −0.0788 (0.054) |
| 其他用品及服务（−2） | | | | | | | | 0.477 * (0.208) |
| N | 359 | 360 | 360 | 360 | 360 | 358 | 360 | 360 |
| 省份效应 | 是 | 是 | 是 | 是 | 是 | 是 | 是 | 是 |
| 时间效应 | 是 | 是 | 是 | 是 | 是 | 是 | 是 | 是 |
| AB 检验 for | z | z = | z = | | z = | z = | z = | z = |

续表

| | 1 | 2 | 3 | 4 | 5 | 6 | 7 | 8 |
|---|---|---|---|---|---|---|---|---|
| | 食品 | 衣着 | 居住 | 生活用品及服务 | 交通通信 | 教育文化娱乐 | 医疗保健 | 其他用品及服务 |
| AR（1） | $=-3.61^{***}$ | $-4.31^{***}$ | $-2.85^{***}$ | $z=-2.82^{***}$ | $-2.94^{***}$ | $-3.11^{***}$ | $-2.81^{***}$ | $-3.17^{***}$ |
| AB 检验 for AR（2） | $z=-2.48$ | $z=3.48$ | $z=-2.58$ | $z=0.29$ | $z=0.28$ | $z=-2.43$ | $z=-0.42$ | $z=-3.47^{***}$ |
| Hansen 检验 | 29.47 (0.339) | 29.45 (0.339) | 29.45 (0.339) | 28.23 (0.347) | 29.40 (0.393) | 28.24 (0.452) | 28.67 (1.000) | 29.08 (0.408) |

注：$^{*}$、$^{**}$、$^{***}$ 分别代表在 10% 、5% 、1%程度下的显著性水平。

### 6.4.6 相关检验

#### 一、一阶和二阶序列相关检验

表 6-16 显示了一阶序列相关检验 AR（1）和二阶序列相关检验 AR（2）的结果。Arellano-Bond 的检验主要是对差分方程误差项的二阶序列进行检验，原假设设定为：H0 一阶差分中的误差项不存在二阶序列相关。表 6-16 显示 AR（1）显著，AR（2）不显著，通过了一阶序列和二阶序列的相关检验。

#### 二、Hansen 检验

使用动态面板数据模型，要求所使用的工具变量是有效的。Hansen 检验的原假设设定为：H0 工具变量与误差项不相关。表 6-16 显示 Hansen 检验的 p 值为 0.339 至 1 之间，接受原假设，通过 Hansen 检验。

## 6.5 影响机制分析

我国城镇居民退休后，主要依靠养老金作为收入来源，退休金收入相较于工作时有所下降，继而可能影响退休居民消费行为。城镇退休居民的消费不仅仅受到养老金收入影响，还受到供给、经济发展程度如 GDP 等因素影响，但是收入是影响退休居民消费的重要中介因素。在退休——收入——消费关系中，收入作为中介效应，退休引起收入变动，继而收入引起消费变动。

### 6.5.1 实证策略

中介效应是指，当我们研究 X 对 Y 的影响时，通过某一变量 M 间接产生的影响。变量 M 即为中介变量，X 可以通过中介变量 M 对 Y 产生的间接影响称之为中介效应影响。根据温忠麟等（2004）关于中介效应的研究，构建如下中节效应模型：

模型一：$Y = cX + e_1$

模型二：$M = aX + e_2$

模型三：$Y = c'x + bM + e_3$

具体检验步骤为：

第一步，在模型一中进行 X 和 Y 的回归，检验 X 对 Y 的回归系数是否显著。若计量结果显著，则进行第二步，反之则停止检验。

第二步，在模型二中进行中介变量 M 与 X 的回归，检验 X 对 M 的回归系数是否显著。若计量结果显著，则继续进行检验，反之停止检验。

第三步，在模型三中进行 Y、X 和中介变量 M 的回归，检验 X 对 Y 的回归系数是否显著。若显著，则表示存在部分中介效应，反之若不显著，则表示存在完全中介效应。

### 6.5.2 数据来源

本章选取了全国 31 个省份、自治区和直辖市中的 30 个省份作为数据研究对象（除了中国香港、中国台湾、中国澳门以外，西藏地区因数据缺失而未纳入研究对象之中）。依据研究的目的性，我们选取的样本区间为 2005 年至 2018 年。选取的样本在每个时期的个体是完全一样的，形成数据为平衡面板数据。数据来源自《中国统计年鉴》《中国人口和就业统计年鉴》《中国劳动统计年鉴》《中国人力资源和社会保障年鉴》《中国劳动和社会保障年鉴》等。

### 6.5.3 计量模型

根据中介效应分析方法，结合退休消费研究主题，列出如下的计量模型。消费作为被解释变量，退休作为解释变量，收入作为中介变量。主要考察收入的中介效应是否存在，以及程度如何。

模型一：$c\_rate_{it} = c \times retire_{it} + a_1 \times Z + e_1$

模型二：$\ln\_income_{it} = a \times retire_{it} + a_2 \times Z + e_2$

模型三：$c\_rate_{it} = c' \times retire_{it} + a_3 \times Z + e_3$

其中，变量 $c\_rate_{it}$ 代表第 i 个省份第 t 年的城镇居民消费率。变量 $retire_{it}$ 代表第 i 个省份第 t 年的退休情况，参考刘利（2017）、王增文和何冬梅（2016），用退休人口对城镇总人口的占比来表示退休程度情况。变量 Z 表示控制变量。变量 $\ln\_income_{it}$ 代表第 i 个省份第 t 年城镇居民家庭人均可支配收入增长情况。

### 6.5.4 变量处理及统计性描述

基于计量模型，选取变量并进行变量处理。表 6-17 显示了所选取的变量及其具体情况。

一是被解释变量。城镇居民消费率表示居民消费支出占某年度该地区 GDP 的比重，反映该地区的经济发展水平以及居民消费水平情况。

二是解释变量。退休 retire 变量沿用现有文献做法，主要参考刘利（2017）、王增文和何冬梅（2016）做法，用退休人口占该地区的城镇居民人口比重来表示，伴随着我国人口老龄化程度加重，退休效应将对城镇居民群体和整个社会产生影响。

三是中介变量。收入作为中介变量。具体选取城镇居民家庭人均可支配收入增长情况作为中介变量，用当年度与上一年度人均可支配收入之差除以前一年度的人均可支配收入。

四是控制变量。城镇居民人均实际 GDP 和城镇老年人口抚养比作为控制变量。居民人均实际 GDP 代表城镇经济发展程度，城镇老年人口抚养比代表城镇老龄化程度。

表 6-17　中介效应分析中的变量定义与选取说明

| 变量 | 变量说明 | 单位 | 计算方式 |
| --- | --- | --- | --- |
| 城镇居民消费率 | 城镇居民家庭消费情况 | 比值 | 对第 i 个省份第 t 年的城镇居民消费除以该地区的 GDP |

续表

| 变量 | 变量说明 | 单位 | 计算方式 |
|------|----------|------|----------|
| 退休 | 城镇居民退休情况 | 比值 | 第 i 个省份第 t 年的城镇退休居民人口数除以该地区的城镇居民人口数 |
| 收入 | 城镇居民家庭人均可支配收入增长情况 | 比值 | 第 i 个省份第 t 年的城镇居民家庭人均可支配收入减去第 t−1 年人均可支配收入，所得的差额再除以第 t−1 年人均可支配收入 |
| GDP | 城镇居民人均实际 GDP 的对数 | 亿元 | 第 i 个省份第 t 年城镇居民人均实际 GDP 取对数 |
| 城镇老年抚养比 | 城镇老龄化水平 | 比值 | 第 i 个省份第 t 年的城镇老年居民人口数除以城镇劳动力人口数 |

结合统计年鉴各类相关数据基本情况，进行变量统计性描述。表 6-18 显示了主要变量的统计性描述。

表 6-18　中介效应分析中的变量统计性描述

| 变量 | 样本数量 | 平均值 | 标准差 | 最小值 | 最大值 |
|------|----------|--------|--------|--------|--------|
| c_ rate | 420 | 26. 730 29 | 4. 755 634 | 18. 2 | 41. 732 |
| retire | 420 | 0. 109 357 1 | 0. 044 974 8 | 0. 04 | 0. 27 |
| ln_ gdp | 420 | 9. 388 979 | 0. 579 178 | 7. 5 | 10. 668 |
| ln_ income | 420 | 9. 927 607 | 0. 464 354 5 | 8. 994 | 11. 137 |
| industry | 420 | 38. 8098 | 8. 492 695 | 9. 86 | 53. 036 |
| old-dependency-ratio | 420 | 11. 747 65 | 2. 548 274 | −9. 866 | 19. 187 |

## 6.5.5 计量分析结果及相关检验

### 一、未加入控制变量情况

（一）计量结果分析

表 6-19 展示了未加入控制变量情况下收入的中介效应结果。本章采用省级面板数据，所以采用面板固定效应和中介效应方法，进行逐步检验回归系

数，对三个模型依次进行检验。

具体模型为：

模型一：$c\_rate_{it} = C \times retire_{it} + e_1$

模型二：$\ln\_income_{it} = a \times retire_{it} + e_2$

模型三：$c\_rate_{it} = c' \times retire_{it} + e_3$

首先，模型一中显示在1%显著性水平下，退休变量系数显著且为正。退休对城镇居民家庭消费率的总效应是17.54。模型一符合中介效应分析中的条件，可以继续进行模型二的分析。

其次，模型二中显示在1%显著性水平下，退休变量同样显著且为正。退休对城镇居民家庭人均可支配收入增长的直接效应是1.213，结果虽然显著，但是影响不大。模型二符合中介效应条件，表示消费与退休变量之间存在中介效应，中介效应显著。但是若需了解中介效应的程度，还需继续进行模型三的分析。

最后，在模型三中显示在10%显著性水平下，退休变量显著且为正，在1%显著性水平下，城镇人均可支配收入增长变量显著且为正。退休对城镇居民家庭消费率的系数仍是显著的，说明是部分中介效应，但是系数由模型一的17.54下降为模型三的8.580。退休对城镇居民家庭人均可支配收入增长的系数为7.385，说明收入起到了部分中介效应。中介效应在总效应中的占比为（7.385×1.213）/17.54=51.07%。

表6-19　未加入控制变量的中介效应分析结果

|  | 模型一<br>c_rate | 模型二<br>ln_income | 模型三<br>crate |
|---|---|---|---|
| retire | 17.54 ***<br>(−5.423) | 1.213 ***<br>(−0.268) | 8.580 *<br>(−5.182) |
| ln_income | | | 7.385 ***<br>(−0.937) |
| 系数 | 24.81 ***<br>(−0.631) | 9.795 ***<br>(−0.031) | −47.52 ***<br>(−9.201) |
| 样本数量 | 420 | 420 | 420 |
| 年份固定效应 | 控制 | 控制 | 控制 |

续表

| | 模型一<br>c_ rate | 模型二<br>ln_ income | 模型三<br>crate |
|---|---|---|---|
| 控制变量 | 否 | 否 | 否 |
| 调整 $R^2$ | 0.1299 | 0.7772 | 0.2439 |

注：*、**、*** 分别代表在 10%、5%、1%程度下的显著性水平。

（二）稳健性检验

下面，进行 Sobel 检验。Sobel（1988）通过检验统计量 z 来进行检验。z 统计量具体形式如下：

$$z = \frac{\hat{a}\hat{b}}{s_{ab}}$$

其中，$\hat{a}$ 和 $\hat{b}$ 分别是 a 和 b 的估计量。

$\hat{a}\hat{b}$ 的标准误如下：

$$se（ab）=\sqrt{\hat{a}2\hat{se}b^2+\hat{b}^2\hat{se}_a^2}$$

Sobel 检验 Z 值为 5.168，P 值为 1.936e-08，说明存在中介效应。同时，Sobel 检验计算出的中介效应占总效应的比重是 59.15%，与前述检验结果 51.07%接近。这说明通过了 Sobel 检验。

## 二、加入控制变量情况

（一）计量结果分析

表 6-20 展示了加入控制变量情况下的中介效应分析结果。采用固定面板效应和中介效应分析方法，进行逐步检验回归系数，对模型一至模型三依次进行分析检验。

具体模型为：

模型一：$c\_ rate_{it} = c \times retire_{it} + a_1 \times ln\_ gdp_{it} + \beta_1 \times industn/it + e_1$

模型二：$ln\_ income_{it} = a \times retire_{it} + a_2 \times ln\_ gdp_{it} + \beta_2 \times industn/it + e_2$

模型三：$c\_ rate_{it} = c' \times retire_{it} + a_3 \times ln\_ gdp_{it} + \beta_3 \times industn/it + e_3$

首先，模型一结果显示，在 1%显著性水平下，退休变量系数为正且是显著的。但是控制变量老年抚养比和 GDP 是不显著的。退休对城镇居民家庭消费率的总效应是 21.56。这说明模型一符合中介效应分析条件，可以继续进行模型二的估计。

其次，模型二结果显示，在 1% 显著性水平下，退休变量为负且是显著的。控制变量老年抚养比为正但不显著，控制变量 GDP 为正且在 1% 水平下显著。退休对城镇居民家庭人均可支配收入增长的直接效应是 -0.872，结算虽是显著的，但是影响是负向的。模型二符合中介效应条件，表示退休与消费之间存在中介效应，即中介效应是显著的。继而可以进行模型三的估计，检验中介效应的具体程度。

最后，模型三结果显示，在 1% 显著性水平下，退休变量为正且是显著的。控制变量老年抚养比和 GDP 都是负的，但是 GDP 显著而老年抚养比不显著。在模型三中，退休对城镇居民家庭消费率的系数仍是显著的，符合部分中介效应条件，但是系数由模型一的 21.56 变动为模型三的 40.53。退休对城镇居民家庭人均可支配收入增长的系数为 21.76，且是显著的，说明收入起到了部分中介效应。中介效应在总效应中的占比是 (21.76×0.872) /21.56＝88%。

表 6-20　加入控制变量的中介效应分析结果

| | 模型一<br>c_ rate | 模型二<br>ln_ income | 模型三<br>c_ rate |
|---|---|---|---|
| retire | 21.56 *** <br> (-6.805) | -0.872 *** <br> (-0.211) | 40.53 *** <br> (-5.144) |
| old-dependency-ratio | -0.0143 <br> (-0.108) | 0.003 23 <br> (-0.003) | -0.0846 <br> (-0.08) |
| ln_ gdp | -0.735 <br> -0.522 | 0.406 *** <br> -0.016 | -9.559 *** <br> -0.619 |
| ln_ income | | | 21.76 *** <br> (-1.192) |
| 系数 | 31.44 *** <br> -4.773 | 6.177 *** <br> -0.148 | -103.0 *** <br> -8.165 |
| 样本数量 | 420 | 420 | 420 |
| 年份固定效应 | 控制 | 控制 | 控制 |
| 控制变量 | 是 | 是 | 是 |

续表

| | 模型一<br>c_ rate | 模型二<br>ln_ income | 模型三<br>c_ rate |
|---|---|---|---|
| 调整的 $R^2$ | 0.1299 | 0.9126 | 0.5232 |

注：*、**、***分别代表在 10%、5%、1%程度下的显著性水平。

### （二）　稳健性检验

稳健性检验主要进行 Sobel 检验。Sobel 检验 Z 值为 1.08，P 值为 0.28，说明存在中介效应，通过了 Sobel 检验。同时，Sobel 检验计算出的中介效应占总效应的比重是 13.42%。

# 6.6 研究结论

本章从宏观视角，实证检验退休对城镇居民消费的影响。基于居民消费率和具体消费结构支出，退休分别产生不同的影响。在研究退休变量与消费变量时，根据短面板数据特征采用静态面板数据计量分析方法进行实证分析。在此基础上，考虑到当期消费同时会受到前期因素影响，因此采用动态面板计量分析方法继续进行检验。最后，根据中介效应方法，本章实证检验了收入对退休消费带来的影响。根据本章的实证分析，得出以下研究结论。

### 一、退休影响城镇居民消费率的实证分析结果

第一，基于静态面板数据模型分析得到，退休对城镇居民消费率产生负向抑制影响，退休使得城镇居民消费率下降约 11.79%。统计分析结果还表明，影响消费下降的因素包括国民收入、消费者物价指数、利率、工业化程度等。另外，国民可支配收入、城镇化率等因素产生正向作用。整体而言，退休之后城镇居民消费下降，但是下降幅度轻微，并未发生骤然大幅下降。

第二，考虑到当期消费同样受到前期因素变量的影响，采用动态面板数据模型分析退休对城镇居民消费率产生的影响。此种情形下，退休对消费率产生负向的抑制作用，这与静态面板数据模型的结论相近。动态面板计量分析显示，退休导致城镇居民消费率下降约 22.34%。滞后期消费率带来正向影响，但是退休带来的影响仍旧导致城镇居民降低其消费。

## 二、退休对城镇居民消费结构影响的实证分析结果

对于消费结构的研究，本章同样采用静态面板数据模型以及动态面板数据模型两种方法进行分析，静态和动态面板两种方法基本得出一致的实证结果。

第一，对于食品消费支出、衣着消费支出、教育文化娱乐消费支出、医疗保健消费支出、其他用品及服务消费支出而言，退休产生负向的抑制作用，且均是显著的。各相关消费结构支出下降的程度较为轻微，下降区间在 0.1 至 1.6 之间。产生下降的原因是，退休导致城镇老年人口占比上升、城镇老年抚养比增加，劳动力供给下降，从而影响收入和消费。

第二，对于居住消费支出、交通通信消费支出等，退休产生正向的促进作用，但是静态面板数据模型和动态面板数据模型的统计结果不显著。对于生活用品及服务消费支出，静态面板数据模型和动态面板数据模型显示的结果不一致。

## 三、关于微观分析与宏观分析结构的比较

微观分析视角的结果认为，退休对城镇居民总体消费支出产生正向的促进作用，对消费结构产生综合效应，退休之前与退休之后的消费结构有升有降。而宏观分析结果显示退休对城镇居民总体消费产生负向作用，对部分消费结构产生负向作用。基于微观视角和宏观视角，不论是产生抑制作用还是促进作用，消费上升和下降的幅度都较为轻微。但是微观视角和宏观视角仍存在不一致的矛盾现象。可以从以下几点来解释这一矛盾现象。

第一，合成谬误。萨缪尔森指出，对于个体均衡正确的事物，可能对一般均衡是错误的，或者反之亦然，对一般均衡是错误的，而可能对个体均衡是正确的。产生这一现象的前提条件可能是研究对象、研究条件等不一致造成的。微观视角研究中，我们选取的样本数据是 2017 年退休的城镇居民。该时间段的居民若处于退休之际，大概在新中国成立后出生。新中国成立之后，我国经济经历快速发展阶段，经济状况、财富积累以及退休制度均处于较为完善的阶段。而在宏观视角中，我们选取的样本数据时间跨度是 2005 年至 2018 年。该时间段的退休居民，大概在新中国成立前以及新中国成立后出生，这两个阶段我国经济发展水平差异较大，新中国成立前出生的居民可能未切实地体验到改革开放带来的发展成果，对其消费行为可能会造成较大影响。

因此，基于研究对象选取的差异，可能造成矛盾现象。

第二，宏观视角研究结论显示的消费下降，程度轻微。同时，从微观视角显现出退休居民有扩大消费的意愿。结合我国退休制度的不断完善、养老金收入的提高、财富积累的增加等现状，退休城镇居民具有增加消费需求、扩大消费支出、安享晚年生活的意愿，与传统的节俭、守旧等观念不同。因此，应打破传统观念，认真研究分析退休城镇居民消费，研究如何进一步有效扩大退休城镇居民消费、促进经济发展。

### 四、退休对城镇居民消费的影响机制分析

第一，实证结果显示，在未加入控制变量 GDP 和老年抚养比的情况下，收入的中介效应占到总效应的比重约为 51.07%。在加入控制变量的情况下，收入的中介效应占到总效应的比重约为 88%。这表明，收入的中介效应是显著的。

第二，在加入控制变量和未加入控制变量的基础上，实证分析结果显示，退休与消费之间不只存在因果关系，即退休导致城镇居民家庭消费产生变动，退休与消费之间还存在中介效应。收入作为中介效应变量，起到了部分中介效应作用。退休导致收入产生变化，继而导致消费发生变动，即存在"退休——收入——消费"的影响机制关系。

# 国外应对居民退休消费变动的实践与启示

对于我国退休老年人来说，养老金收入是其退休后收入的主要来源，虽然退休消费受到储蓄等其他因素影响，但是退休保障制度尤其是退休金收入也是影响退休老年人消费支出的最为重要的因素之一，良好的退休保障制度可以起到促进退休消费、增加退休居民福祉的作用。因此，各个国家均致力于设计良好的、符合本国国情的退休保障制度，努力增进退休居民福祉，保障居民退休消费的收入来源。

但是我国存在现实的退休困境。伴随着我国人口老龄化的逐渐加重，我国基本养老保险基金的支出压力持续增加，我国基本养老保险制度需要系统性联动式改革。退休作为经济社会中个人历程的一个环节阶段，必然受到经济社会条件的影响。当下，我国经济社会受到人口老龄化、财政压力等多重影响，客观的经济社会条件对退休提出了新的要求，也必然将会影响退休消费变动情况。不但我国退休居民消费情况受到经济因素、社会因素、退休制度转变等诸多方面的影响与压力，而且其他国家也同样面临困境。

他山之石，可以攻玉。立足我国基本国情，学习借鉴其他国家优秀养老保险制度计划设计经验，了解并深入分析世界主流国家退休制度的发展演变及其对退休消费的保障托底作用，对我国既有极好的借鉴作用，又为进一步完善我国退休居民消费、增进我国退休居民福祉作出贡献。

# 7.1 世界主流退休制度发展演变以及对居民退休消费的影响

## 7.1.1 现收现付式退休模式及其对居民退休消费影响

"现收现付式"主要是指政府向劳动力人口即工作人口征收少量的社会保障保险税或费，当这些人口退休时，结合人口个人资产、财富与收入分配等因素，将当下收到的社会保障保险税或费，相对平均地分发给当下的退休人口。根据给付模式的不同，现收现付式退休养老保险制度可以分为两个类型：类型一是以收定支。退休居民可以领取的退休金收入待遇水平，取决于企业和劳动力人口在职期间所缴纳的保险金额度以及投资收益等资金。类型二是以支定收。当居民在工作在职期间缴纳退休养老保险金时，即可知道保险允诺的退休金待遇水平。当退休金收不抵支时，会提高退休金缴纳比例以满足不断提高的退休金支出。[1]

这种制度可谓是全民共享，距今有百年历史。这一制度最早由德国首相俾斯麦引进并实施的。我国也是践行此种模式的国家之一。近年来，许多现代工业化国家采取此种模式，企业主与雇佣员工按照工资薪酬的适当比例缴纳此种社会保障保险税或费，抑或称之为社会保障税费。

现收现付式退休模式之所以广泛流行，在于其独特的优势：一是全体居民均有可能得到社会保障，退休居民可以领取退休金；二是该种制度具有收入再分配的功能，尤其是保护了低收入群体，多交社会保障税的且资产不太多的人从政府得到的养老金到退休时比其他退休的人要相对高一些；三是该种制度受到外界因素干扰较少，例如利率波动、通货膨胀或紧缩等方面的影响；四是该种制度操作方式相对简单，便于推广。

现收现付式退休模式也存在鲜明的弊端：税率或费率面临不断增加的事实，以及国家财政压力的问题。依据经济学理论，现收现支式退休制度的内部回报率取决于两个因素，一是劳动力人口的增长率，二是工资增长率，内部回报率为二者之和。现收现支式退休制度的稳定与可持续，涉及社会的人

---

〔1〕 参见刘桂莲：《现收现付养老保险制度可持续发展调整机制比较研究——以瑞典、德国和日本为例》，载《社会保障研究》2016 年第 5 期。

口结构的问题。人口结构的改变，例如人口老龄化的加剧，必然带来现收现付式退休制度资金来源的挑战与压力。伴随着人口老龄化带来的问题，老年人预期寿命越来越长、老年人口越来越多，少子化情况不断加重，劳动力人口面临着逐渐减少的现状，这都增加了现收现付制模式下需要支付的养老金压力。通过观察几十年来采用现收现付式退休模式国家的实践，大多数国家采取的应对措施是不断提高税费比例。例如，20 世纪 30 年代美国实施现收现付式退休养老社会保障制度时，初始的保险税费收缴比例是企业和居民个人各自承担百分之十。到了 21 世纪之初，这一保险税费缴纳比例上升至百分之十五。但是美国专家仍预测，养老保险金面临破产风险。[1]但是保险税率的增长是有限度的。一方面，居民对于过高的保险税率会有抵触情绪，税率过高，可能造成某些人降低参加退休养老社会保障制度的意愿；另一方面，如若居民工作存续期间缴纳更高的税率时，其退休时会提高取得退休金收入的预期。而此种种，均将压力传导至国家财政压力。

现收现付式退休模式还需考虑预期寿命与公平问题。居民缴纳了退休养老社会保障保险，但是有可能该居民没有等到领取退休金就离世了。对于这样的潜在情景，现收现付式养老保险需要从收入再分配以及长寿风险等视角进行进一步的审视。现收现付式退休模式下，短寿居民是否吃亏？是否对消费带来影响？从寿命风险角度而言，是有利于促进消费的，短寿命居民可能并未吃亏。不管居民预期寿命是何状态，参加退休金保障制度、缴纳养老保险金的居民，一旦参保，即不用担心未来寿命如何以及是否存在储蓄不足的问题而可能导致的退休生活贫困问题，居民在退休之后均会领取到退休金，因此居民在每期缴纳完保险金后，剩余收入均可用于消费，则可以大大提高居民年轻时当期消费意愿，放松了居民年轻时的消费约束。现收现付式退休制度，长寿分享分担机制的优势体现在促进了居民当期消费。从某种意义上讲，无论居民长寿与否，均从参加社会养老保险之中收益：长寿居民可以领取更多的退休金，促进了退休消费；短寿居民降低了当期消费约束，增加了当期消费。[2]

现收现付式退休模式的弊端会对退休消费带来影响。当国家经济状况好时，国家有充足的财政资金支付退休居民的养老金，甚至可以逐渐提高养老

---

〔1〕 参见田国强、林少宫：《世界上几种主要退休社会保障模式简介》，载《求知》1999 年第 2 期。

〔2〕 参见张翔：《现收现付制社会养老保险的互助共济功能》，载《社会保障评论》2022 年第 6 期。

金收入。此种情形之下，退休居民具有更多的消费支出来源，可能更加具有退休消费支出的意愿，用于自身需求、自身健康、子女或其他方面的消费支出增加。如果国家经济状况不好，国家财政资金紧张或是用于支付退休养老金的资金紧张，则退休居民的退休金收入可能降低。在此种情境之下，退休居民虽然可以动用储蓄等其他经济来源用于退休消费，但是退休消费的意愿可能降低，这不利于退休消费支出的增加。

### 7.1.2 储蓄式退休养老金模式及其对退休消费的影响

储蓄式退休养老金模式是指居民建立个人退休账户，在工作存续期间将工资收入的一部分存入该账户，逐年累计，作为居民退休之后的退休金使用。储蓄式退休养老金模式以效率为导向，鼓励多劳多得，年轻人多储蓄，则年老退休之时可以得到更多的退休金收入。世界上一些国家，例如新加坡、智利等国采用此种模式，我国也引入此种思想，采用储蓄式养老保险金的方法。

近年来，我国也提出并加大宣传第三支柱养老保险，即个人储蓄型养老保险和商业养老保险。我国采取的养老金保险制度不是单一的，而是根据国情适时调整、不断完善的。目前，我国养老金保险制度采取的是"三支柱"的体系。第一支柱是基本养老保险，即人们常说的养老金，第二支柱即企业年金和职业年金，第三支柱包括个人储蓄性养老保险和商业养老保险。第一支柱是现收现付式的养老保险模式，由政府主导。基于前述分析可知，随着人口结构变动以及财政压力的增加，仅仅依靠第一支柱，仅能保基本，不利于退休消费的增加。因此，养老保险模式在不断完善，引入第二支柱与第三支柱。第二支柱是企业主导，主要指企业（职业）年金，可以提高员工待遇，因此也是企业吸引人才的重要手段之一。第三支柱是以居民个人为主，进行储蓄式养老金积累。在我国建立的这一多层次养老保险制度体系之中，第一支柱的基本养老保险是保根本，我国相关制度建设较为完善，推广执行力度较大，职工养老保险与城乡居民养老保险目前已覆盖近十亿人。第二支柱的企业（职业）年金制度已经初步建立，目前处于逐步完善过程之中，截至2021年，覆盖范围达到5800多万人。[1]第三支柱是目前我国正在推行实践的

〔1〕　参见李丹青：《个人储蓄性养老金来了，你愿意参加吗》，载《决策探索（上）》2021年第4期。

制度。

根据居民愿意与否，储蓄式退休养老金可进一步细分为强制式储蓄与自愿式储蓄。

强制式储蓄退休模式一般是指政府采用强制性措施，比如通过立法的形式，要求企业与员工等相关方强制性地缴纳储蓄金作为退休保障金，企业雇主和员工可按照一定的比例分担缴纳。此种方法的目的是保障居民在退休之后可以得到退休金收入，保障基本生活消费开支来源，避免居民懒惰行为或是侥幸心理，不积极主动应对退休行为，不积累积蓄应对退休消费，转而需要政府救济，增加政府的负担。强制性储蓄退休制度具有独有的特点，强制性储蓄相当于资金由私人银行账户转到了由政府统一管理的个人账户之中。这些资金也可用于投资理财，取得相应的收益。

更进一步地，根据强制式储蓄退休制度中的个人账户投资主体的不同，又可进一步细分为国营强制式储蓄和民营强制式储蓄。

国营强制式储蓄模式是指，个人账户集中起来用于投资的管理主体是国营投资基金管理公司。这类模式可能存在投资收益差的现象，因为这一类的投资基金运营管理公司一般是国有垄断性企业，没有竞争性，其投资策略并非投资收益最大化，而是出于政治性目的或是稳定性目的。因此，大多数的国营强制式储蓄退休金的投资收益都低于私营投资基金公司。而因为限制性，居民个人无法将资金从账户中提取出用于个人投资理财，只能忍受较低的投资收益。

国营强制性储蓄退休模式较为典型的国家是新加坡。新加坡最早于20世纪50年代开始由政府有关部门将退休保险金用于投资，例如投资股票或是债券、基金，以期得到投资收益。但政府的理财能力并不优秀。20世纪80年代，政府将该项资金的投资回报率定为银行的一年定期储蓄存款的平均利息率。银行存款储蓄的利息率一般较低，仅有2%~3%。如此之低的投资回报率引起了民众的不满。一旦政府允许居民个人提前提取退休保险金，势必将导致退休保险金被大量提取。[1]20世纪90年代，新加坡政府放宽政策要求，允许居民个人提取退休金保险账户，最高可达账户余额的百分之八十。大批

---

[1] 参见代懋、张雅：《新加坡延迟退休政策的变迁及启示》，载《北京航空航天大学学报（社会科学版）》2020年第6期。

居民前往提取，大量资金从政府管理的账户中转入私人投资、转入市场之中，这也被认为刺激了新加坡股票市场和经济市场。[1]

民营强制式储蓄退休模式是指，对于退休保障金的投资管理单位是民营投资管理企业或是非营利性投资管理公司，政府在其中的作用发挥较少，仅仅对投资管理公司的准入门槛即投资管理公司的选择、投资回报要求如投资回报率的最低要求等做出政策性引导。民营强制式储蓄退休模式的特点体现在：一是投资回报率可能更高。一方面民营投资基金管理公司的业务能力可能更高，其依据更高的薪酬吸引能力更强的基金管理人管理退休保障基金；另一方面，居民可能对退休基金投资管理实施更大的压力，制度设计上，民营投资基金管理公司数量众多，民众可以自由选择基金，若对于投资回报率不满意，可自由选择退出，这也为投资基金管理公司施加压力，需要其更加专注、更加投入地管理退休基金，努力致力于提高投资回报率。二是贫富差距问题。低收入群体，可能存入养老金账户的储蓄金较少，待其退休之后，取得的退休金收入也少，而高收入群体则反之。这拉大了贫富差距，使低收入群体的退休支出得不到保障，无工作群体甚至得不到任何的退休金收入。这需要政府开展托底扶助。民营强制式储蓄退休模式不能保障所有人都可以得到退休金收入，尤其是低收入群体或是无工作群体。

民营强制式储蓄退休模式的典型案例国家是智利。智利的退休养老金制度设计是居民可以自由选择采用现收现付式还是储蓄式，并且储蓄式退休养老金是委托民营投资基金管理公司进行管理的。居民在工作存续期间，需要由个人提取工资收入的百分之十作为养老储蓄金，企业与政府无需承担。对于低收入群体，政府的托底作用是，当退休金低于某一数额时，政府可承担部分退休金，以保障退休居民正常消费支出权益。对于投资基金管理公司的约束是，一方面政府会设定最低的投资回报率，另一方面，居民自由选择权给投资基金管理公司带来业绩压力，并且投资基金管理公司达不到投资回报率要求时，需要动用储备金进行补救，如果储备金全部用光，则意味着基金的解散这一严重后果。在这一系列制度设计之下，智利的民营储蓄式退休保障金计划曾达到投资回报率百分之十及以上，远高于现收现付式退休保障金

---

[1] 参见田国强、林少宫：《世界上几种主要退休社会保障模式简介》，载《求知》1999年第2期。

计划的投资回报率，并引来了其他国家的效仿与学习。[1]

储蓄式退休养老金模式对于退休消费的影响，取决于储蓄的本金及投资回报率。当工作收入高、储蓄式退休养老本金存入更多时，则退休消费的收入来源更多，更有利于退休消费支出。但也会存在贫富差距问题，高收入群体在年轻时收入高，在退休时退休金收入也高，可能由此带来公正与社会福祉等方面的问题。退休消费的另一个取决要素是投资回报率。不同类型的储蓄式退休养老金模式可能带来不同的投资回报率，由此可能不同程度地增加退休金收入，进而改变退休消费支出。

### 7.1.3 其他退休养老金模式及其对退休消费的影响

社会福利救济金模式。国家较为富有，财政资金充足，并且老龄化程度不高的情况下，可以采用社会福利救济金模式。[2]新加坡、澳大利亚均曾采用过此种模式的退休保障金制度。[3]社会福利救济金模式的实施要点是，对于真正需要救助的退休居民，政府应从财政收入中提取一部分，发放给他们。较为严格的资质审批制度是保障社会福利救济金模式有效运行的关键。社会福利救济金模式的特点十分鲜明：一是并非所有退休居民可以享受，而是仅仅针对具有财务困难等真正需要帮助的退休居民；二是政府参与管理程度较大，一方面政府需要预留充足的财政资金，另一方面政府需要建立审批制度，防止浑水摸鱼现象；三是制度的持久性，此种方式下，政府的财政压力可能逐渐增大，需要考虑随着人口、经济形式等方面的变化，适度调整政策；四是对于退休消费的影响，此种制度是保民生、保根本，不会过度地提升退休消费水平。

混合式模式。每一种单一的退休养老金模式设计之初，都是建立在国家

---

〔1〕 曹珺、幼封：《智利的退休养老保险制度》，载《探索与争鸣》1997 年第 2 期。参见房连泉：《智利社保基金投资与管理》，中国社会科学院研究生院 2006 年博士学位论文。

〔2〕 参见郭明政、俞贺楠：《试述社会保障发展受限的原因——一项关于新加坡，中国台湾地区、香港特区与内地之间个人退休账户的比较研究》，载《社会保障研究》2010 年第 2 期。

〔3〕 参见涂肇庆：《老年退休保障制度与人口结构以中国香港、新加坡和中国台湾地区人口转型为例》，载《人口与经济》1997 年第 2 期。王希娟：《新加坡退休职工医疗保障制度对我国的启示》，载《南京工程学院学报（社会科学版）》2017 年第 2 期。黄萍、张玲：《世界各国退休金保险之比较》，载《财经理论与实践》2001 年第 3 期。叶蕾：《澳大利亚养老金制度对中国的启示作用》，载《清华金融评论》2017 年第 S1 期。

或社会的某一现状基础之上，在当下的环境中，退休养老金模式遇到的困境或是影响因素均予以充分考量。但是随着社会发展、人口结构变化、经济发展等多重因素影响，当初设计的单一的退休养老金模式均面临挑战，无法适应发展变化需求。比较突出的表现是，退休居民得到的退休金不足以满足退休消费需求。各个国家积极探索，引入多种退休养老金模式。退休养老金设计基本思路包括，建立多层次多支柱的养老保险金体系，引入多种参与主体，扩大养老金范围，以满足退休居民消费需求。典型的例子包括我们目前探索建立的"三支柱"退休养老保险制度体系。我国从十多年前就意识到养老保险金压力问题，并发起了诸如养老金并轨、养老保险缴费率调整等改革。但这些均是非结构性改革，不能从根本上缓解我国人口老龄化所带来的养老福利刚性要求。相对而言，"三支柱"养老保险制度体系是一项结构性综合性改革。经研究，"三支柱"的科学安排比例大致在百分之四十、百分之三十、百分之三十。[1]但当下我国第一支柱相对成熟，是退休居民消费与支出的重要保障，而第二支柱与第三支柱的作用发挥仍需不断加强引导。

混合式模式之社会救助福利与个人储蓄模式。社会救助福利模式与个人储蓄模式，每一个单一模式均具有缺点和不足，将二者进行互补，形成社会救助福利与个人储蓄模式的混合模式。社会救助福利与个人储蓄模式的混合模式是指，居民个人承担退休养老保险主体，主要以个人储蓄的形式积累养老金，同时，对于困难的低收入群体，辅以社会福利救济的形式。典型的例子包括澳大利亚。在1992年之前，澳大利亚采用社会救助福利模式，但政府的财政压力与日俱增。因此，在1992年澳大利亚引入个人养老储蓄金与社会福利救助相结合的模式。引进个人储蓄养老金制的目的是最终减少对社会福利救济的依靠和增加储蓄，从而增加投资。通过资本的积累和增加投资，以此加快经济增长的速度。为了达到这些目的，让人们多储蓄，个人储蓄的养老退休金都可以减免税金并由民营基金公司经营养老金。养老退休金由强制性储蓄和自愿性储蓄两部分组成。到退休时，人们可以一次性地提出全部养老金或逐年提取。通过税制的方法，政府试图鼓励人们逐年提取。[2]

---

〔1〕　参见裴敏：《发展多层次多支柱养老保险体系：动力机制与实现路径》，载《经济问题》2023年第10期。

〔2〕　参见田国强、林少宫：《世界上几种主要退休社会保障模式简介》，载《求知》1999年第2期。

综合模式之社会保险与个人储蓄，即社会救济双轨制。所谓的双轨制是指居民在工作存续期间缴纳社会保障税或费，退休之后，依法缴税或费的居民可以从政府部门领取退休金，用于保障退休消费开支，同时个人储蓄金和政府补助作为第二轨，但退休金领取额度过低的部分居民，政府予以补助，保障其最为基本的退休消费开支。通过此种方式，可以减轻全民保障的财政压力。典型的国家案例是英国。自20世纪70年代开始，英国采用此种方式。

### 7.1.4 小结

退休养老金制度是工业文明的伴生产物。农业社会人们大多采用自给自足的生活模式，包括对于晚年生活的照养。西方社会较早进入工业社会，也较早地面临居民退休问题，相应地开发设计出各类退休养老金制度。退休养老金制度历经百年历史，经历了社会发展与经济变革，处于不断发展演变之中。并且，各个国家有不同的体制与国情，因此，其退休养老金制度并不趋同，在不同时期、不同的社会经济情境之下，体现了不同的模式形态。

退休养老金制度的每一次重大变革，是基于退休消费支出来源不足，退休消费基本支出受到严重影响。这也体现在发放养老金部门或组织的财政压力。因此，在退休养老金制度的不同变革之中，将更多的参与者，如个人、企业、政府等融入其中，各自承担责任，既增加了退休收入的来源，也降低了单一承担主体的压力，保障了退休养老金的稳定性，这均是有利于退休居民福祉、退休消费支出的。

## 7.2 美国退休养老保障金制度及其对退休消费的影响

### 7.2.1 美国退休养老保障金机制

美国现行的养老保障金制度最早建立于1935年。20世纪30年代，是美国大萧条时期，美国经历着从农业社会向工业社会的转变与变革。大萧条的发生，使许多美国人的全部积蓄化为乌有。失去积蓄，对于人们来说，意味着贫穷。尤其是老年人，相较于青壮年，他们丧失了劳动能力或是劳动能力大打折扣，没有赚取足够的工资收入的能力。大萧条时期，部分老年人的境遇十分悲惨，需要依靠救济艰难度日。但是救济是有限的，救济资金来源于地方基金和慈善机构，经济保障程度严重不足。基于此背景，美国政府需要重新审视退休养老保障机制。[1]1935年，罗斯福总统签署了《社会保障法》（俗称"社会保险"），成立老年、残疾、遗嘱保险（Old Age Survivors and Disability Insurance Program），建立了一个全面的社会保障体系，其中包括养老金、医疗保险、失业保险、失业救济金等内容。[2]在此之前，美国政府基本上不干预退休养老金。这是政府干预工人退休保险的开端。《社会保障法》的颁布实施，意味着美国正式确立了基本养老保险制度。

随着社会保险的建立，开端阶段美国养老保险的应用范围较小，可以享受养老保险的退休居民仅包含在工商行业领域工作的六十五岁以上的老年人，大部分老年人被排除在了养老保险金范围之外，仍需自行解决养老问题以及退休消费问题。美国政府借鉴世界银行倡导的"多重养老体系"思想，建立了三层级的养老保险制度。

第一层级是由政府主导的，主要是社会养老保险、公共年金制度，由美国联邦政府的社会保障厅具体管理。该保险保障制度要求居民个人与雇佣企业共同承担养老保险金，双方责任比例是各百分之五十。20世纪90年代左右，这一缴纳比例是工资收入的12.4%，即个人与企业各缴纳工资收入的12.4%。[3]作为强制性的退休保障计划，这一制度得到全面推广，在促进美国经济发展和维护社会稳定方面发挥了重要保障作用。领取年金的对象是退休人员及其配偶、未成年子女，截至2019年6月末，共有4757.8万人领取退休金，其中退休人员达4447万人。[4]

基本养老保险金的计算有一套科学、系统的方法。

首先，退休金的计发方法，主要是基于个体的、全国统一的基本保险金额计算办法。需要计算参保居民在工作期间的月平均工资，将参保居民全部工作期间各个年度的收入情况进行指数化，通过计算得到参保居民月度指数

---

[1]　参见交通银行金融研究中心课题组、刘能华：《美国个人退休账户制度的启示》，载《中国金融》2022年第15期。

[2]　参见董登新：《美国基本养老保险制度的起源与逻辑》，载《社会保障研究》2022年第4期。

[3]　参见苏春红：《人口老龄化的经济效应与中国养老保险制度选择》，山东大学2010年博士学位论文。

[4]　参见董克用、施文凯：《美国社会保障退休金确定机制——方法、特点与启示》，载《人口与经济》2021年第1期。

化收入。根据这一月度指数化收入，计算得到参保居民可以领取到的退休金收入。在确定参保居民个人的月平均工资时，还需参考美国全国的平均工资情况。[1]

其次，退休金的领取年龄问题。美国退休制度中设计有三个退休年龄，分别是：一是最早领取年龄，即六十二岁，小于六十二岁的居民不能领取退休金；二是标准退休年龄，这主要根据居民的出生年份而定，居民在标准退休年龄领取的退休金即为前述所说的基本保险金额；三是延迟退休年龄，延迟退休最晚到七十岁，即使是居民工作到七十岁之后，也不能领取到增加的退休金。若参保人在全额领取年龄之前或之后领取退休金，则领取到的初始退休金会在基本保险金额的基础上进行调节，这就是美国根据个人领取退休金年龄决策所设计的"早减晚增"式调节机制。"早减"是指"提前领取则扣减退休金的额度"，若参保人在最早领取年龄和全额领取年龄之间领取，则退休金会在基本保险金额基础上做永久性的扣减，扣减比例取决于实际领取年龄与全额领取年龄之间相差的月数。"晚增"是指"延迟领取则增加退休金的额度"，若参保人在全额领取年龄和延迟领取退休金最大增值年龄之间领取，则退休金会在基本保险金额基础上做永久性的增发。[2]

最后，退休金的调整机制。伴随物价上涨、通货膨胀因素等影响，居民对于退休金的期待是希望其逐渐上涨的，希望与退休消费水平相匹配。美国主要采用指数化机制对退休金予以调整。在制度设计之初，美国退休保障制度中并未考虑退休金调整尤其是退休金增加问题。受政治选举等因素影响，退休金曾有过大幅增加的情景，但这些调增的举措是临时的，并且幅度不一，并不长久。伴随着物价波动，尤其是消费价格指数CPI的波动，退休金与消费购买力挂钩，成为美国退休制度设计者所考虑的问题。1972年美国颁布了《社会保障法案》修订案，确定了依据消费价格指数CPI自动调整退休金的方案。1975年美国开始使用生活成本调整指数来调整退休金。生活成本调整指数并不是依据消费价格指数CPI来调整，而是根据美国劳动统计局每月公布的城市工薪阶层和文职人员消费价格指数来作为退休金调整的主要依据。城

---

〔1〕 参见苏春红：《人口老龄化的经济效应与中国养老保险制度选择》，山东大学2010年博士学位论文。

〔2〕 参见董克用、施文凯：《美国社会保障退休金确定机制——方法、特点与启示》，载《人口与经济》2021年第1期。

市工薪阶层和文职人员消费价格指数更具有广泛性，因为其统计对象约占总人口的三分之一。根据上年度第三季度到当年第三季度的城市工薪阶层和文职人员消费价格指数增长情况确定，在第三季度城市工薪阶层和文职人员消费价格指数发布后，会在十月自动确定、十二月生效并于次年一月计入退休金调整中。[1]

第二层级是由企业主导的，主要是企业年金制度。居民对于这一种制度的参与度不高，并且这一部分所产生的退休金在居民退休金总额中占比不高。参加这项制度的居民需要与企业进行谈判，确定缴费情况，即需要确定保险费用由谁缴纳，缴纳比例如何。一般情况下，这种年金制度由居民个人缴纳或是居民与企业协商共同缴纳，缴纳金额也是居民与企业博弈协商后确定的。而且，企业年金制度一般不会进行调整，即使物价上涨、通货膨胀严重的情境下。某些情况下，居民将这种年金制度视为工资报酬的一部分。

第三层级是由个人主导的，主要是个人家庭储蓄。美国居民个人储蓄率较低，较少的退休居民拥有足够的储蓄以支撑退休消费能力。目前情境下，美国第一层级的制度由于人口老龄化、经济动荡等因素面临财政危机；第二层级的推广普及还很有限，收益的退休居民很少，起不到大的作用；第三层级，美国居民消费习惯、储蓄习惯是固化的，具有足够储蓄的退休居民数量很少。可以说，现行的现收现付制的养老保险制度在美国也遇到了困境。

在清楚知晓存在明显短板的情况下，美国政府开始设计完善退休保障机制，探索建立可持续的退休金管理制度。1978年，美国颁布实施《国内税收法》的增补条款，新增了第四百零一条K项条款，简称401K计划。[2]401K计划的实施，有效地缓解了原有的退休保障金制度压力，并使得美国居民个人的退休养老金规模大幅度增加。401K计划规定，工作存续期间的居民需要建立养老金账户，该养老金账户由政府、企业、居民个人共同建立，并可累积存储，享受税收优惠政策。[3]通过401K计划的设立，我们可以看出，该计

〔1〕 参见董克用、施文凯：《美国社会保障退休金确定机制——方法、特点与启示》，载《人口与经济》2021年第1期。

〔2〕 参见董捷、赵宇：《美国401K计划对中国企业年金制度的启示》，载《上海保险》2022年第5期。

〔3〕 参见张占力：《美国401（K）计划积累过程的"政策漏斗"：规定、影响及对策》，载《社会保障研究》2018年第6期。

划是一个基于税收优惠政策的退休养老金计划，通过更加公平、非歧视的方法，实现普惠制的退休养老金管理模式。在401K计划下，居民拥有个人退休账户，企业与个人可以按照一定的比例缴纳资金注入账户，并且这部分缴费的税前扣除部分，在居民退休提取时才需补交税费。401K计划具有一定的灵活性，推广程度较为广泛。401K计划是否参与、何时停止参与而提取资金、缴费比例、投资形式等内容均可自主决定。大批的群众与企业参与其中。401K计划虽然建立的时间晚，但是目前的参与程度已经很高，是美国重要的退休金制度模式。

401K计划也对美国经济产生影响。由于401K计划的税收优惠政策，大量居民加入该计划，使得401K计划的资产规模逐渐壮大起来，而该资产资金主要投放到美国资本市场进行投资，包括401K计划在内的美国养老金资本成为美国股票市场以及债券市场资金的重要来源。养老退休金是长期性的资金安排，401K计划也立足于长期投资，成为美国私人养老金的重要组成部分。401K计划培养了美国居民为了退休养老的储蓄习惯，主要通过共同基金的方式来进行管理，与共同基金以及美国资本市场形成良性互动，也促进了美国金融市场帝国的诞生。[1]

### 7.2.2 美国退休养老保障金机制对美国退休居民消费的影响

影响退休消费的主要因素是退休之后的收入来源。美国居民退休之后的收入主要来源于退休养老金（即美国退休制度建立的个人退休储蓄账户、养老保险收入等）、社会保障性收入（如社会救济、资助等）、个人储蓄及相关投资收益、固定资产相关收入（如房产租金收入、房产出售收入等）、投资收益收入（如股利、年金、利息收入等）等。

美国居民退休之后的收入来源极为广泛，再加之经济基础较好，美国退休居民是否不受到"退休消费之谜"的影响？这引起了学者的广泛关注，许多学者致力于研究美国居民退休之前与退休之后消费变动情况。学者采用实证研究方式、问卷调查方式以及其他一些方法。采用实证研究方法的学者，采用美国健康与退休调查数据库HRS、美国消费者支出调查数据库CES、美

---

[1] 参见苏春红：《人口老龄化的经济效应与中国养老保险制度选择》，山东大学2010年博士学位论文。

国退休历史调查数据库 RHS、美国收入动态面板调查数据库 PSID 等。丰富的数据来源有力地支撑了退休前后消费变动的研究。

　　美国消费者支出调查数据库 CES 是美国劳工统计局按照季度采访以及日记调查等方式对于美国居民消费收入与消费支出以及消费特征等方面进行的调查数据。该数据库内容包含居民收入情况、居民消费支出情况、居民消费特征情况等，数据较为细化，例如居民消费支出情况分为耐用品以及非耐用品等，分门别类，较为细致。美国消费者支出调查数据库 CES 的作用显著，其能够为政府经济决策提供参考依据。例如政府根据美国消费者支出调查数据库 CES 数据制定并修改完善政府一篮子商品与服务的市场价格；再如政府根据美国消费者支出调查数据库 CES 数据信息衡量通货膨胀程度，制定相应对策。美国消费者支出调查数据库 CES 在实务与理论界的应用也十分广泛。经济学者、投资理财规划师、金融工作者等均可应用该数据，挖掘有用信息。一项基于美国消费者支出调查数据库 CES 的研究发现，美国退休居民住房消费支出占比最大，食品、娱乐休闲消费支出占比次之，至于医疗消费支出，伴随着退休居民年龄越大，此类消费支出也逐渐增大。关于退休之前与退休之后消费变动情况，基于 2007 年和 2009 年的数据研究发现，六十五岁之后的消费支出比六十五岁之前的消费支出减少，并且随着退休居民年龄的逐渐增大，消费支出也在逐渐减少。[1]

　　美国健康与退休调查数据库 HRS 是由美国密歇根大学研究中心开发设立的，其主要是针对美国五十岁以上居民且拥有退休金的人口开展的两年一次的调研研究。美国健康与退休调查数据库 HRS 的调查方式包括访谈与日记调查。调查内容包括居民在食品、医疗、服饰、居住、交通、娱乐、保险保障等方面的月度消费支出以及收入情况。美国健康与退休调查数据库 HRS 的优势体现在深度访谈、以及样本的维护与选取等方面。美国健康与退休调查数据库 HRS 的样本数量是两万人左右，采访的对象具有延续性，是一直采访下去直至家庭成员离世，每隔六年，新的家庭年龄范围在五十一岁至五十六岁之间的加入其中，并将拉美裔和非洲裔美国家庭包括其中。美国健康与退休调查数据库 HRS 数据非常细致，因此美国学者将消费支出细分为八个类别，

---

〔1〕　参见钱婷婷：《人口老龄化背景下退休冲击对居民家庭消费的影响研究》，上海社会科学院2017 年博士学位论文。

分别为食品、医疗保健、服饰衣着、居住、交通、娱乐、其他耐用品、赠与。根据居民年龄、婚姻状况、生活习惯等情况将居民的收入与消费支出总体情况以及消费支出细类情况分别进行数据统计与分析，证实了退休之后居民消费支出下降的事实。研究发现，七十岁之后，居民的总消费支出明显下降。在消费结构方面，退休居民消费支出占比最大的是住房居住支出，服饰衣着消费支出在退休之后出现下降但是下降到一定程度以后维持在一个稳定的状态，交通消费支出以及娱乐消费支出随着年龄的增加略微下降，医疗保健消费支出随着年龄的增加显著增加。[1]

### 7.2.3 美国退休养老保障金机制对我国的启示

美国退休养老保障金制度自设立之初，几经调整，也面临着诸如财政压力增大等现实困境以及私有化的挑战，现收现付制度、人口老龄化的加剧（尤其是二战后"婴儿潮"一代相继达到领取退休金年龄）等情景也会使美国居民面临退休金收入减少的问题。美国政府的做法综合体现了政治、意识形态等多因素，采取的应对措施包括扩大覆盖面、提高社会保障税率、提高全额领取年龄等。整体而言，美国退休养老保障金制度的设计具有一定的可借鉴性，但是推广其制度需要一定的限制性。美国社会保障制度运行也存在基金收支风险，但其数十年的稳定运行仍为我国基本养老保险制度改革提供了有益的启示。

首先是退休年龄问题。可以建立宽松灵活的退休政策，设置多种退休年龄。当前，伴随着人口老龄化以及政府财政压力的增加，我国正在研究推行渐进式延迟退休年龄政策。但由于退休年龄将劳动关系和社会保险关系紧紧扣在一起，改革难度和成本很大。我国除了法定退休年龄，也设置了其他的退休年龄。1978年，我国颁布实施了《国务院关于工人退休、退职的暂行办法》，办法中明确提出，"从事井下、高空、高温、特别繁重体力劳动或者其他有害身体健康的工作"的工人，满足工龄条件时可提前退休。这一规定客观反映了不同行业和职业间的差异，具有积极意义，至今仍然有效。可按照行业和职业差异确定不同的全额领取基本养老金年龄，保证重体力劳动者和

---

[1] 参见钱婷婷：《人口老龄化背景下退休冲击对居民家庭消费的影响研究》，上海社会科学院2017年博士学位论文。

特别职业法定全额领取年龄的适度区间。[1]

其次是养老金待遇调整。美国《社会保障法案》规定了一系列对 OASDI 缴费成本和待遇水平进行自动调整以反映经济变化的参数，这些参数不仅明确了设计细节，而且有助于对制度运行情况进行预测。以待遇调整为例，美国在 20 世纪 70 年代摒弃了临时性的调整办法，建立起与指数挂钩的自动调整机制，这种规范化的调整方法可避免人为的干扰、减少政策的随意性，稳定社会预期。[2]

我国的养老金待遇调整是行政调整手段模式，没有科学调整的方法。以 2023 年为例，人社部、财政部印发《关于 2023 年调整退休人员基本养老金的通知》，明确从 2023 年 1 月 1 日起，为 2022 年底前已按规定办理退休手续并按月领取基本养老金的企业和机关事业单位退休人员提高基本养老金水平，总体调整水平为 2022 年退休人员月人均基本养老金的 3.8%。[3]而关于养老金待遇调整方法，规定如下：采取定额调整、挂钩调整与适当倾斜相结合的办法，并实现企业和机关事业单位退休人员调整办法统一。定额调整要体现公平原则；挂钩调整要体现多缴多得、长缴多得的激励机制，应与退休人员本人缴费年限（或工作年限）和基本养老金水平挂钩；对高龄退休人员、艰苦边远地区退休人员，可适当提高调整水平。继续确保安置到地方工作且已参加基本养老保险的企业退休军转干部基本养老金不低于当地企业退休人员基本养老金平均水平。要进一步强化激励，适当加大挂钩调整所占比重。[4]我国虽然探索建立养老金待遇的调整机制，但是没有设置调待的触发或触停机制，在达到"临界值"或"阈值"等指标的条件下启动或暂停待遇调整。这为政府财政带来了巨大压力。应建立科学合理的自动化调待机制，正确引导民众预期，以保证退休居民在维持既有生活水平的前提下，可以公平公正

---

〔1〕　参见董克用、施文凯：《美国社会保障退休金确定机制——方法、特点与启示》，载《人口与经济》2021 年第 1 期。

〔2〕　董克用、施文凯：《美国社会保障退休金确定机制——方法、特点与启示》，载《人口与经济》2021 年第 1 期。

〔3〕　参见《2023 年退休人员基本养老金上调 3.8%》，载《工人日报》2023 年 5 月 23 日，第 3 版。

〔4〕　中华人民共和国人力资源社会保障部网站 http://www.mohrss.gov.cn/xxgk2020/fdzdgknr/shbx_4216/ylbx/202305/t20230522_500354.html?rand=HLvCf9R6

地分享经济社会发展成果。[1]

最后，是关于美国养老金管理与资本市场的良性互动。养老金保险制度，一方面促进了收入再分配，保障了低收入居民群体的权益，保障各个层级的居民可以公平地享受幸福的晚年生活；另一方面，也在金融市场与资本市场之中实现了资本积累，成为股票市场和债券市场的资金重要来源。[2]我国的退休金资金规模庞大，有效地发挥其作用，既要保值，又要适度增值，争取在我国金融市场中发挥一定的作用。

## 7.3 德国退休养老保障制度及其对退休消费的影响

### 7.3.1 德国退休养老保障体系特征

德国退休养老保障制度以及退休金制度在世界范围内独树一帜，因其通过政府政策的制定，使居民生命历程中不同时段对于自身社会保障行为和选择影响深远，对居民生命历程进行了制度化和规范化的管理。德国退休年龄围绕65岁这个节点，但纵观德国退休制度的发展历程，德国政府制定了一系列种类繁多的退休制度。早在1913年，德国政府就规定了白领工人的退休年龄；进而在1923年政府进一步规范了蓝领工人的退休年龄；自1972年德国退休制度进行多项改革措施以来，65岁退休年龄登上历史舞台。不同时期出现的新的社会政策，会产生不同类型的退休决策影响。德国的退休历程是在多项相互关联的社会政策的综合影响下形成的，具有很强的政策引导性和标准性[3]。

德国退休保障制度的确定过程，体现了较为鲜明的德国政治特征，即集体谈判、合作主义、国家主义与市民社会相互之间的约束与共存。退休制度制定的过程，是国家与社会各阶层通过谈判以及协商相互妥协而得到的共识

---

〔1〕 参见董克用、施文凯：《美国社会保障退休金确定机制——方法、特点与启示》，载《人口与经济》2021年第1期。

〔2〕 参见苏春红：《人口老龄化的经济效应与中国养老保险制度选择》，山东大学2010年博士学位论文。

〔3〕 参见骆立云：《人口老龄化下的德国金融体系研究》，中国社会科学院研究生院2014年博士学位论文。林熙、林义：《德国退休制度的实践形态研究——基于退休渠道的视角》，载《德国研究》2015年第3期。

性结论。因这一谈判、协商、妥协、共识的过程的艰难，政府制定政策则显着困难重重，影响较大的政策制度需要首先获得大的党派支持，才进而可能得到政府支持，政府政策出现了不连贯。而相较而言，社会民众的协商程序较为简化，劳资各方与民众较易达成一致。由此制定的社会政策较为容易达成一致，社会政策相较政府政策而言，更具连贯性。此外，合作主义的特色在于，不完全依赖市场去解决劳动力供求、雇佣和解雇等问题。终身工作即能维持高标准的福利，而终身工作本身又是由劳资共识所决定，而非全由劳动力市场来决定[1]。

德国退休保障制度整体而言是高福利保障制度，退休居民依靠年轻时的储蓄和年老时的退休养老金可以平稳度过晚年生活，退休消费可以得到有力的经济支撑。从老年就业角度可以证实这一事实。这一事实也是社会保障制度和劳动力市场制度精心设计下产生的。德国政府依据青壮年就业情况适时调整老年就业政策。当青壮年就业率较低时，市场上需要释放更多的就业岗位以供青壮年选择，这时老年劳动力需要以退休的形式退出劳动力市场，以缓解青壮年的就业压力。青壮年劳动力的身体状况、劳动状态、价值产出均优于老年劳动力，是劳动力市场更优的选择。政府也将就业政策倾向于青壮年劳动力，鼓励青壮年劳动力加入劳动力市场、鼓励老年劳动力退出劳动力市场。而老年劳动力以退休的形式退出劳动力市场，并不影响退休消费或是老年居民的晚年生活，退休养老金等足够老年人过上安稳的晚年生活。达到退休年龄的老年劳动者，大量、自愿地退出劳动力市场。即使标准退休年龄是六十五岁，但一旦进入六十岁，很多人已经获取了充足保障，选择提前退休。从性别上来看，相较于男性劳动者，女性劳动者会更早地退出劳动力市场[2]。

德国退休保障制度之所以良好地保障了德国退休居民消费能力与水平，是源于德国公共养老保险制度。德国退休保障制度是德国公共养老保险制度

〔1〕　参见林熙、林义：《德国退休制度的实践形态研究——基于退休渠道的视角》，载《德国研究》2015 年第 3 期。林熙、林义：《退休制度的约束效应及路径优化》，载《财经科学》2017 年第 3 期。

〔2〕　参见戴卫东、顾梦洁：《德国退休年龄政策改革、讨论及启示》，载《德国研究》2013 年第 2 期。林熙：《"退而不休"会成为新的答案吗？——基于工业国家灵活退休机制的比较研究》，载《老龄科学研究》2020 年第 12 期。

的重要组成部分，退休制度的设计是围绕着德国公共养老保险制度体系而延伸设计的。德国的退休养老金替代率较高，退休养老金占退休居民收入比重较大，可以说德国退休养老金是德国退休居民收入的重要保障、是退休消费的主要经济来源。[1]

德国退休养老金保险制度是一个三个层级的养老保险体系。第一个层级是由职业确定并提供的养老金保险制度，既涵盖针对普通工人的强制性养老保险制度，也涵盖了公职人员、自由职业者等范围。第二个层级主要指企业年金，是非强制性的，由企业自愿参与。第三个层级主要是指储蓄型养老保险计划，承担者主要由个人或是企业与个人混合式承担。[2]这样一个多层次的养老保险体系，覆盖范围广，养老金持续发展能力强。第一层级属于基本养老保险，承担托底全覆盖功能。第二层级虽属自愿性质，但覆盖面达到百分之五十左右。截至 2004 年，德国养老金支付计划中，百分之七十至百分之八十的养老金支付由现收现付制度下收缴的各类款项支付，剩余的百分之二十至百分之三十的养老金支付由基金积累的筹资模式进行支付。[3]

### 7.3.2 德国退休养老保障体系的历史发展进程

按照德国养老保险制度的发展改革为主线，德国退休养老保障体系的历史发展进程包含以下几个阶段。[4]

### 一、第一个阶段即 20 世纪 50 年代至 20 世纪 70 年代初期

20 世纪 50 年代，德国政府首次确定施行现收现付型养老保险制度。这一制度与政府财政收入挂钩。退休养老金的领取年龄为：男性领取退休金年龄为六十五岁，女性领取退休金年龄为六十岁。

这一规定与其他国家并无不一样的地方。但此时，德国还面临着一个特

---

〔1〕 参见林熙、林义：《德国退休制度的实践形态研究——基于退休渠道的视角》，载《德国研究》2015 年第 3 期。

〔2〕 参见苏春红：《人口老龄化的经济效应与中国养老保险制度选择》，山东大学 2010 年博士学位论文。

〔3〕 参见苏春红：《人口老龄化的经济效应与中国养老保险制度选择》，山东大学 2010 年博士学位论文。

〔4〕 参见林熙、林义：《德国退休制度的实践形态研究——基于退休渠道的视角》，载《德国研究》2015 年第 3 期。

殊的地方，即因伤残退出劳动力市场的情景。一般情况下，我们认为退休是居民达到一定的年龄，由于年龄较大、身体健康情况下降，退出劳动力市场的行为。但是也存在因为伤残等原因丧失劳动力的情景，虽然这部分居民年龄没有达到退休年龄，但是丧失劳动能力，没有收入来源，也需要政府予以考虑照顾。他们的生活消费支出来源需要政府财政资金予以考虑。还有一些情景，比如居民提前退休、失业等，也需要政府财政资金给予他们收入保障。政府财政资金量是有限度的，因年龄增长到一定岁数的居民必然要占用大量的财政资金来取得退休养老金收入，但是一些因伤残、提前退休、失业等原因不能在劳动力市场上赚取收入的居民也需要得到政府的财政保障。

德国退休制度与失业、残障等一并整合到了公共养老保险系统之中。相较之下，在其他国家的退休制度组合形式中，养老、失业、残障疾病等渠道的整合程度没有这么高，多是通过相对独立的公共养老保险、私营养老金制度、失业津贴、残障津贴、劳动力市场政策等制度构建组合而成的。20世纪50年代左右，正值二战结束不久，德国有大量的伤残人员退出劳动力市场没有劳动收入。此时的退休金领取者主要是伤残而退出劳动力市场的居民，以及达到退休年龄的退休居民。[1]

## 二、第二阶段即20世纪70年代至20世纪80年代

退休制度自初始设立以来，已经运行一个阶段，存在的问题与弊端逐渐显露。为了缓解问题，1972年德国政府在此阶段对退休制度进行改革。改革的主要内容是弹性退休制度的设立，放宽了领取公共养老金的给付资格。通过这一退休制度的改革，增加了许多提前退休的渠道，并且将这些渠道通过立法的形式予以制度化。原有的养老金制度规定，只有达到退休年龄的居民才可以领取退休养老金；新的退休改革制度规定，放宽伤残津贴的领取资格，不仅是达到退休年龄，因残障、长期失业或满足足够的缴费年限也可以领取退休金。[2]例如失业保险金的领取，不需要复杂的家庭调查，也不需要居民显示积极再就业的意愿。居民若满足三十五年的养老保险缴费记录，就可以选择在最早六十三岁时领取养老金，并且，养老金待遇本身没有经过精算调

---

[1]　参见戴卫东、顾梦洁：《德国退休年龄政策改革、讨论及启示》，载《德国研究》2013年第2期。

[2]　参见徐聪：《德国公共养老保险体制改革的经济学分析》，复旦大学2008年博士学位论文。

整，也即是说提前领取养老金不会遭受精算损失。此后，弹性退休制度在退休制度中基本维持了一个相对稳定的比例。[1]

退休制度的构建、退休渠道的扩张和收缩，与不同时期面临的社会经济背景密切关联。此阶段退休制度改革目的在于，促进德国居民早于六十五岁退休，这与宏观经济背景，尤其是失业问题密切关联。不过令人困惑的是，近年来有研究表明，1972 年德国的劳动力市场并不存在大量失业，相反，存在劳动力短缺。那么这次的改革就无法认为是失业问题的应对措施。[2]但这也给养老保险系统增加了额外的负担，随着人口老化压力的增大，养老保险系统自身难保，财政压力持续的增加也意味着这一制度的不可持续性。[3]

### 三、第三阶段即 20 世纪 80 年代至 20 世纪 90 年代初

这一阶段退休制度调整对女性居民、提前退休居民等方面的政策做了调整。六十五岁及以上年龄的老年居民，领取退休养老金的人数增加。这是因为政府将领取标准公共养老金的缴费资格年限降低。原先，居民满足六十五岁年龄要求的同时，还需缴纳退休养老保险十五年。现在，这一政策调整为，六十五岁年龄要求不变，但是缴费年限大幅降低，变为五年。这一政策调整的另一个效果是，女性居民达到领取退休养老金资格条件更容易了。[4]女性每生育一个小孩，就自动获得一年的养老金缴费记录，而 65 岁全额领取养老金的缴费资格年限仅为 5 年，这就使得实际缴费年限极低，甚至为零的女性有资格领取公共养老金。这一时期的退休制度调整对退休渠道稍做了一些紧缩。因残障原因而退休的比例有所下降，但因失业原因退休，以及因提前退休计划退休的比例有所上升，总体而言，提前退休并未受到严重限制。[5]

---

〔1〕 参见林熙：《退休制度的结构要素和实践形态研究——基于退休渠道的视角》，西南财经大学出版社 2016 年版，第 159 页。

〔2〕 参见林熙、林义：《德国退休制度的实践形态研究——基于退休渠道的视角》，载《德国研究》2015 年第 3 期。

〔3〕 参见林义、林熙：《生命历程视域下退休制度的理论探索》，载《苏州大学学报（哲学社会科学版）》2014 年第 4 期。

〔4〕 参见李煜鑫、罗润东：《制度改革条件下工作与退休模式转变的趋势和决定因素——基于德国、英国和日本的比较分析》，载《劳动经济评论》2018 年第 2 期。

〔5〕 参见林熙：《退休制度的结构要素和实践形态研究——基于退休渠道的视角》，西南财经大学出版社 2016 年版，第 175 页。

## 四、第四阶段即 20 世纪 90 年代至 21 世纪初

伴随人口老龄化的现象逐渐加剧，退休居民领取退休金的国家财政压力越来越大。同时，德国较为宽松的残障保障金、提前退休的成本也是来源于德国政府养老保险。[1]不堪重负的政府试图通过一些小动作改革财政压力，比如要求企业承担部分养老保险金，但收效甚微。[2]因此，此阶段，一系列的重要举措颁布出台，试图建立更完善的养老保险金体系。

一是关于退休年龄的改革。延迟退休年龄，逐步将全社会所有健康劳动者的退休年龄的开始时间提高，这也就意味着长期失业不再作为公共养老金的领取资格条件。[3]几经波折，政府通过立法决定，自 2007 年起，渐进提高养老金领取年龄，在 2029 年前将其提高到六十七岁。与此同时，因残障原因提前领取养老金的年龄也将逐渐提升到六十五岁。[4]

二是关于退休金福利待遇的改革。进一步改变养老金计算公式，养老金以净工资为基础计发，进一步降低了养老金给付。增加养老保险制度的精算公平性。养老金待遇将与净工资而非总工资挂钩，降低养老金支付，减缓政府财政压力。养老金计发公式引入了精算调节因子，提前退休将减少养老金给付，而延迟退休则增加养老金给付。养老金领取时间点和养老待遇之间形成清晰而直观的挂钩，能更有效地引导劳动者的退休行为，约束其退休决策。[5]

三是关于多层次退休养老体系的建立。2001 年，德国政府实施了里斯特改革。该改革旨在改变德国养老保险的单一框架，形成多层次系统，以应对老龄化下的可持续性挑战。里斯特改革希望在不增加缴费率的前提下，保证养老金的替代率，而方案则是通过引入多层次系统来增加养老保障体系的整体替代率。在此方案下，现收现付养老金的给付额将持续下降。不过里斯特改革并未直接针对退休制度进行调节。延续里斯特改革的精神，2004 年德国

---

　　[1]　参见骆立云：《人口老龄化下的德国金融体系研究》，中国社会科学院研究生院 2014 年博士学位论文。

　　[2]　参见杨伟国、袁可：《二战后德国养老保险制度改革及启示》，载《北京航空航天大学学报（社会科学版）》2020 年第 6 期。

　　[3]　参见辛渐：《盘点各国养老金制度》，载《经济导刊》2014 年第 1 期。

　　[4]　参见贾红梅：《看德国立法变更退休年龄》，载《中国人大》2012 年第 13 期。

　　[5]　参见林熙：《退休制度的结构要素和实践形态研究——基于退休渠道的视角》，西南财经大学出版社 2016 年版，第 45 页。

社会保险系统可持续发展委员会提交了进一步的改革建议。其中包括一项渐进调整养老金领取年龄的计划，同时还包括进一步调整养老金计发公式可持续性的计划。[1]

### 7.3.3 德国退休养老保障体系对退休消费的影响以及对我国的启示

德国的养老保险制度改革对退休居民的收入以及消费和生活水平产生影响。德国同样面临人口老龄化、财政支付压力等困境，其逐渐降低的养老金支付率以及不断推迟的退休年龄，对退休居民的消费购买力带来影响。由于德国退休养老金保障制度在 2000 年之后处于不断调整变革之中，一些退休政策的落地实施也是分阶段不断实现，这就给不同的退休居民的退休金收入带来不一样的影响。例如，那些参加了补充养老保险的居民，退休收入仅相当于现在退休人员原有制度下的收入，而参加补充养老保险的居民缴纳的退休保险金更高，而得到的退休收入没有相应增加。这相当于对于退休消费的负向影响，变相地减少了退休消费资金来源。又如，在改革后 10 年退休的人员，将经历养老金替代率的显著下降，但是他们又没有足够的时间积累充足的补充养老保险基金。再如，对于低收入群体，补充养老保险计划仍不足以使他们远离社会救济的退休收入水平。[2]退休居民要保持与原来持平的消费水平，不能仅仅依靠退休金收入，因为退休金收入将呈不断下降趋势，还需要居民自身的储蓄或是其他投资性收益或是营利性收益。

德国建立的覆盖面较广的养老保险制度体系，依赖于德国工业、制造业等方面的快速积累，以及国家经济的快速发展。这样的经济基础以及综合经济因素使得德国建立的养老保险制度呈现如下特征：覆盖面广，失业率低。我国具有特殊国情，呈现出与德国截然相反的表现。虽然我国社会保障制度和退休养老保险制度已经建立多年，但依然呈现出养老保险覆盖范围不够全面、失业率居高不下等特征。[3]一方面，我国人口基数大，为养老保险的全

---

[1] 参见林熙：《退休制度的结构要素和实践形态研究——基于退休渠道的视角》，西南财经大学出版社 2016 年版，第 175 页。

[2] 参见苏春红：《人口老龄化的经济效应与中国养老保险制度选择》，山东大学 2010 年博士学位论文。

[3] 参见杨伟国、袁可：《二战后德国养老保险制度改革及启示》，载《北京航空航天大学学报（社会科学版）》2020 年第 6 期。

面覆盖带来了困难，并且养老保险呈现出发展不均衡的现象，机关事业单位养老保险替代率远高于城镇养老保险平均替代率。[1]另一方面，近年来我国面临较为严峻的就业压力，政府虽然已制定多种措施鼓励多种形式的灵活就业，但是由此需要配套的养老保险第二支柱和第三支柱目前仍未全面建立起来。在接下来的退休养老保险改革中，应将我国社会经济状况、人口发展趋势因素（例如出生率、人口老龄化等）、就业形式（如失业率）协同纳入考量范畴，建立多种就业形式的居民群体养老保险渠道和方式，建立弹性化的退休机制。

## 7.4 英国退休养老保障制度及其对退休消费的影响

### 7.4.1 英国退休养老保障体系特征

英国退休制度深受英国国家政治与意识形态影响。许多现代化福利国家的普遍做法是，将社会福利保障制度尤其是退休保障制度作为经济发展和劳动力市场状况的有效调节器，社会福利保障能够起到促进作用，从而整合经济社会与人口劳动力的互动。[2]但是，英国的社会保障福利制度、退休保障福利制度却貌似并不承担这样的作用。英国经济以及市场的主要特征表现为自由主义。第二次世界大战之后，虽然凯恩斯主义及其政府宏观调控的思路以及做法非常流行，英国不能独善其身也受到凯恩斯主义的影响，但英国政府与市场的做法更加地倾向于市场自由选择而非政府强制干预，英国也未呈现出诸如欧洲其他国家比如德国法国等那样的经济繁荣。体现在社会保障福利以及退休养老保障制度上，则是颇具超然意味，似乎游离在劳动力市场发展和经济发展之外，并不具备积极的主导推动意义。英国似乎更倾向于使用短期的政策行动来满足特定的环境需求，并引入民间资本介入养老保险体系之中。在这样情境之下，英国虽然是现代福利国家之一，但其福利制度体系

---

〔1〕 参见李齐、刘玉安：《德国劳动力供应政策模式的转向及对中国延迟退休问题的启示》，载《东岳论丛》2015 年第 5 期。

〔2〕 参见肖颖：《部分发达国家延迟退休年龄可行因素与方式的国际比较——基于美国、德国、日本和英国四国实践的分析》，载《北京劳动保障职业学院学报》2019 年第 4 期。

尤其是我们所关注的退休保障福利体系，属于偏向消极型福利体系。[1]

英国退休保障制度深受历史情况影响，主要来自以下几个方面：一是英国经济方面以及政治方面制度较为保守，主要受到长期海外殖民历史影响，尤其是国际贸易影响，其考虑的因素较多，不易制定过细政策，更偏向于制定宏观框架性政策，而这种政策具体指导性以及作用发挥性有待进一步考量。二是国家金融支持较弱。英国银行具有高度的自主独立性，金融体系也呈现此特征，中央银行的集中管理与作用发挥在这样的环境之中有限，难以为需要大量资金的退休福利提供金融保障。三是养老福利的争取与谈判力量较弱。主要体现在英国工会组织上。英国工会虽然数量庞大，但是工会对于薪资谈判、福利争取等方面尤其是养老保障等方面，力量不够强大，没有有效集合、有效统一，仅在更低层面的具体事务、具体企业层面发挥作用。四是历史延续性。经由长期历史条件形成的政策倾向和政策工具具有传承性。英国是世界上最早建立养老保障制度的国家之一，其历史上最早的积累型养老金计划可以追溯到 16 世纪，当时的覆盖成员仅为皇家海军成员。悠久的退休制度历史深刻影响着现代退休制度体系。五是不稳定性。英国政党体系是多党执政，不同政党在面对具体的社会经济问题时具有不同的倾向。在不同的历史时期，为应对不同的经济社会状况，上述制度会出现不同程度的调整和改变，从而也形塑了不同历史时期下的退休制度。尽管退休行为本身可以追溯到一个世纪以前，但制度化的退休仍应从二战之后进行探讨。伴随着福利国家体制的建立，针对养老、医疗、失业、贫困等多种风险的社会保障制度的确立和完善，使退休本身得以制度化，并呈现多样性。[2]

英国政府经过多年经验积累与探索，建立了一套综合性的退休养老保障制度体系。该制度体系分为三个层级。

第一层级是基本养老保险保障体制。在这一体制下，政府处于主导地位并采用现收现付制，将保险和税收作为退休养老金主要给付来源。这一层级的制度设计，主要的作用是保障了全体居民的权益，居民可以通过国家的托

---

〔1〕 参见林熙：《退休制度的结构要素和实践形态研究——基于退休渠道的视角》，西南财经大学出版社 2016 年版。第 158 页。

〔2〕 参见林熙：《"退而不休"会成为新的答案吗？——基于工业国家灵活退休机制的比较研究》，载《老龄科学研究》2020 年第 12 期。

底制度得到保障最基本生活状态的退休金收入待遇。[1]这一层级具体包括的内容有：一是基本政府养老金。这是一种缴纳性养老保障制度。居民若想退休之后得到养老金待遇收入，需要在工作存取期间缴纳一定数量比例的工作收入。这一制度不是普遍适用的，因为存在不缴纳或是缴纳不足的情况，有部分居民面临无法领取养老金收入的情况。二是养老信用额度。英国的养老保障信用额度主要由保障信用额度和储蓄信用额度组成。（1）保障信用额度。其主要特征是建立在生计水平调查基础之上、主要以年满 60 岁及以上的英国公民为收益支付对象。该收益支付以其他老年保障收益无法达到既定水平为条件。在无法达到足够收益水平时，该制度安排可以为英国老年人提供最低收入水平的保障。（2）储蓄信用额度。该制度的主要目的是，确保那些为退休阶段进行了私人储蓄或安排的个人与未采取任何个人措施者相比，能够达到更好的福利状况。具体而言，对高于基本政府养老金收益水平、但又低于该保障收益水平者，可以给予额外 60 英镑的支付。三是其他广泛性统一保障收益。除了上述主要制度安排外，英国养老保障体系的第一支柱还包括以下几种形式：（1）基于特殊目的所确定的个人收益；（2）对于达到既定年龄要求的全部或大部分居民提供的广泛性统一收益；（3）与工作年龄相适应的延伸性税收补贴政策。[2]

第二层级是职业年金制度。英国政府依托保险，要求企业与员工按照收入的一定比例缴纳职业年金。主要目的在于以雇员的收入所得情况为依据，为其提供进一步的老年收入保障。

第三层级是个人养老保障计划。政府退出主导地位，采用企业与居民个人自愿形式自主缴纳融资。政府对企业和个人予以税收方面的优惠政策。

### 7.4.2 英国退休养老保障体系的历史发展进程

#### 一、第一阶段即早期英国退休养老保障制度

早在 16 世纪，英国建立了原始的养老保障制度，该制度属于积累型退休养老金，覆盖范围较为有限，适用对象仅仅是英国皇家海军成员。虽然这一

---

[1]　参见赵立新：《英国养老保障制度》，载《中国人大》2018 年第 21 期。
[2]　参见赵立新：《英国养老保障制度》，载《中国人大》2018 年第 21 期。孙小雁：《中国城乡老年人收入：个人、家庭和政府的作用》，上海社会科学院 2021 年博士学位论文。

养老保障制度的作用有限、范围有限，但却标志着英国是世界上最早建立养老保障制度的国家之一，也是世界上最早建立积累型养老金制度的国家之一。[1]

到了17世纪和18世纪，英国养老金保障计划与制度没有变革型的改变，但是初期建立的制度取得了好的成效，得到了推广，退休养老保障金的实施范围进一步扩大到公共事业部门。到了19世纪，退休养老保障金的发放范围扩大到民事服务部门。[2]

## 二、第二阶段即英国现代退休养老保障体系初始建立阶段

20世纪初期，英国政府通过立法颁布实施《养老金法案》，这意味着英国现代退休养老保障体系的建立。该法律规定在全国实施免费养老制度，居民不用缴费即可享受养老金待遇。这一制度具有不可持续性，政府的财政压力骤增。

随后在1925年，英国政府颁布实施了《孤寡老人交费养老金法》，改变了之前免费养老的政策，改成交费养老。居民需要在年轻时工作期间缴纳养老费用，从而在退休时享受退休养老金待遇。该制度贯穿了权利与义务相结合的原则，同时还在英国建立起三种养老金制度：一是对具有资格的65岁至70岁老年人的交费养老金制度；二是对具有国民健康保险资格的70岁以上老年人部分交费且不附带任何财产调查规定的养老金制度；三是对不具有国民健康保险资格的70岁以上老年人的免费养老金制度，但该种养老金附带财产状况调查规定。上述三种形式的养老金互相补充、区别对待，不仅基本解决了英国养老金制度长期以来的免费问题，同时还解决了低收入者或无收入者的养老问题。[3]

## 三、第三阶段即英国现代退休养老保障体系不断完善阶段

此阶段，英国建立了更加综合全面的退休养老保障以及社会福利制度。牛津大学贝弗里奇教授深耕于社会福利研究，被誉为福利国家之父。英国政府委托贝弗里奇教授开展研究，形成适应英国国情，尤其是适应二战后国家

---

〔1〕 参见赵立新：《英国养老保障制度》，载《中国人大》2018年第21期。
〔2〕 参见赵立新：《英国养老保障制度》，载《中国人大》2018年第21期。
〔3〕 参见赵立新：《英国养老保障制度》，载《中国人大》2018年第21期。

状况的社会福利制度报告，这也是著名的贝弗里奇报告。[1]二战之前，英国的养老保障制度中规定，男性和女性达到七十岁才能领取养老金，养老金领取年龄较高，并且养老金待遇较低，具有济贫的性质特征，广大居民尤其是退休居民仍需自行解决退休消费收入来源问题，该制度仅对贫困的退休居民起到了一些作用。二战之后，英国建立成福利国家的呼声更高。牛津大学教授贝弗里奇构建的社会福利框架制度成为英国现代社会保障制度的基础。[2]

在这个基础之上，英国政府于1946年筹建社会保险部，并根据贝弗里奇报告颁布《国民保险法》，将国家养老金制度纳入整个国民保险制度之中，使其成为综合社会保险的组成部分，它标志着英国养老金管理体制的一次重大变化。[3]在这一阶段，养老金领取年龄降低，保障范围更加全面。其主要规定如下：一是退休养老金制度框架的建立。新的养老金制度由基本国家养老金和补充养老金组成。二是基本国家养老金领取年龄的规定。男性居民领取基本国家养老金的年龄为六十五岁，女性居民的年龄为六十岁。[4]三是缴费年限规定。居民需要缴费满三十年才可领取养老金。对于居民遇到的特殊困难情况，例如伤残、失业等情景，在此期间，居民可能没有收入来源，无能力缴费，政府视此期间视同缴费。如若居民缴费年限低于三十年，则退休养老金将相应减少。四是国家基本养老金保基本，实行均一给付，保障居民的基本收入。[5]

二战之后经过多年发展，英国逐渐建立了更为完善的退休福利制度体系。该制度体系的立足点与早期制度不同，已由较低发放额度的济贫转为更将全面的全民福利。这样的做法具有明显优势，英国退休居民养老金待遇得到提高，退休的生活状况得到极大改善，退休消费能力增加，并且随着退休金发

---

〔1〕　参见韦晨笛：《英国延迟退休年龄制度实践及其启示》，华中科技大学2015年硕士学位论文。

〔2〕　参见林熙：《退休制度的结构要素和实践形态研究——基于退休渠道的视角》，西南财经大学出版社2016年版，第161页。

〔3〕　参见赵立新：《英国养老保障制度》，载《中国人大》2018年第21期。

〔4〕　参见孙小雁：《中国城乡老年人收入：个人、家庭和政府的作用》，上海社会科学院2021年博士学位论文。

〔5〕　参见林熙：《退休制度的结构要素和实践形态研究——基于退休渠道的视角》，西南财经大学出版社2016年版，第164页。

放范围的扩大，贫富差距逐渐缩小。这样优势的取得，依赖于英国社会福利制度的最大特点是国家起主导作用，这也是英国与其他国家的不同。[1]但这一制度也具有缺点，主要表现在：一是政府财政负担重。20 世纪 60 年代，英国国家经济发展增长速度降低，财政资金增长放缓，但与此同时，人口老龄化持续加剧，社会福利领取开支持续增加，政府财政赤字大幅增加。二是养懒汉现象。由于个人的生老病死全由国家包办，许多人丧失了责任心和进取心，出现了所谓的"贫困陷阱"和"失业陷阱"等奇怪现象，产生了一批依赖于福利制度的"食利"阶层。这不仅违背了福利制度的初衷，且严重败坏了社会风气，福利欺诈行为猖獗。例如，英国 5800 万人口却拥有 7900 万个社会保险号码，造成政府每年损失近 40 亿英镑。[2]

## 四、第四阶段即全方位英国现代退休养老保障体系建立阶段

面对前述的困难与挑战，英国政府采取的措施是，转变之前由政府进行主导和干预的局面，主张取消国家政府在社会福利供应尤其是退休保障金供应方面的主导作用与地位，降低政府财政负担。1986 年，英国政府颁布的《社会保障法案》，迎合了政府的这一转变，引入了一系列新规定：一是引入民间力量参与社会保障和退休养老保障计划，允许由保险公司和其他金融中介机构提供个人养老金计划；二是雇主可以设立供款确定型职业年金计划，养老基金投资风险由计划成员个人承担，对雇主则不存在"最低保证养老金"要求，该计划方便了小企业主举办职业年金计划；三是终止养老金计划成员身份强制性的规定，雇员不能被强制要求加入或保留雇主职业养老金计划[3]。

这一系列的改革措施，成效显著，《社会保障法》减轻了英国政府养老责任，首次引入了私人市场和民营企业因素，从而减轻了政府财政过重的负担，促进了英国经济的复兴。但改革也产生了一系列弊端：一是非强制限制，导

---

〔1〕 参见肖颖：《部分发达国家延迟退休年龄可行因素与方式的国际比较——基于美国、德国、日本和英国四国实践的分析》，载《北京劳动保障职业学院学报》2019 年第 4 期。

〔2〕 参见赵立新：《英国养老保障制度》，载《中国人大》2018 年第 21 期。

〔3〕 参见范静宜、桑润萌：《英法养老保险制度比较研究及借鉴》，载《劳动保障世界》2020 年第 14 期。叶中华、田雨：《英国延迟退休政策对中国的启示》，载《科技促进发展》2018 年第 5 期。韦晨笛：《英国延迟退休年龄制度实践及其启示》，华中科技大学 2015 年硕士学位论文。赵立新：《英国养老保障制度》，载《中国人大》2018 年第 21 期。

致居民参与养老保险计划的人数下降。政府解除了必须将职业养老金计划成员资格作为就业条件的要求，是否加入属于自愿，结果仅有一般所有的雇员加入雇主计划。二是从职业计划向个人养老金计划转移，仅从减轻政府负担角度出发，没有考虑居民利益的最大化，居民对政府的信任程度可能是导致居民低参与度的原因之一。三是政府采取完全的自由放任的做法，政府未限制个人养老金计划的收费，希望依靠市场力量在有竞争的情况下保证个人养老金供款，市场是逐利导向的，这样的做法使得退休养老保障没有托底的基础，部分退休居民的消费来源没有保障，留下了隐患。四是给予个人养老金成员再次协议转回国家收入关联养老金计划的权利，而该选择对政府来说成本相当高昂，背离了节约成本的初衷。[1]

在此基础之上，政府又进行了改革。改革的主要做法包括：一是延迟退休年龄。从 20 世纪 90 年代开始，英国政府就致力于拉平男性与女性的领取退休金年龄，并计划逐步提高养老金领取年龄。基本养老金不能提前领取，但可以延迟领取。每延迟一年，养老金大约增加 10.4%。延迟领取者也可以选择将延迟的部分一次性取出。养老金待遇根据个人的缴费记录、平均工资、物价指数来加以调整。二是缩小贫富差距，保障社会公平。从 20 世纪初开始，英国政府设计了第二养老金。该养老金计划与先前制度要求一致，也是要求居民在工作存续期间需要缴纳养老保险。但该养老金的最大改进措施之一是缩小了贫富差距。养老金替代率显著倾向于低收入者，低收入者拥有更高的替代率百分之四十，高收入者则拥有较低的替代率百分之十至百分之二十。伤残丧失劳动力的居民由国家托底、由政府缴纳第二养老金保险。第二养老金与基本养老金领取年龄相同。[2]

### 7.4.3 英国退休养老保障体系对退休消费的影响以及对我国的启示

综上所述，英国退休养老保障体系经过不断变革，形成了较为独有的特征。英国政府根据经济、社会、人口等情况不断调整变化退休养老保障制度

---

〔1〕　参见范静宜、桑润萌：《英法养老保险制度比较研究及借鉴》，载《劳动保障世界》2020 年第 14 期。赵立新：《英国养老保障制度》，载《中国人大》2018 年第 21 期。

〔2〕　参见林熙：《退休制度的结构要素和实践形态研究——基于退休渠道的视角》，西南财经大学出版社 2016 年版，第 165 页。

体系，建立了民间资本介入、政府干预较少并且政府负担较轻的退休养老金体系。

这一体系的优点是：养老保障体系的财政负担逐渐降低，保证了养老保障体系的可持续性。政府财政可以在经济发展等其他方面发挥更大作用，在取得更大的经济发展之后，进而在社会保障福利中发挥更大作用，从而形成一个良性循环。居民消费在此循环之中，能够伴随经济发展享受经济发展红利，得到更多的退休金收入待遇，有助于居民提高退休消费水平、提高退休居民生活质量。

这一体系也具有鲜明的弊端：社会不公与贫富差距拉大问题。在这一制度体系下，社会保障作为收入再分配的功能在弱化，而政府将税收作为收入再分配调节的重要手段。居民退休消费不能仅仅依靠退休金收入待遇，需要居民在年轻时的储蓄积累。高收入居民在退休时的收入待遇更高、收入来源广泛，其职业年金、私人养老金收入更高。而低收入居民处于弱势地位，再加之政府退休养老金仅能保障基本，对其退休消费水平影响程度较大。

三层次退休保障制度体系设计也拉大了贫富差距：第一层级主要面向最贫困阶层的老年人，满足其最基本的生活需求，更多地体现了济贫特点；而第二与第三层级则为有更高养老需求的人提供选择，使得养老金可以用来改善老年人的晚年生活质量，高收入居民可以通过年轻时更多地缴纳职业年金获得私人养老金收入，从而更有利地保障了其退休消费经济来源。

相较而言，我国社会福利和退休保障制度更加兼顾公平，没有将贫富差距进一步加大，而是力争让所有老年居民享受到我国经济发展成果。但我国同样面临类似于英国的财政压力。是否引入民间资本介入社会保障体系，民间资本的介入是否会引起贫富差距的拉大，民间资本的介入是否会提高老年居民福利，这一福利的一个突出表现是退休居民消费能力是否提高，均是值得我们不断斟酌的问题。

## 7.5 小结

现在社会下，世界主要国家均建立了退休养老保障制度体系。可以说，退休养老保障体系尤其是退休养老金收入在有效安顿居民晚年生活、保障退休居民消费方面发挥了重要作用。但各个国家由于历史发展背景、经济发展基础与规模、资本市场发达程度、社会法治体系、人口结构与特征尤其是老龄化程度等方面均不相同，[1]因此，不可能形成一个全世界范围内统一的、各个国家均可效仿的退休养老保障制度体系。

## 一、各国退休养老保障制度体系的共性特点

通过研究分析各个典型国家的社会福利和退休养老保障体系，可以发现一些共性特点。

一是人口结构带来的变革，为退休养老保障体系带来压力。人口结构的变化，主要表现在人口老龄化的加剧以及人口少子化特征的突出。大部分国家的初始建立退休养老保障体系之时，采用了现收现付制，即用当代劳动力缴纳的税费，供养当代的老年居民。[2]人口结构的变化，使得退休养老金待遇收入的来源逐渐减少，每位退休居民所能分得的退休养老金待遇面临急剧下降的危险，退休居民基本消费保障受到威胁。

二是政府财政压力的不断增大，多层级多支柱的养老保障体系逐渐建立起来。伴随着人口结构变化带来的退休养老金给予压力增大，各国政府在不同阶段均面临着财政压力。如若将财政收入更多地分配给养老社会保障，则政府没有更多的财政预算用于经济发展等其他方面，而经济不继续发展，政府则没有足够的财政收入用来保障退休居民生活等民生，陷入一个不良循环之中。为了打破这一不良循环，各个国家做了不同探索尝试。[3]一个主要做法是，建立多层级多支柱的养老保障体系。一般做法是，第一支柱是保障基本，由政府兜底保障退休居民最为基本的生活消费开支，这一部分的资金来源可以是企业与个人，或企业、个人、政府。第二支柱和第三支柱是为了满足多样化的退休养老需求，引入职业年金制度或是其他养老金收入制度。这些支柱可以满足退休居民多样化的需求，为退休消费提供多样化的经济来源。但在具体实践中，可能会存在贫富差距增大的问题。高收入居民在年轻时具有更多收入，更多的消费来源，也为老年生活积累或是储蓄了更多的资金，

---

〔1〕 参见孙小雁：《中国城乡老年人收入：个人、家庭和政府的作用》，上海社会科学院 2021 年博士学位。

〔2〕 参见苏春红：《人口老龄化的经济效应与中国养老保险制度选择》，山东大学 2010 年博士学位论文。

〔3〕 参见林义、林熙：《生命历程视域下退休制度的理论探索》，载《苏州大学学报（哲学社会科学版）》2014 年第 4 期。

以保障退休消费水平；低收入居民没有这样的退休消费来源保障，而政府退休养老保障制度仅能够保基本，这一部分居民的退休消费情况不会过于乐观。

三是关于养老金领取年龄问题。大部分国家的普遍做法是延迟退休，或推迟养老金领取时间，以缓解政府过大的财政经济压力。[1]这一做法需要与就业问题联动考虑。延迟退休，老年居民挤占更多的社会工作岗位，对年轻人造成就业压力，而年轻人相较于老年居民，具有明显的劳动力优势，如精力旺盛、创造力强等。

四是充分发挥政府宏观调控功能。政府除了主要建立本国的社会保障与退休保障制度，一般还会运用税收政策等作为辅助手段。

## 二、对我国的启示

我国也面临着人口结构变化、经济发展不稳定等共性问题。同时，我国作为世界上的人口大国，经济基础并不发达，面临挑战更为严峻。消费是经济发展与增长的重要动力，相应地，经济增长模式也会影响消费增长。大国经济的平稳发展，需要以内需为主要经济增长驱动力，更多地依靠国内市场力量，推进消费需求繁荣的同时增强经济发展的稳定性。[2]我国老年人口众多，对老年居民消费深入推动，将有助于我国经济发展。在经济结构转型、经济活力增加、经济发展模式等方面的改革与发展之中，需要充分考虑退休居民消费问题带来的影响。在退休制度改革中，需要进一步推动三支柱退休养老保障体系的落地落实，充分发挥个人养老金账户作用；在退休金领取年龄、养老保险缴费率、养老保险覆盖范围、养老金支付方式、医疗保险与社会养老保险的联动、社保资金融资多驱动来源等方面，可以更多地借鉴各国做法。

一是建立退休弹性管理制度。我国多年以来一直实行"一刀切"的退休制度，政策约束了基本固定的退休年龄，居民的退休意愿在退休制度设计中未做深入考虑。从生命周期理论的纵向上来看，硬性规定法定退休年龄是与人力资本的周期性相矛盾的。我国可以借鉴国外的弹性退休制度设计，适度

---

〔1〕 参见肖颖：《部分发达国家延迟退休年龄可行因素与方式的国际比较——基于美国、德国、日本和英国四国实践的分析》，载《北京劳动保障职业学院学报》2019 年第 4 期。

〔2〕 参见钱婷婷：《人口老龄化背景下退休冲击对居民家庭消费的影响研究》，上海社会科学院 2017 年博士学位论文。

引入弹性退休年龄。居民可根据自身的身体状况、经济条件等自主选择退休时间，退休消费在自主选择之下，受到的影响也会得到进一步缓解。在制定弹性退休制度的过程中，应该本着兼顾公平和效率的原则，根据劳动者类型、地区发展和行业特点的差异性来区分不同的人群，灵活地规定退休年龄和退休方式，并以此来确定差别化的退休收入。

　　二是相应的配套措施是缓解退休制度改革不利影响的保障。各个国家的退休制度不是一成不变的，各个国家均在根据社会、经济、人口等因素的变化不断调整完善本国的退休制度，以更好地保障退休居民的权益、保障退休居民消费的经济来源。但是变更改革退休制度，覆盖面广、影响力大，有些国家甚至有失败的经历。在实施退休制度改革时，需要考虑退休改革的一系列不利影响，应根据国家在不同时期的社会经济发展状况、人口增长结构和劳动力市场供求状况等实际情况，制定相应的配套措施，以在最大程度上保障制度改革的有效性。一方面，应积极调整劳动力市场结构，拓宽就业渠道，促进劳动力市场的充分就业；另一方面，要规范退休制度，加强对退休资格的监管，减少企业在执行中的随意性，为退休制度的改革提供一个稳定的体制环境。

# 主要研究结论和对策建议

## 8.1 主要研究结论

### 一、本书认为研究退休对我国城镇居民消费影响意义重大

从现实角度而言，本书系统梳理了我国退休制度和居民消费现状，认为目前我国退休制度适用范围为城镇地区，因此本书选取我国城镇退休居民为研究对象。另外，通过梳理改革开放之后我国居民宏观消费以及微观消费情况，认为目前我国处于居民消费不足现状，居民消费对经济的贡献度有待进一步提高。同时，伴随着我国老龄化程度的加剧，退休居民数量规模将越来越大。因此，本书认为深入细致地研究退休对我国城镇居民消费的影响意义重大，对于提振消费、促进经济发展具有重要意义。

从理论角度而言，本书系统梳理国内外关于"退休消费之谜"研究文献后，认为有必要针对我国退休居民消费实际，研究我国城镇居民是否存在"退休消费之谜"，即我国退休城镇居民消费变动情况。需要着重探讨退休之前与退休之后城镇居民消费是否发生变动，变动的方向如何；退休如何影响我国城镇居民消费，相关的影响因素与作用机理是什么；结合我国国情实际，退休对个人和家庭消费产生何种微观影响，退休对国家和社会消费产生何种宏观影响。

### 二、本书构建了退休影响我国城镇居民消费的机制框架

依据生命周期理论，理性消费者会平滑其终生消费。退休作为城镇居民一生之中的重大事件，退休会从微观层面和宏观层面对城镇居民消费产生影

响。收入变动、消费需求、消费供给、财产、居民受教育程度等因素均是影响退休居民消费的重要因素。因此，本书基于个人和家庭以及国家和社会两个层面，构建退休影响我国城镇居民消费的分析框架。

（一）对个人和家庭的微观影响

从微观角度而言，退休较为直接的影响是居民生活方式和家庭状况的转变，居民从忙碌的工作状态转变为闲暇的居家晚年生活。同时退休也预示着健康状况的转变，居民身体机能开始衰退。这一系列的变化会导致退休之后居民的消费需求、消费水平、消费结构发生变动。

（二）对国家和社会的宏观影响

从宏观角度而言，退休对城镇居民消费影响路径有以下几种。

第一，退休——收入下降——消费变动。退休造成的直接影响是居民收入的变动。退休之后，大部分居民主要收入来源是养老金收入，养老金收入低于工作时收入。可以说，退休之后居民收入下降，结合储蓄、财富等因素，居民消费可能产生变动。

第二，退休——就业与劳动力供给——收入与财富——消费变动。退休将会影响劳动力供给和就业情况，而就业是居民劳动所得与收入以及财富积累的重要来源，进而将会对消费需求与消费行为产生影响。

第三，退休——产业结构——消费与就业——消费变动。退休将会影响产业结构变动，促进产业向适老化方向进行调整，产业结构将不断优化，以适应人口老龄化、外部环境等带来的冲击。产业结构的调整又会进一步促进劳动力需求与供给以及就业方面的变动，从而进一步促进消费产生变动。

第四，退休——居民消费结构——消费变动。因身体特征、生活状态等因素，退休之前与退休之后的居民消费结构将产生变动。另外，伴随经济的发展以及养老金收入的增加，退休居民也将从满足基本生存的消费结构，逐渐变换为更高层次的消费结构。

**三、从微观视角，实证检验了退休对城镇居民消费的影响**

在微观实证研究方法上，本书采取模糊断点回归计量分析方法，有效解决退休消费的内生性问题。因样本选择性误差以及遗漏变量的原因，除了退休对消费产生影响，还有其他因素可能产生内生性问题。我国退休制度的特点是强制性退休，男性居民在 60 岁处形成断点，适用于模糊断点回归计量分析方法进行政策评估。

在实证结果分析方面，本书采用中国家庭金融调查（CHFS）2017 年数据，基于生命周期假说理论以及模糊断点回归计量分析方法，实证研究发现，退休导致城镇居民家庭总体消费支出增加约 1.75%，总体消费产生轻微变动，我国不存在"退休消费之谜"。同时，实证结果显示，退休导致城镇居民家庭消费结构发生变动，与健康和日常生活相关的消费支出增加，与工作相关的服务、娱乐消费支出下降。

在影响机制方面，实证研究发现，收入保障、房产、消费需求等因素均能影响退休居民消费。首先，通过对社保养老金、商业保险、医保、补充医保等进行实证分析发现，退休对上述保险起到了正向促进作用，表明居民希望在退休之后取得此类收入保障，增加退休收入、降低医疗开销，对退休居民消费起到了促进作用。其次，通过对自有房产数据进行实证分析发现，退休正向促进着房产，表明退休居民希望老有所居。但我国退休居民具有强烈的馈赠动机，房产的财富效应不一定得到兑现。房产对消费的影响方向可能是正向的，也可能是负向的。最后，通过对网购、移动支付、上网设备等消费需求数据实证分析发现，退休对网购等新型消费需求产生正向影响。网购具有便捷性，退休居民出现了接受网购等新型消费需求的趋势，对消费将产生正向影响。

### 四、从宏观视角，实证检验了退休对城镇居民消费的影响

本书采用我国 30 个省份的宏观经济数据，采用静态面板和动态面板数据模型，实证检验退休对我国城镇居民消费的影响。实证分析结果表明，退休对城镇居民消费率以及部分消费结构造成负向的抑制作用。

对于城镇居民消费率而言，静态面板数据模型分析得到，退休对城镇居民消费率产生负向抑制作用，退休之后城镇居民消费率下降约 11.79%；动态面板数据模型分析方法中，在计量模型里考虑加入了滞后期消费变量，实证结果同样得到了退休对城镇消费率产生负向抑制作用，退休之后城镇居民消费率下降约 22.34%。

对于城镇居民消费结构而言，静态面板数据和动态面板数据实证分析结果是相似的。退休对食品、衣着、教育文化娱乐、医疗保健、其他用品及服

务等消费产生抑制作用，消费下降区间在 0.1 至 0.6 之间。退休对居住、交通通信等消费产生促进作用，但是统计结果不显著。

在影响机制方面，实证分析结果表明，收入对退休消费产生部分中介效用。这也说明退休与消费之间不只存在因果关系，还存在中介效应关系。退休引起收入变动，进而导致消费变动。在加入控制变量和未加入控制变量的情况下，收入均存在部分中介效应，中介效应占总效应的比重在 51% 至 88% 之间，中介效应是显著的。

综上，本书通过理论分析和实证检验，认为退休对我国城镇居民总消费和消费结构产生影响，但并未出现居民家庭消费大幅下降的现象。城镇退休居民在保持基本生活消费支出的基础上，对于改善型消费支出的潜力有待进一步激发。提振退休居民消费，提高退休居民福利福祉，促进经济发展，大有可为。

## 8.2 对策建议

消费是经济增长的重要引擎。我国经济由投资与出口为主导的经济发展模式逐步转向以消费为主导的发展模式。尤其是当前一段时期，我国经济面临着前所未有的挑战与风险。

当前，受国际环境更趋复杂严峻超预期影响，经济下行压力进一步加大，面对复杂局面，有效稳定居民收入和消费形势，更好发挥消费对经济增长的基础性作用尤为重要、尤为紧迫。一方面，有效稳定消费需求是保证产业链稳定、稳就业、增收入的客观要求。产业链供应链中下游需求变动会更大幅度传导至上游，稳定消费需求就是稳定生产经营前景，是保市场主体、稳就业、增收入的必要前提。另一方面，稳定消费是我国应对外部环境深刻复杂变化的有效支撑。近期国际环境更趋复杂严峻，各国通货膨胀压力显著上升，我国需有效打通收入向消费的传导机制，进一步提振和扩大内需，加快构建新发展格局，努力确保消费继续成为稳经济、抗风险的坚实支撑。

综合以上因素，可以说我国现在面临着世界经济衰退、国际市场萎缩、国内需求下滑的现状，这为提振消费，尤其是提振退休居民消费增添了难度。退休居民作为人民群体的重要组成部分，具有身体机能逐渐衰退、养老金为消费主要来源等特点，在这一特殊时期，更应得到足够的关心与关注。在为经济带来影响的同时，也为我国经济体制改革带来的契机。目前，国家下定决心加大力气进行经济结构调整与深层次调整改革，开展消费体制机制改革，释放消费潜能，释放巨大的内需潜力，扫除消费障碍，将人口规模优势逐步转换为市场规模优势。因此，在现阶段，关注退休居民消费问题，保障退休居民民生与福祉，显得尤为重要。

经济高速发展推动养老消费能力提升。随着近年来经济社会的快速发展，老年人群体积累了一定的财富，拥有了一定的物质消费基础，养老消费能力有所提高。本书试图通过退休与消费现状研究、作用机制分析、微观实证检验、宏观实证检验等内容，深入细致地研究我国城镇退休居民消费问题，探究影响因素与作用机理。在前述分析基础上，提出以下对策建议。

## 一、完善退休制度，加大居民社会保障程度

近年来，我国以民生福祉为重点，公共服务供给质量不断提高，退休制度体系以及社会保障和医疗体系等不断完善。同时，也存在一些问题，比如发达地区聚集了大量的优质资源，地域之间、城乡之间供给不均衡，居民对公共服务的满意度有待提高，老年居民仍然存在看病难、看病贵的难题。完善的退休保障体系是退休居民能消费、敢消费的重要保障，是解决退休居民消费后顾之忧的重要条件，因此应进一步深化居民退休保障体制改革，提高养老保险与医疗保险的保障水平，提高社会保障的覆盖范围。随着养老金收入的逐步提高，退休居民的消费理念与消费方式也会随之改变，退休居民将逐渐培育新的消费增长点，推动经济的增长与提高。社会保障体制是伴随着我国经济发展而同步的，经济增长与社保体制实现了"双"快速发展，经济的快速增长与发展促进了社会保障体制的发展，同时社保体制也反作用于经济的增长与发展。社会保障体制的核心是分配国民收入，经济发展水平决定了社会保障的结构与水平，也影响着退休居民消费水平，因此要形成良性的循环。

一是要完善收入分配政策，完善社保、医疗等供给保障水平，降低突发风险对消费带来的负面影响。通过调整完善社会养老保险基数和增幅，缩小城乡之间、区域之间、阶层之间的退休居民收入差距，真正提高退休消费层次与结构，推动产业升级转型调整。将社会保障体制作为增进退休居民福祉、促进社会公平正义的有力手段，实现经济的共享发展。通过调节和改善收入

差距与分配，化解由于市场经济竞争带来的利益不均的格局，化解利益冲突与利益多元化诉求，化解退休居民消费的焦虑与不安，形成安全、良好、稳定的退休消费预期，形成积极的消费心态，实现健康、可持续的发展。

二是要以社会保障促进人力资源开发，从而带动退休消费。从经济学角度，社会保障是生产要素与投资的投入，社会保障可以和人力资本投资一起，共同形成经济与消费领域的合力。目前我国实行积极老龄化战略，针对退休居民的人力资本开发，进一步扩大退休居民的收入来源，稳定退休居民未来收入预期，增强退休居民消费心理，推动退休消费潜力的释放，从而进一步扩大居民消费需求与水平。

三是要优化完善基本社会保障制度。目前，基本养老保险、基本医疗保险、老年服务体系是我国基本社会保障制度体系，是关系到退休居民消费的重要领域。这些基本社会保障制度的完善，关乎整个社会保障，关乎国计民生，也关乎着退休消费。（1）对于社会养老保险，要进一步推进统筹，将机关事业单位与企业的养老保险制度，统一筹资、统一制度设计、统一计发待遇，增进社会公平，缓解社会矛盾与压力。着力解决区域不协调问题，部分地区养老基金存在结余，而部分地区养老基金存在缺口，要化解结构性矛盾，实现区域经济协同发展。（2）对于医疗保险，推进城乡居民医疗保险统筹，整合城乡医疗保险制度，统一医疗保险资源、信息，力争解决重复参保、资源浪费、多头经办等矛盾性问题。（3）对于老年服务体系，将社会保障制度向孤寡退休居民、失能退休居民倾斜，关心关爱弱势退休居民群体。建立居家养老与社区养老相结合的服务体系，采用社会公共资源营造传统孝道氛围，使得退休居民能够安心消费。

四是完善社会保障相关配套制度，推进退休消费走向成熟。居民社会保障制度不仅涉及国家与居民的利益再分配，还牵涉与其他制度体系的相融交错。这要求着居民社会保障制度具有相关配套制度，使之与其他政策协同发展，共同走向完善与成熟，从而推动退休消费增长。

具体措施如下：（1）加强居民社会保障制度的顶层设计，界定清楚与人口政策、财政政策、收入分配制度等的关系，明确功能与定位、目标与规划，为推动退休居民消费夯实基础。（2）在其他相关领域，同步推进社会保障制度措施。在深化医疗体制改革时，可以完善医药流通、医疗卫生等改革，优化医疗保险制度，促进社会保障制度完善，为退休居民消费解决后顾之忧。

在资本市场改革时，可以完善资本运作规则，实现社会保障资金的保值增值，为退休居民扩大消费积累资本。

五是改革养老金双轨制，解决基本养老金的隐性债务、缺口、空账等问题。关于中国基本养老金的隐性债务、缺口、空账等问题，一直是理论、舆论、政策关注的焦点问题。而实际与理论相悖的是：现实当中，中国不是不断形成巨额的显性的养老保险基金缺口，而是不断累积出巨额的显性的养老保险基金累计结余。理论所界定的养老金隐性债务、缺口、空账，实质是指基本养老保险基金的隐性缺口。客观估计，中国基本养老保险基金的基本国情是隐性缺口与显性结余并存。基于隐性缺口或者基于显性结余，可以做出不同的政策选择。而基于中国养老金隐性缺口和显性结余并存的中国养老保险基金的基本国情，我国需要统筹考虑养老金的政策取向：加快基本养老保险全国统筹、短期养老金收支平衡与养老金长期可持续发展并重、多层次养老金体系协调发展；加强养老基金投资管理、坚持并创新社会统筹与个人账户相结合的基本养老保险管理体制。

首先，我国长期采取"养老金双轨制"：在养老金缴费上，行政事业单位职工在职期间基本不缴纳养老保险费，企业及其职工分别按工资总额的20%和8%的比例固定缴纳养老保险费。在养老金待遇方面，行政事业单位人员由国家财政支付养老金、养老金替代率高达90%左右，而企业职工的养老金替代率只有40%左右。养老金双轨制既造成了养老金体制的差异，也使行政事业单位的退休人员的养老金成为国家财政的沉重负担。我国有700多万个在职行政单位人员，有约3000万个事业单位在职人员。如此庞大的行政事业单位队伍，在养老金双轨制下长期不缴纳养老保险费用而享受高替代率的养老金待遇，势必带来巨大的养老金缺口。

其次，政府于2015年颁布实施《关于机关事业单位工作人员养老保险制度改革的决定》，推动行政事业单位实行类同于企业的基本养老金制度，推动"养老金并轨"。新制度明确改革前后行政事业单位人员退休金待遇水平相衔接，对并轨前已经退休的"老人"延续原有的养老金待遇并同步参加以后国家养老金待遇的相关调整；对并轨前入职、并轨后退休的"中人"，采取过渡性办法，国家承诺其养老金待遇水平不降低；对并轨后入职的"新人"，全部采用"基本养老保险金+职业年金"的养老金模式。机关事业单位人员养老金并轨带来了两大隐性缺口：其一是，改革前没有养老金缴费的"老人"、养老金缴费不足的"中人"视同已经缴纳养老保险费，其养老金待遇不降低，实质构成政府财政未来的隐性缺口。其二是，行政事业单位人事制度总体改革方向是"精兵简政"，随着行政事业单位人员数量的减少，行政事业单位的养老金缴费人员数量不断减少，养老金缴费来源越来越少，其养老金社会统筹和个人账户基金规模在未来将相应缩小。

最后，从养老金财务收支来看，养老金隐性缺口与显性结余并存是我国基本养老金体系的基本国情，养老金政策必须基于这两个方面、平衡这两个方面的影响来做选择。加快实现基本养老保险全国统筹。一是中国养老金的显性结余状况明示了当前中国养老金管理现实的关键问题不是当期的、短期的财务收支平衡问题，而是巨额养老基金的投资管理问题以及险种结构优化、区域结构优化、养老待遇合理提高、制度优化与创新的问题。尽快提高基本养老保险统筹层次，优化社会保险险种结构和区域结构、创新养老金管理体制是当前养老金体制改革的优选项。养老金显性结余的现状，正是我国养老金体制改革和发展的战略机遇和条件。二是目前我国基本养老保险主要实行省级统筹，有的还只是地市统筹。统筹层次低带来养老保险制度"碎片化"、各自为政、养老金负担畸轻畸重、整体投资效率低下等问题。实行全国范围内基本养老保险的统筹，可以最大限度地发挥社会保险"大数法则"效应，为中国现代养老金体系顶层设计和制度创新建立基础和前提。三是养老金显性结余代表的只是当前的养老金收支状况，养老金隐性缺口势必影响未来的财政收支。针对当前的养老金基本国情，应该适度提高养老金待遇但不能过度，加快建立长效的养老金待遇调整机制。应该继续加强基本养老保险制度覆盖面、加快机关事业单位养老保险制度改革、加强养老金结余的投资运营以实现其保值增值，应对未来的养老金隐性缺口。应该从收入和支出两个角度做好当期及未来养老金的收支平衡，积极推进延迟退休和适当提高生育率等政策，保证中国养老金短期收支平衡和长期可持续发展。四是在扩大基本养老保险制度覆盖面的同时，要深刻理解现收现付制度在人口老龄化背景下财务不可持续的客观规律，加强基金积累制养老金的发展。在政府引导、企业与个人参与的情况下，完善企业年金制度、加快发展职业年金、积极推动税延型个人商业养老保险、大力发展养老目标的证券投资基金等。形成国家、社会、个人共同负担社会养老的多支柱多层次养老金体系，使多层次养老金体系协同发展，缓解养老金隐性缺口对未来经济社会的冲击。

## 二、提升消费供给，释放退休居民消费潜力

退休居民因其自身的特点，具有特殊的消费需求与动机。应因地制宜，大力发展与退休居民消费息息相关的产业，促进退休居民消费。退休居民消费既包括产品消费，也包括服务消费。服务消费是为了使退休居民在生活中得到全方位的身体照料、医疗保健、精神慰藉、社会参与等服务，促进退休居民身体与心理健康，保障退休居民享有基本权利的一种消费行为。基于退休居民身心特征、身体机能逐渐衰退的现状，医疗保健、日常照料、精神慰藉等服务消费是退休居民消费需求的重点领域。随着经济的发展，一方面，退休居民人口特征发生变化，退休居民人口规模扩大，家庭结构老龄化、小型化，空巢老年居民、失能老年居民数量攀升，生活节奏的加快使得子女无暇照顾年迈的退休父母。另一方面，退休居民的消费心理、消费需求与消费行为发生改变，由勤俭节约的传统逐步转变为注重自我享受与价值实现，消费支出逐渐扩大，老年大学教育、老年旅游、老年金融、老年文化娱乐等行业逐渐兴起。因此发展退休居民的服务消费已是迫在眉睫。为了更好地发展与建设退休居民服务消费产业，建议做到以下几点：

首先，要加强家庭养老服务的发展。目前家庭养老服务仍占主体，原因为：一是我国城镇家庭趋于小型化，退休居民与子女分开居住是目前主要发展趋势，由此产生了一系列的问题，退休居民的生活照料与精神慰藉有所削弱。其次，养老机构所能提供的养老服务不能完全满足退休居民的需求。随着退休居民年龄的增加，所需的生活照料与医疗保健的消费需求增加，而家庭能够为退休居民提供的照养服务日益减少，由此形成矛盾。受我国传统的"养儿防老"思想影响，部分退休居民强烈依赖子女，不愿接受养老机构提供的照养服务。即使退休居民选择养老院，但是目前的养老机构质量参差不齐，不能满足退休居民的消费需求。养老院所需花费要高于家庭养老，部分退休居民负担不起，质优价廉的养老机构"一床难求"。最后，社区养老服务仍需改进。社区服务是退休居民安享晚年、享受养老服务的重要保障。除了家庭以外，社区是退休居民晚年生活的第二个空间。退休居民身体机能衰退，活动范围与空间受限，家庭所在的社区是退休居民享受服务的重要载体。但是目前的社区养老服务规模小，功能单一，仅仅涉及提供文化娱乐服务，应进一步包含健康、社交、康养、咨询等服务；服务主动性不强，棋牌室、健身

室、图书室、茶室等场馆仅仅是固定时间开放，应进一步主动开展活动策划，组织退休居民积极主动地进行文娱活动消费；没有形成有效的产业化格局，没有发挥产业优势、服务范围狭小、政策配套不全、推广力度不足。

综上所述，目前我国的经济发展水平促使家庭养老服务逐渐向更高级别过渡，但是社会保障程度仍不发达，社会与国家无法承担全部的养老服务消费，家庭养老服务在现阶段仍占据重要地位。仍需要建立以家庭养老服务为主、养老机构和社区养老服务为辅的养老服务机制，为退休居民提供有效的养老消费服务。

由此，可大力发展住房制度改革，使其适应家庭养老服务的发展。目前，大部分城镇退休居民希望与子女"分而不离"，居住在离子女较近的一套住房，即需要两套住房，实现对于退休居民的家庭养老服务，借由住房消费，拉动经济增长。另外，对于退休居民专门居住的住宅，房屋内部设计中要体现无障碍理念，安装电梯、走廊扶手、应急呼叫系统等必要设施。住宅周围的配套设施也需进行优化，街道的坡度、台阶的高度、公共交通的距离、周边医院配套等均需纳入考虑之中。

大力发展上门入户服务。发展物流产业，对退休居民的衣食住行以及医疗保健等开展上门入户服务。政府与企业应发展收费低、质量高的上门服务，既解决退休居民的实际困难，也缓解子女的后顾之忧。例如，部分社区开设了老年食堂，专门为退休居民提供物美价廉的餐饮服务。但是对于部分行动不便的退休居民而言，很难享受此项服务。专门的送餐服务解决了这部分退休居民的难题。可见，实体产业与上门入户服务相结合，提高了退休居民消费意愿，保障了退休居民基本生活权益。

二是要完善退休服务消费产业的管理体系。服务消费作为产业链条，牵涉部门比较多，不但需要硬件建设，更需要服务人员、法规制度等软性建设。首先，重视退休服务消费产业人员的培养。退休服务消费产业对服务人员的专业素养、责任意识有较高要求，需要设立必要的入职门槛、职业教育培训，提高从业人员整体素质，保障退休居民服务消费质量。提升相关产业服务人员待遇，留住优秀人才。引导大专院校设立老年护理、健康养生、心理咨询等专业，培养专业人才。其次，要建立退休消费服务行业规范与标准。整合完善现有相关政策法规，理顺相关部门之间的权力与义务，避免权力交叉、推诿扯皮、问题纠纷等负面现象。再次，建立多部门协调机制，明确政府相关部门、社会、社区、家庭与个人的职责与分工，创新工作方式，形成工作合力，推动退休服务消费的发展。最后，建立监督机制。加强退休居民服务消费的监管，从事后监管前移至事前监管与过程监管。严格退休居民服务消费的行业准入与退出机制，增加市场竞争活力，实现优胜劣汰。

加大兜底性、福利性和基本养老服务财政投入，明确投入重点，完善投入方式。需要从应对人口老龄化、推进老龄社会治理的战略高度，进一步加大中央和地方各级政府对养老服务的财政投入力度，将养老服务投入纳入财政预算，增强财政支出的约束力。加强监督检查与信息公开，严格落实社会福利彩票公益金50%以上用于养老服务业的政策规定。建立基本养老服务财政转移支付机制，平衡地方财政支出压力，加大中央财政对中西部地区尤其是农村地区基本养老服务的转移支付力度，支持中西部地区和农村开展养老机构和养老服务设施建设。坚持财政支出与养老服务事权相适应，明确不同层级政府在养老服务中的财政责任。需要明确财政投入的重点，提高财政资金的使用效率，财政投入应该聚焦于养老服务的薄弱方面，比如农村养老服务体系建设、社区和居家养老服务的发展、兜底性养老服务支出。完善财政投入方式，从"补供方"转向"补需方"为主，从事后投入转向事前、事中与事后投入相结合。

养老服务体系的发展涉及诸多方面和多个部门，需要完善养老服务的管理体制，加强民政与发改、公安、卫计、住建、食安、环保等部门的协作，建立部门协调机制，明确部门责任，实现部门之间的权责一致。可以考虑调整相关机构设置，从应对人口老龄化的战略高度成立老年总局，统筹考虑各类养老保障事宜，包括老年救助、养老保险、老年福利等。在发挥政府之外其他主体作用的同时，政府务必做好监管工作，确保养老服务质量和老年人的权益。

三是开展智慧养老。由于我国养老服务体系还不完善，智慧养老正处于政策推广阶段，但政府推动下的智慧养老服务面临财政供给不足、地区间发展不平衡以及现实需求不能代表一定时间内消费者的消费偏好等，削弱了智慧养老服务功能的发挥，影响了社会资源配置效率。当前我国智慧养老服务的总体问题可以概况为：针对当前我国智慧养老服务总量供给不足以及老年服务对象多元化、多层次的养老服务需求无法得到满足的状况，智慧养老服务供给侧改革迫在眉睫。

2009 年开始，随着科技及全球城市化进程的加快、智慧城市概念的提出以及城市建设、管理与运行的新策略和新方法的不断出现，"智慧"的概念逐渐延伸到一个由新工具、新技术支持的，涵盖政府、公共服务和商业组织的新城市生态系统。此后，智慧养老服务相关研究由起初的智慧家居、健康老年技术服务等领域，迅速延伸到互联网、物联网、大数据、人因工程养老等服务领域。相比于国外研究，国内的研究在 2009 年开始起步。2010 年，主要是围绕医疗保健展开；2013 年，将技术与养老服务进一步结合来辅助改善老年人的生活环境；2018 年，在智慧城市建设的基础上通过信息技术及大数据平台相结合，记录需要受照顾老年人群信息，提高老年人的生活质量，实现健康监测。

从结构方面来讲，智慧养老服务在我国还处于起步阶段，面对多元化、多层次的养老服务需求，无论是作为制度安排、体系构建、机制运行、应用端设计开发，还是管理实践，都包含着谁提供服务、怎样提供服务、服务对象是谁、在怎样的场域环境和条件中开展具体服务以及如何测量和评价等基本内容。据此，需要进一步提出三个需要解决的基本理论问题，并由此形成总体问题解决方案内在的逻辑关系：其一是"解决什么问题"，是智慧养老服务领域的一个取向性问题，需要针对所提出的总体性问题并根据智慧养老服务的形式、特征、优势等，提出现实中多元主体的智慧养老服务多资源有效匹配的目标；其二是"怎样解决"，即怎样破解智慧养老服务问题的方法，属于规范性的范畴，它有利于系统地构建起一个目标指向明确、主体责任清晰、社会资源配置合理和机制健全的智慧养老服务体系；其三是"效果如何"，属于实践应用性的问题，即形成怎样的操作模式，通过各种方案进行一系列的验证（包括模拟和实践评价等），并将验证结果加以反馈，用于智慧养老服务体系和机制的优化调整，以进一步完善智慧养老服务体系和运行管理机制。

结合智慧养老服务运行管理机制，智慧养老服务全过程动态仿真主要包括三个步骤：第一步，进行多源、异构、海量信息融合与分析。确定养老服务供给侧和需求侧变化的驱动机制和结构性变化影响机制，构建养老服务供给侧和需求侧动态变化关系模型，并根据典型性供给侧和需求侧基准指标，分析智慧养老服务供给侧目标水平和需求侧的现状水平之间的差异，及其在多目标优化条件下的结构模式和耦合作用关系。第二步，进行优化决策支持的仿真。基于多源分散、异构、海量信息数据融合，全局性掌握国内和国际养老服务需求侧和供给侧的特性和差异性，考虑不同养老消费服务人群的经济水平、身体状况、生活习惯和生理习惯等特点和差异，进行智慧养老服务供给的典型性研究。第三步，进行运行管理模式的仿真。基于信息数据库、管理数据库和专业数据库协同，分析养老服务运行管理的本质维度；基于养老服务滚利模式、结构动力学特征，研究养老服务的相关属性多元对应关系。由此，通过养老服务全局性支持模式的顶层设计模型、业务化模型以及智慧养老服务运行管理机制，运用全局最优分析理论和方法，为全局性协同的养老服务运行模式分析提供全过程的仿真。

### 三、以退休消费为抓手，积极应对人口老龄化

我国在 21 世纪之初迈入老龄化社会。为应对老龄化危机，我国提出若干战略措施，"十三五"期间提出健康老龄化战略。到了目前的"十四五"期间，发展战略由"健康老龄化战略"转向为"积极老龄化战略"。"健康老龄化战略"最早出现于国外，在 1987 年召开的世界卫生大会首次提出。而后，我国学者将健康老龄化概念引入国内，主要强调老年人身体与心理健康及其生活质量。"健康老龄化战略"仍将老年人视为一种社会负担，没有基于老年人权利视角构建老年基本理论。

国际学者更进一步扩展健康老龄化理论，在 1997 年的西方七国丹弗会议上提出了更全面的"积极老龄化战略"。2002 年，世界卫生组织正式出版《积极老龄化：从论证到行动》，标志着积极老龄化作为一种创新理论与政策正式发展起来。积极老龄化没有将老年人视为社会负担，而是在保证老年人身心健康的基础上，积极推动老年人参与社会事务，让老年人继续作为社会财富的创造者与社会事务的参与者，充分发挥老年人的社会权利。简言之，积极老龄化不仅要达到老有所养、老有所依，还要做到老有所为、老有所学、老有所乐。退休居民属于低龄老年人，同样需要从积极老龄化战略角度，进行有效部署与规划。在积极老龄化战略之中，释放退休居民消费潜力、推动退休居民消费增长是重要内容之一，因此，应以退休消费为抓手，促进"积极老龄化战略"的实现。

"积极老龄化战略"中主要涉及内容包含收入与保障等。一方面，收入是退休居民提高消费水平的必要条件。退休之后，居民参与到经济、文化、政治、社会等方面的活动，继续融入主流社会之中，继续发挥余热做贡献。这

一过程之中，退休居民可能得到劳务报酬，增加收入来源，产生消费需求，扩大消费水平。退休居民参与程度增加，既能提高其自身的身心健康，也能为扩大退休消费水平提供收入来源。另一方面，积极老龄化战略强调社会保障。以政府为主导，社区和家庭均需对退休居民提供养老保险、医疗、权益、安全等方面的保障。在提供社会保障的同时，会产生居民消费增长点，扩大退休居民消费。社会保障程度越高，越能缓解退休居民的后顾之忧，退休居民消费需求才能提高，消费潜力才能得到释放。

"积极老龄化战略"需要营造尊老、敬老、养老、助老的社会环境，与此同时，扩大退休居民消费需要优化消费环境、提升消费体验、扩大消费需求，从而推动提高消费水平。在塑造积极老龄化社会氛围的同时，可以培育退休居民消费增长点。例如培育退休居民旅游消费热点，打造适合退休居民的旅游线路，既有益身心、增进家庭成员感情，又能扩大退休居民消费、促进经济增长。再如，大力发展退休居民文娱产业。退休居民具有大量的闲暇时间，身体和心理都需要更多的关照与关心，具有文娱产业消费的意愿与能力。培育退休居民的文娱消费意识，扩大文娱消费购买力，既能排遣退休居民的闲暇时间、促进退休居民的身心发展，又能促进文娱产业发展、扩大退休居民消费。因此，要针对退休居民群体特点与需求，调整和优化文娱产业发展与布局，使文娱产业与退休居民的身心特征、人口规模、文化消费习惯等相适应，促进退休居民增加文娱消费支出。

牢固树立积极老龄化、健康老龄化观念，构建发展型老龄政策支持体系。应对老龄化要改变思维定势，顺应老龄社会要求，加快调适政策体系。主要从以下几点进行完善改善：

一是老年人的门槛应当从60岁提升到65岁。公共传媒、官方文献均应主要采取65岁为老年人的标准口径，这既是适应人均寿命不断延长的客观需要，更是老龄化由轻度向中度发展且不可逆转背景下应当树立的新意识。

二是渐进式地提高法定基准退休年龄，这不仅有利于淡化老龄社会的危机感，而且适应职业生涯周期应当根据寿命延长加以调适的需要，还是应对未来劳动力供给不足的需要。现实中平均退休年龄仅54岁左右，有的提前退休者甚至低到45岁，带来的是人力资源的巨大浪费，也直接导致了老年社会的压力，并对公众心理造成冲击。

三是在确保老有所养的同时应当突出倡导老有所为。在欧洲国家和近邻日本等国，70 岁以上还在工作者并不罕见，我国老年人群体中同样大多数人在参与劳动，这表明老年人群体并不是一个只需要他人照顾的群体，而是同样可以为社会做贡献的群体，这一事实揭示了以往过度强调老有所养并渲染老龄化带来的社会负担和压力并不妥当。积极、健康的老龄社会应当是老有所养与老有所为并重，当老年人陷入失能、半失能状态时应有相应的社会保障及相关服务帮助解困，同时也应为老有所为者开辟新的就业途径。因此，党的十九届五中全会将积极开发老龄人力资源、发展银发经济作为实施应对老龄化国家战略的重要措施，这是时代的进步，应当及时转化成为一种新观念。

四是构建积极的发展型政策支持体系。人口老龄化和国际竞争不应成为进一步紧缩社会政策的"借口"。相反，社会应准备好继续为所有无法获得初次收入的人过上体面生活而提供资金。这可能意味着，至少在暂时的人口老龄化时期，支出将高于最近的水平。可能需要探索新的社会保障筹资形式。在老龄化进程中，应当维护社会公正取向，坚持共建共享原则，并根据能力强弱分担相关责任。如居民医疗保险参保人员无论年龄高低均须缴纳医疗保险费，而退休职工却不需要缴费，这不仅有违老年人群体公平承担法定义务的法则，亦会损害医保制度的可持续性。还应当建立家庭支持政策体系，鼓励家庭成员承担养老责任，并可以向邻里互助、亲友互帮等扩展。

五是树立分类分层分区域的应对思维。不同类别、不同层次的老年人群体的需求是有差异的，加之我国地区之间的发展很不平衡，各个地区人口年龄结构差别也很大，在应对中需要充分考虑这种差异性。例如，上海在 20 世纪 90 年代初期出生率已低于死亡率，从 1993 年起即进入人口自然负增长阶段，人口平均期望寿命已达到世界最长寿国家的水平，个别地区老人比例早在 10 多年前已接近 1/4；而少数地区的人口仍然十分年轻，尚未进入老龄化阶段。调查发现，江苏省 2019 年末 60 岁及以上老年人口达 1834.16 万人，占户籍人口的 23.32%，人口老龄化程度仅次于北京、上海，但苏北地区的老龄化程度明显低于苏南、苏中地区；四川凉山地区、新疆南疆地区都还未跨入老龄化门槛，等等。这种地区之间的人口结构差异性，决定了应对老龄化及相关政策不宜"一刀切"，而是应当采取分类指导、因地制宜、精准施策的政策取向。如果我们能够从上述几方面改造社会氛围、改进政策体系，就可以有效应对人口老龄化的发展。

积极发展老龄产业，满足老年人群体的物质与精神需求。不断满足人民对美好生活的向往是党的十八大以来确立的既定发展目标，老年人能否拥有美好的生活取决于其物质与精神条件。因此，"十四五"期间有必要将老龄产业作为重要的战略性支柱产业加快发展，其中，生产性产业与公共服务构成了两个重要方面，这是全面应对老龄化的必要且重要的手段。具体包括：其一是重视老龄产业的科研，积极推进智能化养老；其二是积极开发适老产品，如各种辅助器物和适合老年人的生活用品等；其三是让养老服务逐步走上产业化发展之路；其四是为老年人提供更加丰富的精神产品等。政府应当根据老龄化带来的人口结构变化而加大对老龄产业的制度供给和公共投入，同时利用财税、金融等政策支持老龄产业得到全面发展，唯有如此，才能不断满足老年人的需求，并释放老年群体的消费潜力，进而促使整个经济社会得以持续协调发展。

### 四、开展制度设计，防范各类风险对退休居民消费带来的冲击

2019年底暴发的新冠疫情，带来了巨大的冲击与改变，在威胁人类生命安全健康的同时，也严重影响了社会经济。为了避免新冠病毒扩散，实施了停工、停产、停学、宅家隔离等措施，严重影响了居民的正常生活与经济的合理运行。其中，消费受疫情影响最大。退休居民作为社会成员的一部分，抗风险能力较弱、受风险影响较大，退休居民消费更应得到足够的关心与关注。保退休居民消费，就是保基本民生。应建立退休消费风险防范机制，提高退休居民自身的抗风险能力。

一是充分发挥保险的风险保障作用。政府提供的社会保险能够满足退休居民的基本生活保障，提供兜底保障，但不能满足高品质的消费需求。我国居民金融资产占比较低，占比大部分是不动产，而金融资产中关于养老金融资产的所占比重更低。这表明大部分退休居民仅仅依赖基本社会保险进行养老，自行配置养老保险的比重不高，不利于抗击养老风险。重大突发事件增加了居民配置保险资产的意愿，尤其是增加商业保险，从而更为有效地进行养老金融与资源规划。

二是变"被动"为"主动"，大力发展新消费。每次重大突发事件，都会影响居民的消费心理、消费需求、消费行为、消费结构等，倒逼传统消费

产业革新。新技术是战胜风险的法宝，也是推动消费产业改革的重要工具。例如，2019 年底的新冠疫情，促使生鲜电商、远程医疗、远程办公、在线教育、物流运输、健康医药等行业成为消费"新宠"，信息技术成为关键。疫情得到有效控制、居民进行补偿性消费之时，应有效引导退休居民接纳手机购物、互联网购物等新兴消费方式，参与餐饮消费、交通运输消费、旅游消费等的数字化、智慧化模式，适应消费模式的转变，进一步扩大消费支出水平。

# 参考文献

［1］ Jawad M. Addoum, "Household Portfolio Choice and Retirement", *The Review of Economics and Statistics*, Vol. 99, No. 5, 2017.

［2］ Manuel Adelimo, et al., "House prices, Collateral and Self-employment", *Journal of Financial Economics*, Vol. 117, No. 2, 2015.

［3］ Sumit Agarwal, et al., "The Composition Effect of Consumption around Retirement: Evidence from Singapore", *American Economic Review: Papers& Proceedings*, Vol. 5, 2015.

［4］ Ros Idayuwati Alcoudin, et al., "Retirement Consumption Puzzle in Malaysia: Evidence from Bayesian Quantile Regression Model", *Journal of Probability and Statistics*, Vol. 2, 2019.

［5］ John Amerks, et al., "Retirement Consumption: Insights from a Survey", *The Review of Economics and Statistics*, Vol. 89, No. 2, 2007.

［6］ AMIRTHAR., SIVAKUMAR V. J., "Does Family Life Cycle Stage Influence E-shopping Acceptance by Indian Women? An Examination Using the Technology Acceptance Model", *Behaviour&Information Technology*, Vol. 37, No. 3, 2018.

［7］ Ando, A., Modigliani. F, MODIGLIANI F., "The 'Life Cycle' Hypothesis of Saving: Aggregate Implications and Tests", *American Economic Review*, Vol. 53, No. 1, 1963.

［8］ Manuel Arellano, stephen Bond, "Some Test of Specification for Panel Data: Monte Carlo Evidence and an Application to Employment Equations", *The Review of Economic Studies*, Vol. 58, No. 2, 1991.

［9］ ARNA OLAFSSON M. P., "The Retirement-Consumption Puzzle: New Evidence from Personal Finances", *NBER WORKING PAPER*, No. 24405, 2018.

［10］ James Banks, et al., "Is There a Retirement-Savings Puzzle?", *The American Economic Review*, Vol. 88, No. 4, 1998.

[11] Garry Barrett, Matthew Brzozowski, BRZOZOWSKI M. , "Food Expenditure and Involuntary Retirement: Resolving the Retirement-Consumption Puzzle", *American Journal of Agricultural Economics*, Vol. 94, No. 4, 2012.

[12] Erich Battistin. , et al. , "The Retirement Consumption Puzzle: Evidence from a Regression Discontinuity Approach", American Economic Review, Vol. 99, No. 5, 2009.

[13] Terry A. Beehr, "To Retire or Not to Retire: That is Not the Question", *Journal of Organizational Behavior*, Vol. 35, No. 8, 2014.

[14] David Berger, et al. , "House Prices and Consumer Spending", *Review of Economic Studies*, Vol. 85, No. 3, 2018.

[15] By B. Douglas Bernheim, et al. , "What Accounts for the Variation in Retirement Wealth among U. S. Households?", *The American Economic Review*, Vol. 91, No. 4, 2001.

[16] KuI Bhatia, Chris Mitchell, "Household-Specific Housing Capital Gains and Consumption: Evidence from Canadian Microdata", *Regional Science and Urban Economics*, Vol. 56, 2015.

[17] David M. Blatt, "Retirement and Consumption in a Life Cycle Model", *Journal of Labor Economics*, Vol. 26, No. 1, 2008.

[18] Martin Browning, Thomas F. Crossley, "The Life – cycle Model of Consumption and Saving", *Journal of Economic Perspectives*, Vol. 3, 2001.

[19] Martin Browning, et al. , "Housing Wealth and Consumption: A Micro Panel Study", *Economic Journal*, Vol. 123, No. 568, 2013.

[20] S Calonico, et al. , "Robust Nonparametric Confidence Intervals for Regression Discontinuity Designs", *Econometrics*, Vol. 6, 2014.

[21] Rui Castro, et al. , " Cross Sectorial Variation in the Volatility of Plant Level Idiosyncratic Shocks", *Journal of Industrial Economics*, Vol. 63, No. 1, 2015.

[22] Chen Q. , et al. , "Understanding the Retirement-Consumption Puzzle through the Lens of Food Consumption-Fuzzy Regression Discontinuity Evidence from Urban China", *Food Policy*, Vol. 73, 2017.

[23] Insook Cho, "The Retirement Consumption in Korea: Evidence from the Korean Labor and Income Panel Study", *Global Economic Review*, Vol. 41, No. 2, 2012.

[24] Annalisa Cristini, Almudena Sevilla, "Do House Prices Affect Consumption? A Re-Assessment of the Wealth Hypothesis", *Economica*, Vol. 81, No. 324, 2014, .

[25] Richard Disney, John et al. , "House Price Shocks, Negative Equity and Household Consumption in the United Kingdom", *Journal of the European Economic Association*, Vol. 8, No. 6, 2010.

［26］Yingying Dong, "Regression Discontinuity Applications with Rounding Errors in the Running Variable", *Journal of Applied Econometrics*, Vol. 3, 2015.

［27］Yingying Dong, Dennis TaoYang, "Mandatory Retirement and the Consumption Puzzle Disentangling Price and Quantity Declines", *Economic Inquiry*, Vol. 55, No. 4, 2017.

［28］Jonathan D. Fisher, Joseph T. , "Does the Retirement Consumption Puzzle Differ across the Distribution?", *The Journal of Economic Inequality* , Vol. 12, 2014.

［29］MILTON FRIEDMAN , *A Theory of the Consumption Function*, Princeton University Press, 1957.

［30］GOURINCHAS, et al. , "Consumption Over the Life Cycle", *Econometric*, Vol. 70, No. 1, 2002.

［31］Adam M. Guren, et al. , "Housing Wealth Effects: the Long View", *NBER Working Papers*, No. 24729, 2018.

［32］Steven J. Haider, Melvin Stephens Jr. , "Is There a Retirement-Consumption Puzzle? Evidence Using Subjective Retirement Expectations", *Review of Economics & Statistics*, Vol. 89, No. 2, 2007.

［33］Arthur D. Hall, "Three-dimensional Morphology of Systems Engineering", *Transactions on Systems Science and Cybernetics*, Vol. 5, No. 2, 1969.

［34］Kevin Huang, Frank Caliendo, "Rationalizing Multiple Consumption-saving Puzzles in a Unified Framework", *Frontiers of Economics in China*, Vol. 6, No. 3, 2011.

［35］Michael D. Hurd, Susann Rohwedder, "Some Answers to the Retirement-Consumption Puzzle", *NBER Working Paper*, No. 12057, 2006.

［36］Erik Hurst, "Understanding Consumption in Retirement: Recent Developments", *NBER Working Paper*, No. 13789, 2008.

［37］Sherif Khalifa, et al. , "Housing Wealth Effect: Evidence From Threshold Estimation", *Journal of Housing Economics*, Vol. 22, No. 1, 2013.

［38］David S. Lee, Thomas Lemieux, "Regression Discontinuity Designs in Economics", *Journal of Economic Literature*, Vol. 2, 2010.

［39］Hongbin Li, et al. , "The Retirement Consumption Puzzle in China", *American Economic Review: Papers and Proceedings*, Vol. 105, No. 5, 2015.

［40］MJ Luengo-prado, A Sevilla, "Time to Cook: Expenditure at Retirement in Spain", *The Economic Journal*, Vol. 123, No. 569, 2013.

［41］Shelly Lundberg, et al. , "The Retirement-Consumption Puzzle: A Marital Bargaining Approach", *Journal of Public Economics*, Vol. 87, No. 5, 2003.

［42］Atif Mian, et al. , "Household Balance Sheets, Consumption, and the Economic Slump", *The Quarterly Journal of Economics*, Vol. 128, No. 4, 2013.

［43］ F. Modiglian and R. Brumberg, "Utility Analysis and the Consumption Function : An Inter-pretation of Cross—section Data", *Journal of Post Keynesian Economics*, Vol. 3, 1954.

［44］ Nicolas Moreau, Elena Stancanelli, "Household Consumption at Retirement: A Regression Discontinuity Study on French Data", *Annals of Economics & Statistics*, Vol. 117/118, 2015.

［45］ Zeineb Naggara, M. Bellalah, "Is the House Price Movement Explaining the Pattern of Con-sumption: The Case of UK?", *International Journal of Academic Research in Business & So-cial Sciences*, Vol. 3, No. 2, 2013.

［46］ Michaela Pagel, "Expectations-Based Reference-Dependent Life-Cycle Consumption", *The Review of Economic Studies*, Vol. 84, No. 2, 2017.

［47］ Peltonen T. A. , et al. , "Wealth Effects in Emerging Market Economies", *International Re-view of Economics&Finance*, Vol. 24, No. 2, 2012.

［48］ PYsoh, et al. , "Perception, Acceptance and Willingness of Older Adults in Malaysia towards Online Shopping: A Study Using the UTAUT and IRT models", *Journal of Ambient Intelligence and Humanized Computing*, Vol. 145, No. 1, 2020.

［49］ James M. Poterba, et al. , "The Composition and Draw-Down of Wealth in Retirement", *Jour-nal of Economic Perspectives*, Vol. 25, 2011.

［50］ A. Robb, J. Burbidge, "Consumption Income and Retirement", *Canadian Journal of Eco-nomics*, Vol. 3, 1989.

［51］ Berry Scholnick, "Consumption Smoothing after the Final Mortgage Payment: Testing the Magnitude Hypothesis" . *Social Science Electronic Publishing*, Vol. 95, No. 4, 2013.

［52］ Guido Schwerdt. , "Why Does Consumption Fall at Retirement? Evidence from Germany", *Economics Letters*, Vol. 89, No. 3, 2005.

［53］ Louise Sheiner, "The Determinants or the Macroeconomic Implications of Aging", *American Economic Review*, Vol. 104, No. 5, 2014.

［54］ Sarah Smith. , "The Retirement-Consumption Puzzle and Involuntary Early Retirement: Ev-idence from the British Household Panel Survey", *The Economic Journal*, Vol. 116, No. 510, 2006.

［55］ Johannes Stroebel, Joseph Vavra, "House Prices, Local Demand and Retail Prices", *Jour-nal of Political Economy*, Vol. 127, No. 3, 2019.

［56］ Pi-Chuan Sun, et al. , "Analysis of the Relationship between Household Life Cycle and Tourism Expenditure in Taiwan: An Application of the Infrequency of Purchase Model", *Tourism Economics*, Vol. 21, No. 5, 2015.

［57］ SUN T. , WU G. , "Consumption Patterns of Chinese Urban and Rural Consumers", *Journal of Consumer Marketing*, Vol. 21, No. 4, 2004.

［58］DL Thistlethwaite，DT Campbell，"Regression-discontinuity Analysis：An Alternative to the Ex Post Facto Experiment."，*Journal of Educational Psychology*，Vol. 51，No. 6，1960.

［59］Midori Wakabayashi，"The Retirement Consumption Puzzle in Japan"，*Journal of Population Economics*，Vol. 21，No. 4，2008.

［60］［美］安格斯·迪顿：《理解消费》，胡景北、鲁昌译，上海财经大学出版社 2016 年版。

［61］白仲林等：《生命不确定性的跨期最优消费行为研究》，载《统计研究》2012 年第 2 期。

［62］包世荣：《我国养老服务业发展研究》，吉林大学 2019 年博士学位论文。

［63］曹珺、幼封：《智利的退休养老保险制度》，载《探索与争鸣》1997 年第 2 期。

［64］曹荣荣、郝磊：《中国城镇退休人员消费特征探究》，载《技术经济与管理研究》2021 年第 5 期。

［65］曹园等：《养老保险制度、家庭生育决策与社会福利》，载《南方金融》2021 年第 10 期。

［66］曾红颖、范宪伟：《进一步激发银发消费市场》，载《宏观经济管理》2019 年第 10 期。

［67］曾红颖、范宪伟：《以老年人力资源优化开发积极应对人口老龄化》，载《人民论坛·学术前沿》2019 年第 6 期。

［68］曾毅等：《21 世纪上半叶老年家庭照料需求成本变动趋势分析》，载《经济研究》2012 年第 10 期。

［69］昌忠泽：《人口老龄化的经济影响——对文献的研究和反思》，载《财贸研究》2018 年第 2 期。

［70］陈传锋等：《城市退休老年人居家养老消费心理研究》，载《心理科学》2007 年第 5 期。

［71］陈佳瑛：《中国改革三十年人口年龄结构变化与总消费关系研究》，载《人口与发展》2009 年第 2 期。

［72］陈婧、马奇炎：《老年金融消费趋势、问题及公共管理对策建议》，载《现代管理科学》2019 年第 3 期。

［73］陈娟：《农村社会养老保险替代率的初步探讨》，载《当代经济》2009 年第 3 期。

［74］陈力勇、谢澄履：《西安市人口年龄结构变动趋势对老年消费市场需求的影响分析》，载《西北人口》2011 年第 5 期。

［75］陈利锋、钟玉婷：《人口老龄化对积极财政政策有效性的影响——兼析延迟退休的宏观经济效应》，载《西部论坛》2019 年第 3 期。

［76］陈梦真：《养老社会保障与城镇居民消费：理论分析与实证检验》，载《社会保障研

究》2010 年第 1 期。

[77] 陈茗、刘素青:《老年人消费类型分析——二、三线城市个案研究》,载《老龄科学研究》2015 年第 1 期。

[78] 陈茉:《中国养老政策变迁历程与完善路径》,吉林大学 2018 年博士学位论文。

[79] 陈强:《高级计量经济学及 Stata 应用》,高等教育出版社 2014 年版。

[80] 陈晓毅:《基于年龄结构的我国居民消费研究》,中央财经大学 2015 年博士学位论文。

[81] 陈宇学:《人口老龄化、劳动力供给与中国经济发展》,载《云南财经大学学报》2015 年第 4 期。

[82] 陈子萌:《延迟退休对我国城镇居民消费的影响》,载《劳动保障世界》2016 年第 10 期。

[83] 程名望、张家平:《新时代背景下互联网发展与城乡居民消费差距》,载《数量经济技术经济研究》2019 年第 7 期。

[84] 楚军红:《美国和法国的老年消费市场服务》,载《市场与人口分析》1995 年第 4 期。

[85] 崔恒展、张军:《供需视角下的养老服务业发展研究》,载《济南大学学报(社会科学版)》2016 年第 5 期。

[86] 代懋、张雅:《新加坡延迟退休政策的变迁及启示》,载《北京航空航天大学学报(社会科学版)》2020 年第 6 期。

[87] 代明慧等:《退休冲击对家庭食品消费数量和质量的影响》,载《统计与决策》2020 年第 10 期。

[88] 戴卫东、顾梦洁:《德国退休年龄政策改革、讨论及启示》,载《德国研究》2013 年第 2 期。

[89] 邓俊丽:《中国特色社会养老保障制度优势研究》,陕西师范大学 2016 年博士学位论文。

[90] 邓敏等:《医养结合下老年人医疗消费行为影响因素分析——以南京市为例》,载《中国卫生政策研究》2017 年第 1 期。

[91] 邓涛涛等:《农村家庭收入来源、家庭特征与旅游消费——基于中国家庭追踪调查(CFPS)数据的微观分析》,载《旅游学刊》2020 年第 1 期。

[92] 邓婷鹤等:《"退休——消费"之谜——基于家庭生产对消费下降的解释》,载《南方经济》2016 年第 5 期。

[93] 邓婷鹤等:《"退休消费之谜"新近研究:一个文献综述》,载《中国集体经济》2020 第 32 期。

[94] 邓婷鹤:《再议"退休消费之谜"——来自食物消费的证据》,载《经济与管理评

论》2016 年第 4 期。

[95] 董登新：《美国基本养老保险制度的起源与逻辑》，载《社会保障研究》2022 年第 4 期。

[96] 董捷、赵宇：《美国 401K 计划对中国企业年金制度的启示》，载《上海保险》2022 年第 5 期。

[97] 董克用、施文凯：《美国社会保障退休金确定机制——方法、特点与启示》，载《人口与经济》2021 第 1 期。

[98] 董克用等：《美国私人养老金计划税收政策借鉴及启示》，载《税务研究》2023 年第 5 期。

[99] 董昕等：《我国老龄产业发展现状与对策：一个文献综述》，载《西部论坛》2014 年第 4 期。

[100] 都阳、王美艳：《中国城市居民家庭的消费模式——对老年家庭的着重考察》，载《人口研究》2020 年第 6 期。

[101] 樊颖等：《中国城镇老年消费特征及财富效应的微观实证研究》，载《消费经济》2015 年第 3 期。

[102] 范静宜、桑润萌：《英法养老保险制度比较研究及借鉴》，载《劳动保障世界》2020 年第 14 期。

[103] 范宪伟：《退休与家庭消费行为——兼论"退休消费之谜"》，载《宏观经济研究》2020 年第 10 期。

[104] 范叙春：《生命周期假说与中国居民消费及储蓄行为》，上海交通大学 2016 年博士学位论文。

[105] 范叙春：《退休消费之谜：方法、证据与中国解释》，载《南方人口》2015 年第 6 期。

[106] 方福前、俞剑：《居民消费理论的演进与经验事实》，载《经济学动态》2014 年第 3 期。

[107] 方福前：《中国居民消费需求不足原因研究——基于中国城乡分省数据》，载《中国社会科学》2009 年第 2 期。

[108] 房连泉：《智利社保基金投资与管理》，中国社会科学院研究生院 2006 年博士学位论文。

[109] 封婷等：《中国老年照料劳动力需求的估计与预测——来自澳大利亚的经验》，载《劳动经济研究》2016 年第 4 期。

[110] 耿德伟：《中国老龄人口的收入、消费及储蓄研究》，中国社会科学院研究生院 2012 年博士学位论文。

[111] 耿荣娜：《智慧城市背景下退休老人信息消费行为及信息消费能力提升研究》，载

《情报科学》2019 年第 7 期。

[112] 辜胜阻等：《发展养老服务业应对人口老龄化的战略思考》，载《经济纵横》2015
年第 9 期。

[113] 谷雪：《我国养老保险对居民消费的影响研究——基于系统动力学方法》，南昌大学
2010 年硕士学位论文。

[114] 顾江等：《人口结构与社会网络对城市居民文化消费的影响研究——基于省际动态
面板的 GMM 实证分析》，载《福建论坛（人文社会科学版）》2016 年第 6 期。

[115] 关国卉等：《退休计划中整合消费、投资和年金的最优决策研究》，载《数理统计与
管理》2020 年第 6 期。

[116] 郭明政、俞贺楠：《试述社会保障发展受限的原因——一项关于新加坡，中国台湾
地区、香港特区与内地之间个人退休账户的比较研究》，载《社会保障研究》2010
年第 2 期。

[117] 韩松：《人口老龄化背景下我国体育产业与养老产业融合发展研究》，北京体育大学
2018 年博士学位论文。

[118] 郝云飞、臧旭恒：《中国家庭"尊老"与"爱幼"消费差异性分析》，载《经济与
管理研究》2017 年第 5 期。

[119] 郝云飞：《人口年龄结构变动与中国居民消费》，山东大学 2017 年博士学位论文。

[120] 何纪周：《我国老年人消费需求和老年消费品市场研究》，载《人口学刊》2004 年
第 3 期。

[121] 何凌霄等：《老龄化、服务性消费与第三产业发展——来自中国省级面板数据的证
据》，载《财经论丛》2016 年第 10 期。

[122] 和俊民：《基于政策分析视角的中国退休政策改革研究》，华中科技大学 2018 年博
士学位论文。

[123] 侯惠荣：《以"互联网+"促进居家养老服务业供给侧改革》，载《中央社会主义学
院学报》2016 年第 6 期。

[124] 胡恩生：《关于老年消费市场及老年产业发展的几点思考》，载《人口与经济》2002
年第 S1 期。

[125] 胡乃军等：《中国城镇人口老龄化与城镇居民消费研究》，载《人口学刊》2014 年
第 5 期。

[126] 胡若痴：《中国老年住宅消费问题探析》，载《消费经济》2009 年第 4 期。

[127] 黄明清、聂高辉：《人口老龄化与居民消费水平关系——基于省际面板数据的实证
研究》，载《消费经济》2015 年第 2 期。

[128] 黄萍、张玲：《世界各国退休金保险之比较》，载《财经理论与实践》2001 年第
3 期。

[129] 黄娅娜、王天宇:《退休会影响消费吗？——来自中国转型期的证据》，载《世界经济文汇》2016 年第 1 期。

[130] 黄燕芬等:《人口年龄结构和住房价格对城镇居民家庭消费的影响机理》，载《人口研究》2019 年第 4 期。

[131] 贾红梅:《看德国立法变更退休年龄》，载《中国人大》2012 年第 13 期。

[132] 姜欣言、赵新生:《收入来源多样性、退休与家庭旅游消费的关联性分析》，载《商业经济研究》2022 年第 3 期。

[133] 蒋彧、全梦贞:《中国人口结构、养老保险与居民消费》，载《经济经纬》2018 年第 1 期。

[134] 交通银行金融研究中心课题组、刘能华:《美国个人退休账户制度的启示》，载《中国金融》2022 年第 15 期。

[135] 焦娜:《社会养老模式下的老年人医疗消费行为——基于模糊断点回归的分析》，载《人口与经济》2016 年第 4 期。

[136] 鞠方等:《人口年龄结构、房价对城镇居民消费的影响研究》，载《财经理论与实践》2020 年第 5 期。

[137] 赖国毅:《医疗保障与老年医疗消费的实证分析》，载《社会保障研究》2012 年第 6 期。

[138] 乐昕、彭希哲:《老年消费新认识及其公共政策思考》，载《复旦学报（社会科学版）》2016 年第 2 期。

[139] 乐昕:《老年消费如何成为经济增长的新引擎》，载《探索与争鸣》2015 年第 7 期。

[140] 乐昕:《我国老年消费数量的人群差异研究——以 2011 年 CHARLS 全国基线调查数据为例》，载《人口学刊》2015 第 5 期。

[141] 雷晓燕等:《退休会影响健康吗?》，载《经济学（季刊）》2010 年第 4 期。

[142] 冷建飞、黄施:《中国人口年龄结构变动对城镇居民消费结构的影响研究》，载《消费经济》2016 年第 6 期。

[143] 黎志成、刘枚莲:《电子商务环境下的消费者行为研究》，载《中国管理科学》2002 年第 6 期。

[144] 李斌、吴书胜:《人口年龄结构、预期寿命与居民消费率——基于省际动态面板系统 GMM 的检验》，载《中南大学学报（社会科学版）》2015 年第 2 期。

[145] 李兵等:《老龄经济学分析:退休、消费、储蓄和宏观经济反应》，载《上海经济研究》2003 年第 8 期。

[146] 李超:《美国老龄产业发展及对我国的启示》，载《兰州学刊》2015 年第 4 期。

[147] 李海明:《英国强制退休的立法规制、判例及启示》，载《法学》2013 年第 9 期。

[148] 李宏彬等:《中国居民退休前后的消费行为研究》，载《经济学（季刊）》2015 年

第 1 期。

[149] 李建民：《老年人消费需求影响因素分析及我国老年人消费需求增长预测》，载《人口与经济》2001 年第 5 期。

[150] 李军、李敬：《数字赋能与老年消费——基于"宽带中国"战略的准自然实验》，载《湘潭大学学报（哲学社会科学版）》2021 年第 2 期。

[151] 李魁：《人口年龄结构变动与经济增长——兼论中国人口红利》，武汉大学 2010 年博士学位论文。

[152] 李梅花：《日本、韩国人口老龄化与老年人就业政策研究》，吉林大学 2014 年博士学位论文。

[153] 李齐、李松玉：《从德国经验看中国新常态下的延迟退休问题》，载《理论学刊》2015 年第 5 期。

[154] 李时华：《住房反抵押贷款：扩大老年消费需求的新途径》，载《消费经济》2007 年第 1 期。

[155] 李涛、陈斌开：《家庭固定资产、财富效应与居民消费：来自中国城镇家庭的经验证据》，载《经济研究》2014 年第 3 期。

[156] 李文星等：《中国人口年龄结构和居民消费：1989—2004》，载《经济研究》2008 年第 7 期。

[157] 李小兰：《我国民营养老服务业发展研究》，福建师范大学 2016 年博士学位论文。

[158] 李雅娴、张川川：《认知能力与消费：理解老年人口高储蓄率的一个新视角》，载《经济学动态》2018 年第 2 期。

[159] 李宜航：《老龄化负担、子女抚养负担与家庭人力资本投资》，载《西安交通大学学报（社会科学版）》2019 年第 6 期。

[160] 李煜鑫、罗润东：《制度改革条件下工作与退休模式转变的趋势和决定因素——基于德国、英国和日本的比较分析》，载《劳动经济评论》2018 年第 2 期。

[161] 李志萌、盛方富：《新冠肺炎疫情对我国产业与消费的影响及应对》，载《江西社会科学》2020 年第 3 期。

[162] 梁义柱：《养老产业化的发展路径选择——从物质养老到精神养老》，载《东岳论丛》2013 年第 3 期。

[163] 廖海霞、吴相谨：《预期寿命对中国居民消费率的影响——基于地区差异性的视角》，载《区域金融研究》2016 年第 10 期。

[164] 林熙、林义：《德国退休制度的实践形态研究——基于退休渠道的视角》，载《德国研究》2015 年第 3 期。

[165] 林熙、林义：《退休制度的约束效应及路径优化》，载《财经科学》2017 年第 3 期。

[166] 林熙：《"退而不休"会成为新的答案吗？——基于工业国家灵活退休机制的比较研

究》，载《老龄科学研究》2020 年第 12 期。

[167] 林熙：《退休制度的结构要素和实践形态研究——基于退休渠道的视角》，西南财经大学出版社 2016 年版。

[168] 林义、林熙：《生命历程视域下退休制度的理论探索》，载《苏州大学学报（哲学社会科学版）》2014 年第 4 期。

[169] 刘超：《老年消费市场细分方法与模型》，载《消费经济》2005 年第 5 期。

[170] 刘飞燕：《城镇老年文化消费市场探析》，载《消费经济》2005 年第 2 期。

[171] 刘惯超：《中国消费不足的原因：一个综述》，载《当代经济科学》2010 年第 6 期。

[172] 刘桂莲：《现收现付养老保险制度可持续发展调整机制比较研究——以瑞典、德国和日本为例》，载《社会保障研究》2016 年第 5 期。

[173] 刘宏等：《养老模式对健康的影响》，载《经济研究》2011 年第 4 期。

[174] 刘凯：《断点回归的非参数置信区间》，东北师范大学 2018 年硕士学位论文。

[175] 刘铠豪：《人口年龄结构变化影响城乡居民消费率的效应差异研究——来自中国省级面板数据的证据》，载《人口研究》2016 年第 2 期。

[176] 刘利：《退休如何影响城镇家庭消费——基于断点回归法的 CFPS 数据验证》，载《人口与经济》2018 年第 6 期。

[177] 刘利：《习惯形成、退休冲击与城镇居民消费结构》，载《统计与信息论坛》2017 年第 9 期。

[178] 刘利：《人口老龄化与居民消费结构：基于 CFPS2016 数据验证》，载《统计与决策》2020 年第 14 期。

[179] 刘鹏飞：《中国步入人口老龄化社会的经济学思考》，载《西北人口》2006 年第 6 期。

[180] 刘社建：《居民消费研究》，上海社会科学院出版社 2015 年版。

[181] 刘艺容等：《扩大老年消费需求的产业对策研究》，载《江汉大学学报（社会科学版）》2010 年第 4 期。

[182] 刘子兰、宋泽：《中国城市居民退休消费困境研究》，载《中国人口科学》2013 年第 3 期。

[183] 逯进等：《中国人口老龄化对产业结构的影响机制——基于协同效应和中介效应的实证分析》，载《中国人口科学》2018 年第 3 期。

[184] 罗胜：《断点回归设计：基本逻辑、方法、应用述评》，载《统计与决策》2016 年第 10 期。

[185] 罗晰文：《西方消费理论发展演变研究》，东北财经大学 2014 年博士学位论文。

[186] 罗永明、陈秋红：《家庭生命周期、收入质量与农村家庭消费结构——基于子女异质视角下的家庭生命周期模型》，载《中国农村经济》2020 年第 8 期。

［187］骆立云：《人口老龄化下的德国金融体系研究》，中国社会科学院研究生院 2014 年博士学位论文。

［188］吕鑫：《"退休消费之谜"研究评述》，载《河北地质大学学报》2018 年第 6 期。

［189］马凤芝：《世界老龄化国家和地区养老机构规划的经验——以英国、日本和我国香港地区为例》，载《社会工作》2013 年第 5 期。

［190］马艺方、陈必果：《英国：三支柱养老金投资管理与资本市场》，载《保险理论与实践》2021 年第 7 期。

［191］苗文龙、周潮：《人口老龄化、金融资产结构与宏观经济波动效应》，载《管理评论》2020 年第 1 期。

［192］裴敏：《发展多层次多支柱养老保险体系：动力机制与实现路径》，载《经济问题》2023 年第 10 期。

［193］彭涵、刘海燕：《老年人消费行为及影响因素研究——基于上海市老年生活形态调研的分析》，载《老龄科学研究》2018 年第 4 期。

［194］彭小辉、李颖：《互联网促进了老年群体的消费吗?》，载《消费经济》2020 年第 5 期。

［195］彭秀健：《中国人口老龄化的宏观经济后果——应用一般均衡分析》，载《人口研究》2006 年第 4 期。

［196］钱婷婷：《人口老龄化背景下退休冲击对居民家庭消费的影响研究》，上海社会科学院 2017 年博士学位论文。

［197］钱婷婷：《上海人口老龄化对消费水平的影响研究》，载《西北人口》2016 年第 6 期。

［198］钱婷婷：《我国老年消费产业的研究进展与前瞻》，载《当代经济管理》2016 年第 10 期。

［199］秦娟：《日本老年消费市场发展的成功经验对我国的启示》，载《网络财富》2009 年第 24 期。

［200］任明丽、孙琦：《退休与家庭旅游消费：经济状况与闲暇时间的调节作用》，载《南开管理评论》2020 年第 1 期。

［201］耿荣娜：《智慧城市背景下退休老人信息消费行为及信息消费能力提升研究》，载《情报科学》2019 年第 7 期。

［202］沈继红：《人口的年龄结构对消费率的影响研究——基于中国省际面板数据的实证分析》，载《上海经济研究》2015 年第 4 期。

［203］施锦芳：《人口少子老龄化与经济可持续发展——日本经验及其对中国的启示》，载《宏观经济研究》2015 年第 2 期。

［204］施文凯、董克用：《美德两国基本养老保险待遇确定机制的经验与启示》，载《社会

保障研究》2022 年第 4 期。

[205] 石贝贝:《我国城乡老年居民消费的实证研究——兼论"退休消费之谜"》,载《人口研究》2017 年第 3 期。

[206] 宋琪:《中国人口年龄结构变动的经济效应实证研究》,辽宁大学 2016 年博士学位论文。

[207] 宋全成、崔瑞宁:《人口高速老龄化的理论应对——从健康老龄化到积极老龄化》,载《山东社会科学》2013 年第 4 期。

[208] 宋泽:《退休、闲暇和消费福利水平:夫妻二人家庭视角》,载《消费经济》2018 年第 4 期。

[209] 苏斌、程洪飞:《退休对城镇家庭闲暇消费变动的文化水平异质性效应研究》,载《老龄科学研究》2021 年第 8 期。

[210] 隋澈:《中国人口转变对经济增长的影响研究》,吉林大学 2019 年博士学位论文。

[211] 孙明贵、彭晓辉:《中国"银色"消费市场的特征及营销对策研究》,载《消费经济》2008 年第 2 期。

[212] 孙小雁:《中国城乡老年人收入:个人、家庭和政府的作用》,上海社会科学院 2021 年博士学位论文。

[213] 谈煜鸿:《老龄化背景下我国老年人保健品消费研究述评》,载《经济论坛》2016 年第 6 期。

[214] 陶东杰、何凌云:《退休–消费之谜研究述评》,载《湖北经济学院学报》2016 年第 5 期。

[215] 田成诗、马嘉彧:《人口老龄化对中国宏观经济的影响——基于消费可能性边界的研究》,载《人口与经济》2020 年第 1 期。

[216] 田国强、林少宫:《世界上几种主要退休社会保障模式简介》,载《求知》1999 年第 2 期。

[217] 田青、王楠:《中国城镇家庭退休消费困境的统计检验》,载《统计与决策》2018 年第 4 期。

[218] 涂肇庆:《老年退休保障制度与人口结构以中国香港、新加坡和中国台湾地区人口转型为例》,载《人口与经济》1997 年第 2 期。

[219] 汪波、李坤:《国家养老政策计量分析:主题、态势与发展》,载《中国行政管理》2018 年第 4 期。

[220] 汪伟等:《人口老龄化的产业结构升级效应研究》,载《中国工业经济》2015 年第 11 期。

[221] 王爱华:《新时期人口老龄化对经济转型的影响路径分析》,载《经济学家》2012 年第 12 期。

［222］王聪：《人口老龄化对吉林省居民消费的影响研究》，吉林大学 2014 年硕士学位论文。

［223］王芳：《人口年龄结构对居民消费水平的影响：理论模型与实证检验》，载《统计与决策》2016 年第 16 期。

［224］王菲：《我国城市老年人消费行为的实证研究》，载《人口与发展》2015 年第 3 期。

［225］王金营、付秀彬：《考虑人口年龄结构变动的中国消费函数计量分析——兼论中国人口老龄化对消费的影响》，载《人口研究》2006 年第 1 期。

［226］王森：《中国人口老龄化与居民消费之间关系的实证分析——基于 1978—2007 年的数据》，载《西北人口》2010 年第 1 期。

［227］王少辉、李富有：《中国老年群体消费结构、需求特征和行为决策》，载《北京社会科学》2021 年第 8 期。

［228］王新军、郑超：《退休政策对中国居民消费及主观福利的影响》，载《山东大学学报（哲学社会科学版）》2020 年第 2 期。

［229］王雪琪等：《我国城镇居民消费结构变动影响因素及趋势研究》，载《统计研究》2016 年第 2 期。

［230］王亚柯、赵振翔：《退休对家庭消费和资产储备的影响》，载《社会科学战线》2020 年第 7 期。

［231］王彦伟：《家庭资产选择、地区经济特征与居民消费水平》，载《北京工商大学学报（社会科学版）》2020 年第 3 期。

［232］王颖等：《第二次人口红利：概念、产生机制及研究展望》，载《经济与管理研究》2016 年第 2 期。

［233］王勇、周涵：《人口老龄化对城镇家庭消费水平影响研究》，载《上海经济研究》2019 年第 5 期。

［234］王钰娜、雷禹：《人口老龄化对消费结构的影响及对策》，载《宏观经济管理》2013 年第 11 期。

［235］王增文、何冬梅：《退休冲击、消费动态支出变动及消费结构优化——基于企业、机关事业单位退休人员消费影响因素的比较》，载《经济理论与经济管理》2016 年第 3 期。

［236］韦晨笛：《英国延迟退休年龄制度实践及其启示》，华中科技大学 2015 年硕士学位论文。

［237］魏瑾瑞、张睿凌：《老龄化、老年家庭消费与补偿消费行为》，载《统计研究》2019 年第 10 期。

［238］邬沧萍：《社会老年学》，中国人民大学出版社 1999 年版。

［239］吴慧琼：《英国养老保险制度研究》，武汉科技大学 2009 年硕士学位论文。

[240] 吴敏、熊鹰:《年龄、时期和队列视角下中国老年消费变迁》,载《人口与经济》2021 年第 5 期。

[241] 武晓利:《微观主体行为变迁与宏观居民消费率的变化分析》,中国金融出版社 2018 年版。

[242] 肖颖:《部分发达国家延迟退休年龄可行因素与方式的国际比较——基于美国、德国、日本和英国四国实践的分析》,载《北京劳动保障职业学院学报》2019 年第 4 期。

[243] 谢建华:《中国老龄产业发展的理论与政策问题研究》,中国社会科学院研究生院 2003 年博士学位论文。

[244] 谢谦等:《断点回归设计方法应用的研究综述》,载《经济与管理评论》2019 年第 2 期。

[245] 辛渐:《盘点各国养老金制度》,载《经济导刊》2014 年第 1 期。

[246] 修磊:《收入不平等、流动性约束与城镇家庭消费——基于地位寻求视角的分析》,山西财经大学 2017 年博士学位论文。

[247] 修颖:《老龄化背景下退休与家庭养老消费——兼论家庭资产配置的影响》,载《商业经济研究》2020 年第 20 期。

[248] 徐聪:《德国公共养老保险体制改革的经济学分析》,复旦大学 2008 年博士学位论文。

[249] 徐舒、赵绍阳:《养老金"双轨制"对城镇居民生命周期消费差距的影响》,载《经济研究》2013 年第 1 期。

[250] 徐妍、安磊:《中国房价上涨抑制了家庭消费吗?——房价影响消费的多渠道机制分析》,载《中央财经大学学报》2019 年第 12 期。

[251] 徐莺、刘含笑:《中国"银发经济"的现状、问题与前景》,载《北京航空航天大学学报(社会科学版)》2023 年第 1 期。

[252] 薛媛媛、黄晨熹:《老年保健消费的健康观念与健康决策》,载《江汉学术》2021 年第 6 期。

[253] 严成樑:《老年照料、人口出生率与社会福利》,载《经济研究》2018 年第 4 期。

[254] 严成樑:《延迟退休、内生出生率与经济增长》,载《经济研究》2016 年第 11 期。

[255] 晏月平、王楠:《改革开放四十年中国人口发展与人口效率研究》,载《山东大学学报(哲学社会科学版)》2019 年第 5 期。

[256] 杨宏:《马克思主义消费理论视域下我国老龄消费市场开发研究》,大连海事大学 2011 年博士学位论文。

[257] 杨伟国、袁可:《二战后德国养老保险制度改革及启示》,载《北京航空航天大学学报(社会科学版)》2020 年第 6 期。

[258] 杨宜勇等:《及时、科学、综合应对我国人口老龄化研究》，载《宏观经济研究》2016 年第 9 期。

[259] 杨赟等:《中国城镇老年家庭的消费行为特征研究》，载《统计研究》2013 年第 12 期。

[260] 叶蕾:《澳大利亚养老金制度对中国的启示作用》，载《清华金融评论》2017 年第 S1 期。

[261] 叶挺:《基于退休框架下最优消费和投资决策的研究》，清华大学 2009 年硕士学位论文。

[262] 叶中华、田雨;《英国延迟退休政策对中国的启示》，载《科技促进发展》2018 年第 5 期。

[263] 依绍华:《实现消费稳步增长的困难阻碍与应对建议》，载《人民论坛·学术前沿》2019 年第 5 期。

[264] 易行健等:《城镇化为何没有推动居民消费倾向的提升？——基于半城镇化率视角的解释》，载《经济学动态》2020 年第 8 期。

[265] 殷俊茹等:《人口老龄化对居民消费水平的影响研究——基于最优增长模型的理论分析与实证检验》，载《系统工程理论与实践》2016 年第 12 期。

[266] 尹世杰:《中国消费结构合理化研究》，湖南大学出版社 2001 年版。

[267] 尹世杰:《中国消费结构研究》，上海人民出版社 1988 年版。

[268] 游士兵、蔡远飞:《人口老龄化对经济增长影响的动态分析——基于面板 VAR 模型的实证分析》，载《经济与管理》2017 年第 1 期。

[269] 于光远:《于光远同志关于消费经济理论研究的一封信》，载《求索》1982 年第 4 期。

[270] 于光远:《经济大辞典》，上海辞书出版社 1992 年版。

[271] 于宁:《人口老龄化的长期经济影响：上海的挑战与对策》，载《上海经济研究》，2011 年第 7 期。

[272] 于潇、孙猛:《中国人口老龄化对消费的影响研究》，载《吉林大学社会科学学报》2012 年第 1 期。

[273] 于学军:《中国人口老化的经济学研究》，中国人口出版社 1995 年版。

[274] 余静文、王春超:《新"拟随机实验"方法的兴起——断点回归及其在经济学中的应用》，载《经济学动态》2011 年第 2 期。

[275] 余永定、李军:《中国居民消费函数的理论与验证》，载《中国社会科学》2000 年第 1 期。

[276] 俞慰刚:《日本老龄社会民间养老护理的经验与教训》，载《上海城市管理》2013 年第 4 期。

[277] 禹四明：《人口老龄化的消费影响及应对策略》，载《求索》2016 年第 4 期。

[278] 袁芳英：《人口老龄化背景下最优跨期消费路径的求解》，载《统计与决策》2009 年第 3 期。

[279] 袁铭、白军飞：《"退休—消费之谜"：基于中国食物消费的理论与实证分析》，载《劳动经济研究》2020 年第 2 期。

[280] 袁志刚等：《中国城镇居民消费结构变迁及其成因分析》，载《世界经济文汇》2009 年第 4 期。

[281] 袁志刚、宋铮：《人口年龄结构、养老保险制度与最优储蓄率》，载《经济研究》2000 年第 11 期。

[282] 袁志刚、宋铮：《消费理论的新发展及其在中国的应用》，载《上海经济研究》1999 年第 6 期。

[283] 袁志刚、朱国林：《消费理论中的收入分配与总消费——及对中国消费不振的分析》，载《中国社会科学》2002 年第 2 期。

[284] 原新：《老年人消费需求与满足需求能力基本关系的判断》，载《广东社会科学》2002 年第 3 期。

[285] 原新：《银发消费趋向享乐型、智能化》，载《人民论坛》2021 年第 4 期。

[286] 臧旭恒、张继海：《收入分配对中国城镇居民消费需求影响的实证分析》，载《经济理论与经济管理》2005 年第 6 期。

[287] 臧旭恒、李晓飞：《人口老龄化对居民消费的非线性影响——基于养老保险发展的动态面板异质性门槛效应》，载《经济与管理研究》2020 年第 3 期。

[288] 张彬斌、陆万军：《中国家庭存在退休者消费之谜吗？——基于 CHARLS 数据的实证检验》，载《劳动经济研究》2014 年第 4 期。

[289] 张广科：《关于应对人口老龄化危机的经济学思考》，载《人口学刊》2002 年第 4 期。

[290] 张继海：《社会保障对中国城镇居民消费和储蓄行为影响研究》，山东大学 2006 年博士学位论文。

[291] 张克中、江求川：《老龄化、退休与消费——中国存在"退休-消费之谜"吗?》，载《人口与经济》2013 年第 5 期。

[292] 张乐、雷良海：《中国人口年龄结构与消费关系的区域研究》，载《人口与经济》2011 年第 1 期。

[293] 张亮：《新世纪以来我国养老政策发展的研究》，武汉理工大学 2017 年硕士学位论文。

[294] 张凌竹：《退休法律制度研究》，吉林大学 2012 年博士学位论文。

[295] 张梅芬等：《人口老龄化、地区异质性与居民消费关系分析》，载《商业经济研究》

2019 年第 20 期。

[296] 张庆伟:《中国居民个人养老资产配置研究》,天津财经大学 2016 年博士学位论文。

[297] 张全红:《中国低消费率问题探究——1992—2005 年中国资金流量表的分析》,载《财贸经济》2009 年第 10 期。

[298] 张翔:《现收现付制社会养老保险的互助共济功能》,载《社会保障评论》2022 年第 6 期。

[299] 张艳、金晓彤:《中国老龄人口消费行为的制约因素分析》,载《学术交流》2010 年第 10 期。

[300] 张艳、杨德才:《延迟退休对居民消费的影响——一个包含遗赠动机的模型》,载《中央财经大学学报》2021 年第 8 期。

[301] 张扬:《人口老龄化对消费结构的影响研究——基于四川省第六次人口普查数据》,西南财经大学 2013 年硕士学位论文。

[302] 张洋:《我国社会养老服务体系完善研究》,东北师范大学 2016 年博士学位论文。

[303] 张应良、徐亚东:《储蓄动机视角下消费理论的延展及应用》,载《贵州大学学报(社会科学版)》2022 年第 1 期。

[304] 张玉周:《我国人口年龄结构变动对消费结构影响的实证分析》,载《统计与决策》2016 年第 3 期。

[305] 张再生:《中国人口老龄化的特征及其社会和经济后果》,载《南开学报》,2000 年第 1 期。

[306] 张占力:《美国 401（K）计划积累过程的"政策漏斗":规定、影响及对策》,载《社会保障研究》2018 年第 6 期。

[307] 张忠根等:《年龄结构变迁、消费结构优化与产业结构升级——基于中国省级面板数据的经验证据》,载《浙江大学学报(人文社会科学版)》2016 年第 3 期。

[308] 赵国庆:《基于前景理论的消费—储蓄与退休行为研究》,天津大学 2008 年博士学位论文。

[309] 赵立新:《英国养老保障制度》,载《中国人大》2018 年第 21 期。

[310] 赵昕东、王昊:《退休对家庭消费的影响——基于模糊断点回归设计》,载《武汉大学学报(哲学社会科学版)》2018 年第 1 期。

[311] 赵昭、张晨:《中国老年消费市场现状分析》,载《经济研究导刊》2015 年第 16 期。

[312] 赵周华、王树进:《人口老龄化与居民消费结构变动的灰色关联分析》,载《统计与决策》2018 年第 9 期。

[313] 赵周华:《少子化、老龄化与农村居民消费结构:理论分析与实证检验》,载《兰州财经大学学报》2018 年第 6 期。

[314] 郑超、王新军：《退休冲击与城镇居民家庭消费——基于断点回归设计的实证研究》，载《当代财经》2020 年第 8 期。

[315] 郑功成：《中国养老金：制度变革、问题清单与高质量发展》，载《社会保障评论》2020 年第 1 期。

[316] 郑江淮等：《新冠肺炎疫情对消费经济的影响及对策分析》，载《消费经济》2020 年第 2 期。

[317] 郑妍妍等：《"少子化""老龄化"对我国城镇家庭消费与产出的影响》，载《人口与经济》2013 年第 6 期。

[318] 钟睿：《我国人口老龄化城乡倒置的空间转移和规划应对——基于人口流动的视角》，载《城市发展研究》2019 年第 2 期。

[319] 周广肃、杨旭宇：《退休与城镇居民家庭消费：结构差异与机制》，载《中山大学学报（社会科学版）》2022 年第 3 期。

[320] 周建军等：《人口老龄化对我国住房消费的影响分析》，载《湖南大学学报（社会科学版）》2019 年第 5 期。

[321] 周榕等：《中国人口老龄化格局演变与形成机制》，载《地理学报》2019 年第 10 期。

[322] 周绍杰：《中国城市居民的预防性储蓄行为研究》，载《世界经济》2010 年第 8 期。

[323] 朱波：《社会养老保险对中国城镇居民消费的影响研究》，山西财经大学 2015 年博士学位论文。

[324] 朱国林等：《中国的消费不振与收入分配：理论和数据》，载《经济研究》2002 年第 5 期。

[325] 朱勤、魏涛远：《中国人口老龄化与城镇化对未来居民消费的影响分析》，载《人口研究》2016 年第 6 期。

[326] 总报告起草组、李志宏：《国家应对人口老龄化战略研究总报告》，载《老龄科学研究》2015 年第 3 期。

[327] 邹德新：《中国养老保险制度改革效率研究》，辽宁大学 2007 年博士学位论文。

[328] 邹红等：《退休是否会改变城镇老年人的健康行为？——基于烟酒消费的断点回归经验证据》，载《南开经济研究》2018 年第 6 期。

[329] 邹红、喻开志：《退休与城镇家庭消费：基于断点回归设计的经验证据》，载《经济研究》2015 年第 1 期。

[330] 祖娇：《延长退休年龄对我国家庭消费的影响——基于 CHARLS 数据的分析》，云南财经大学 2020 年硕士学位论文。

[331] 左正强、刘耀森：《凯恩斯后消费函数理论的发展评述》，载《晋阳学刊》2004 年第 6 期。